사회복지개론

사회복지개론

전 장 근 著

KSI 한국학술정보[주]

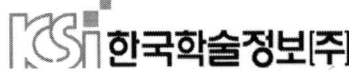

머 리 말

본서는 대학생을 위한 대학 교재용으로 사용할 목적으로 집필되었다. 그렇다고 해서 일반인을 도외시한 것은 아니고, 그 내용의 전문성 수위가 낮다고 볼 수도 없다. 즉 사회복지사로서 관련 전문 영역에서 실천가로 활동하거나 연구자로 활동할 후학들을 양성해야 하는 목표를 염두에 두고 전개되었기 때문이다.

사회복지학은 현대 산업사회에 들어서면서 빛을 띠기 시작하고 있으며 사회복지(social welfare: 社會福祉)라는 용어 역시 1960년대 산업화와 더불어 등장하여 현대사회의 다양한 사회문제 해결을 위한 예방 및 치료적 입장에서 널리 사용되고 있는 것이다. 그러나 사회복지 개념에 대해서는 아직까지도 그 이념이나 가치 면에서 시대와 국가에 따라 다르며 학자들마다 약간씩의 견해차가 있기 때문에 꼭 집어 단정 짓기는 어렵다. 특히 오묘함으로 뭉쳐진 인간과 인간을 둘러싼 다양한 환경을 대상으로 문제 현상을 다루는 학문이기 때문에 더욱 광범위한 개념을 내포할 수밖에 없는 것이다.

인간의 삶과 생활에 기반을 둔 학문이기 때문에 사회복지학은 실용학문이라고 부르기도 하며, 또한 심리학, 사회학, 정치학, 경제학, 철학 등이 결합된 종합적인 학문이라고도 한다. 이는 인간생활의 전체를 포함하는 것은 물론 학문 간의 연계가 절실히 요구되는 뜻이기도 하다.

본서의 구성은 총 3부로 나누어 제1부 사회복지 일반론, 제2부 사회복지 분야론, 제3부 인간의 삶과 복지국가로 편성되어 제1장 사회복지란 무엇인가에서는 사회복지의 개념과 이념, 가치와 범위, 접근 방법 그리고 구성을 살펴봄으로서 누구나 처음 접하는 학도와 일반인들이 사회복지에 대한 전반적인 이해를 돕고자 했으며, 제

2장 발달사와 행정에 있어서는 외국사와 우리나라에서의 현상을 전통사회에서부터 현재까지 현황을 알아봄으로써 시사점을 찾고자 했다. 제3장, 제4장, 제5장에 있어서는 사회복지의 실천적인 측면 즉 사회복지 서비스 부분, 보장제도, 정책 등 사회복지에 대한 전반적인 이해를 알아봄으로써 현장 실천에 대비할 수 있도록 했다.

제6장 가족복지부터 제13장 사회복지법까지는 사회복지의 각론 분야로써 좀더 심도 있게 사회복지 내용을 이해할 수 있도록 했고, 제3부 인간의 삶과 복지국가에서는 우리 인간의 삶 전반에 있어 태아기부터 노년기까지 단계별로 욕구와 문제·위험으로 나누어 알아보고 대책을 살펴보는 계기를 가졌으며, 인간은 사회 속에 국가라는 틀을 형성하는 일원으로 함께 공존하는 사회적 동물로서 국가·사회를 섭렵함으로써 보다 현실적인 다양한 사회적 서비스의 개발과 스스로 변화를 추구하고, 창의적인 욕구에 일조하기를 기대하는 입장에서 대학교재로서의 역할과 사회복지일선 현장의 지침서, 그리고 시험 준비 및 사회복지에 관심을 가지는 일반인들이 폭넓게 활용할 수 있게 하기 위한 편성이다.

여기에 수록된 내용이 사회복지 개론으로서는 충분하리라 믿지만 사회복지학 전반적인 입장에서는 미흡한 점이 많고 지속적인 연구의 필요성을 스스로 느끼기에 계속 노력할 것을 약속하고, 이 책의 출판을 위해 지원해 주신 韓 실장과 북토리 사업부 유지석 차장과 관계자 여러분께 깊은 감사의 마음을 전하고, 오늘 이 자리에 내가 있을 수 있게 하게 된 행운은 4명의 딸들이 건강하게 잘 성장해 준 덕과 항상 학문적 애정을 갖도록 끊임없이 격려와 세심한 배려를 아끼지 않은 나의 영원한 반려자 정순애 씨에게 감사하며 건강한 삶을 기원하다.

2007년 3월 10일

전 장 근

차례

C·O·N·T·E·N·T 사회복지개론

제1부 사회복지 일반론

제1장 사회복지란 무엇인가

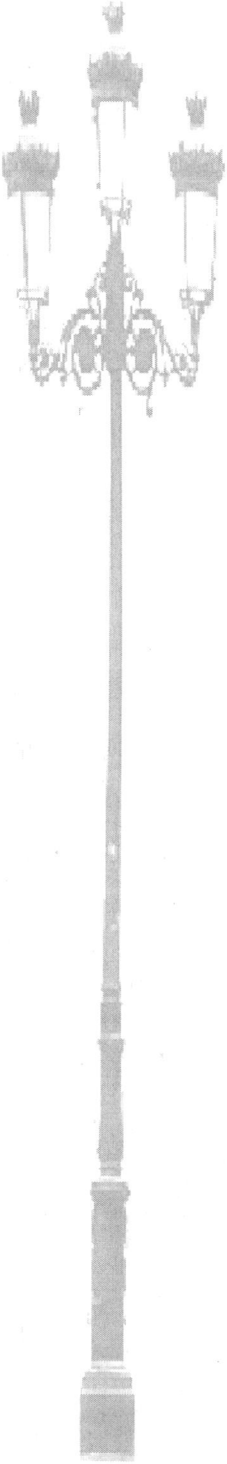

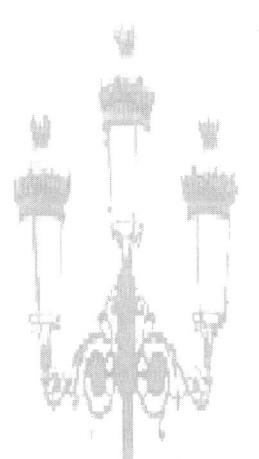

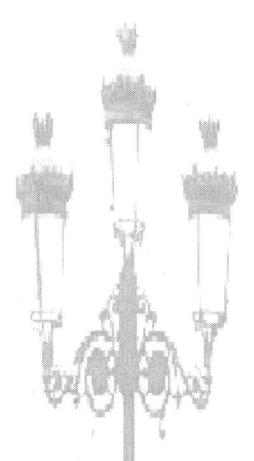

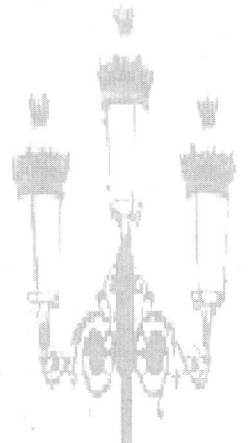

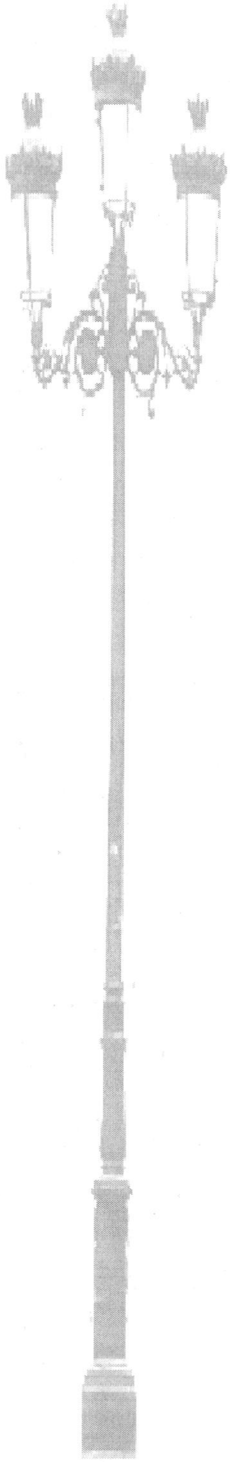

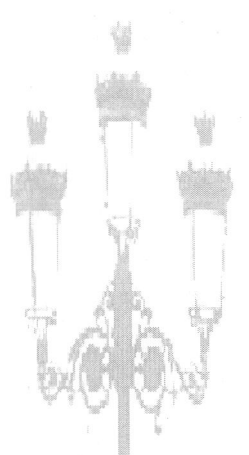

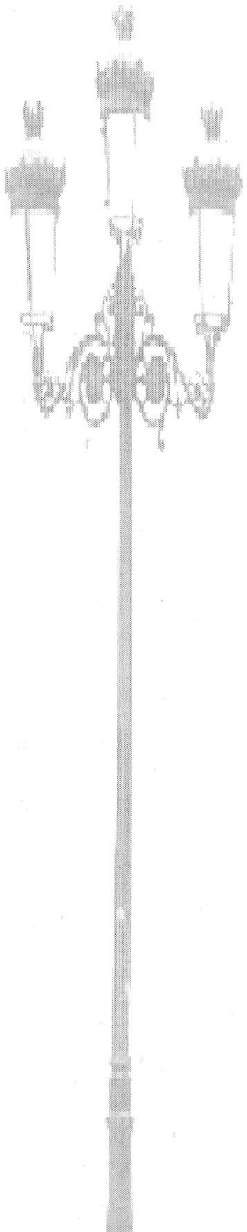

제3부 인간의 삶과 복지국가 ◉

제14장 인간의 삶과 사회복지

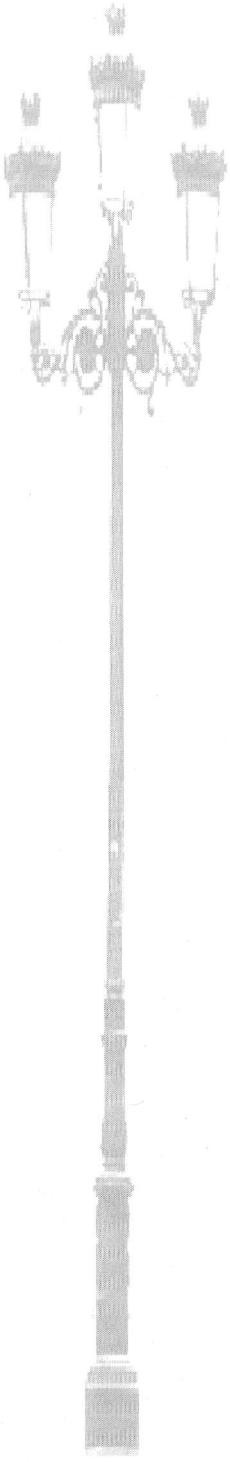

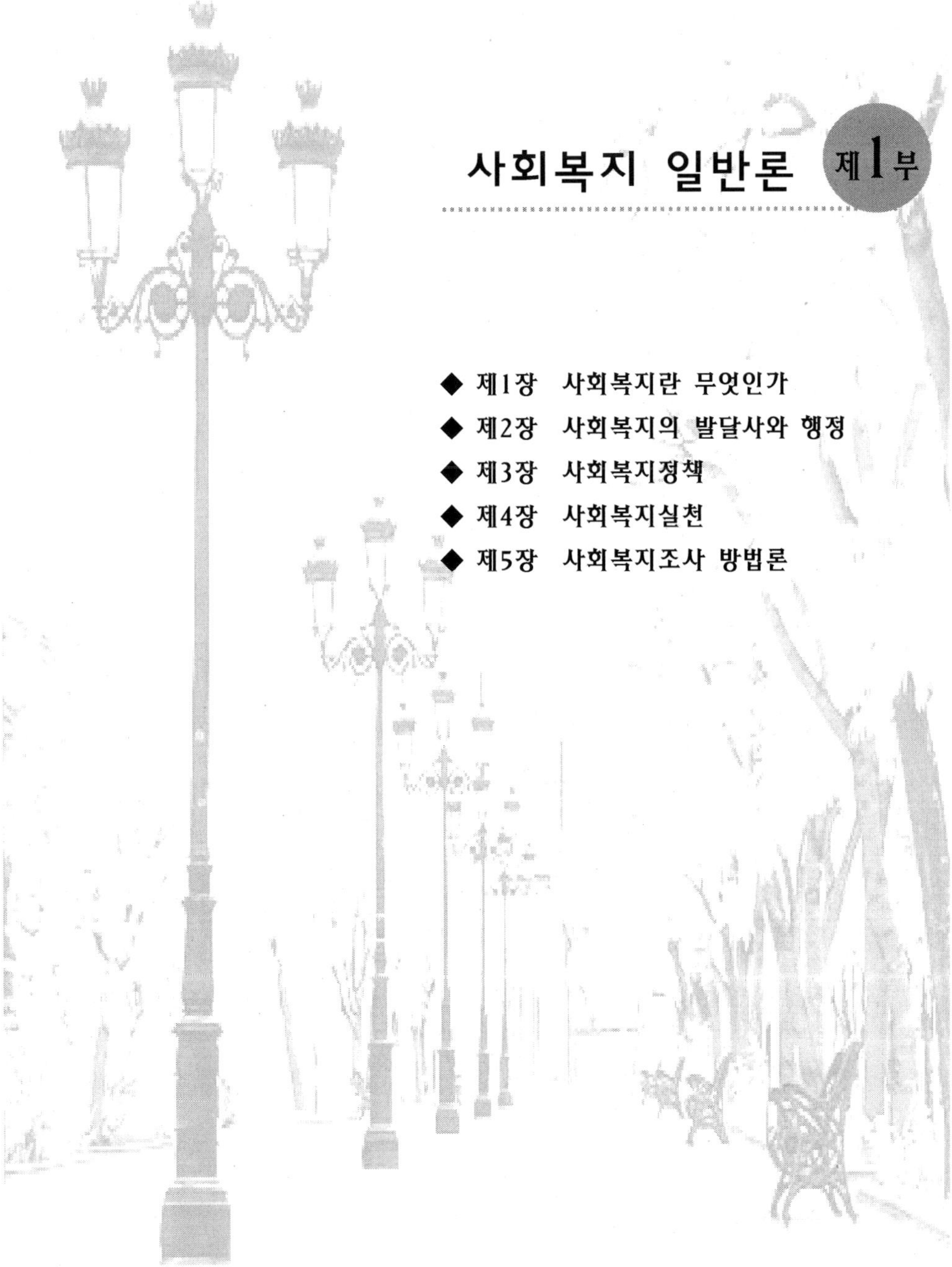

사회복지 일반론 제1부

제1장

사회복지란 무엇인가?

사회복지란 우리 생활과 관련하여 매우 포괄적이며 광범위한 중요한 의미를 지니고 있다. 그렇기 때문에 객관성을 지닌 일반화된 개념정립을 하기란 어려운 과제이다. 이는 역사발전단계에 따라 각 시대에 해당된 사회철학과 이념 경제, 사회, 문화 발전단계와 각 나라의 정치제도와 경제사회 개발정책 등 다양한 요인들에 영향을 받으면서 이루어지기 때문이다. (박종삼의 2002)

특히 사회복지가 인간과 인간을 둘러싼 환경을 대상으로 문제현상을 다루기 때문에 더욱 광범위한 개념을 내포할 수밖에 없는 것이다. 인간의 삶과 생활에 기반을 둔 학문이기 때문에 사회복지학을 실용학문이라고 부르기도 하며 또 심리학, 사회학, 정치학, 경제학, 철학 등이 결합된 종합적인 학문이라고도 한다. 이는 곧 학문 간의 연계가 절실한 분야라는 뜻이기도 하다.

따라서 이와 같은 사회복지의 개념을 좀 더 명확히 규정하기 위해서 본서에서는 사회복지의 개념을 협의와 광의의 차원에서 살펴보고 여러 학자들의 견해를 통해 개념을 종합적으로 정리하고자 한다. 사회복지의 동기와 기본이념 및 가치를 고찰하고 또 흔히 혼동되어 사용되고 있는 사회복지와 사회사업의 개념을 비교함으로써 그 의미를 자세히 분석하고자 한다.

1. 사회복지의 개념

1) 어의적 개념과 이념

사회복지란 사회(Social)와 안락하고 만족한 생활상태(Well)로 지내다(Fare)의 합성어이다. 즉, 사회적으로 잘 지내는 행복한 상태 내지 만족스런 상태를 의미한다. 이러한 어의적 배경에는 인간은 어떠한 상태에 놓여 있더라도 하나의 가치적인 존재이기 때문에 행복을 누리며 충실한 삶을 누릴 수 있도록 하는 이상적인 생활목표의 사상을 내포하고 있다. 이러한 생활 상태를 실현하기 위해서는 모든 사람에게 신체적, 정신적, 지적, 감성적 발달의 기회를 부여하는 것이 사회복지의 실현인 것이다.

그렇다면 사회복지가 지향하는 수준과 목표는 무엇이며 어느 정도까지 해야 하는가이다. 그것은 사회복지의 수준과 내용이 각 개인의 사회현실을 반영하고 있다는 점을 나타낸다. 사실 사회복지의 개념이 현실사회에서 출발한 것인 만큼, 그것이 지향하고 도달해야 하는 목표와 수준 역시 현실을 반영하게 될 수밖에 없다. 또한 사회복지는 사회자체가 지니는 역량에 좌우 되는데, 사회의 총체적 역량이란 복지수준과 목적, 내용, 형태와 방법 등을 결정하는 실체로서 존재하게 되는 것이다.

따라서 사회복지란 한 사회나 국가의 가치관이나 이념을 포함하는 소위 문화적 요소, 정치적 요소, 사회구성원들 사이의 관계를 나타내는 종합적인 제반사회적 요소를 말한다. 이것은 사회복지 제도라는 형태로서 구체적으로 표시되며, 사회복지제도는 국가에 따라 다양한 차이를 보게 된다. 결국 사회복지는 이러한 점에서 한 국가와 사회의 역사적 흐름과 그 특성을 반영한 산물인 것이다. <박용순 2006>

이념적으로 사회복지란 현실사회의 사회복지라고 하는 어떤 시책을 달성하려는 목적, 즉, 인간의 복지를 의미한다. 이런 점에서 사회복지는 이상적인 상태를 의미한다. 그것은 인간의 가치와 존엄이 최고도로 실현되는 상황을 의미하고 있다.

사회복지는 하나의 이상적인 목표적 개념으로 사용되고 있다. 즉 훌륭하고 바람작한 사회로서 빈곤이나 불행이 없는 국민 대다수가 자유롭고 평등한 영위할 수 있는 사회를 말한다.

따라서 국민의 생활향상을 위한 사회복지 이념으로, 모든 인류에게 복된 생활을 보장해 줄 수 있을 만큼의 물질이 풍부해야 한다는 "풍요의 이념"과 질서가 잘 잡힌 사회에서 국가지역사회, 가족 또는 개인들은 상호간의 번영 추구를 위해 조화를 이루어야 한다는 "상호관계의 이념" 그리고 인류는 그들의 정치적, 경제적, 사회적 협력을 위한 제도적인 기구를 통해 물질적인 풍부와 사회적 평등이라는 바람직한 목적에 접근토록 노력해야 하는 "개발계획의 이념" 즉 오늘날 인류의 희망과 욕망을 지배하고 있는 세계적으로 공통된 위와 같은 3가지 이념이 있다(H.wickenden, Social welfare in a changing world <washington. D. C. public affairs Press 1965>※ pp.1-2)

사회복지 개념을 목적개념으로 이해하게 되면, 사회복지는 매우 추상적이고 애매한 상태로서 사회복지의 이해와 실천에 다소 어려움이 존재한다. 그럼에도 불구하고 목적적 정의로서 사회복지의 개념은 현실사회에 존재하는 사회복지의 한계와 약점을 이해할 수 있게 해주는 동시에 지적 통찰력을 제공하는 유익한 기능을 한다.

다시 말해서 사회복지 개념은 이론과 실천성을 띠기 때문에 나라와 시대에 따라 다르고 항상 변화되는 개념으로 받아들이고 이해해야 한다. 그리고 전통적인 사회일수록 사회복지의 주체가 개인이나 가족, 종교단체 등이었지만 즉 사회부조, 자선사업, 인보사업이 주를 이루었지만 현대사회로 올수록 사회보장, 사회사업, 사회봉사, 사회정책, 사회계획 즉 사회적 국가적 책임이라는 철학이 지배력이다.

여기서 로마니신(Romanyshyn) 사회복지개념변화를 살펴보면 경제적으로 풍요롭지 못한 산업화 이전의 사회에서 복잡다단하고 상호 의존성이 높은 산업화 이후의 사회로 변화됨에 따라 사회복지 서비스에 대한 수급욕구가 증대되고 사회나 국가가 사회복지에 개입하는 것에 대한 인식이 점점 확대되고 있음을 설명하고 있다.

① 보완적인 것에서 제도적인 것으로
② 자선에서 시민권으로
③ 특수한 서비스에서 보편적 서비스로
④ 최저조건에서 최적조건의 지급이나 서비스로
⑤ 자발적 차원에서 사회적 차원으로
⑥ 빈민구제에서 복지사회건설로

2) 사회복지의 범위

윌렌스키와르보(willensky & Lebeaux,1965)는 사회복지의 개념정립에 있어 잔여적 개념과 제도적 개념에 대해 서술하였는데 잔여적(殘餘的) 개념으로서 사회복지란, 사회문제가 발생했을 때 일차적으로 가정이나 지역사회에서 책임을 맡은 것이며 이들의 기능이 원활하지 못하게 되었을 경우 사회적인 차원에서 사회복지 정책이 이루어진다는 의미로 사용되고 있다. 예를 들어 장애인이 있는 가정에서 장기적인 재활치료 비용이나 가족이 더 이상 수발을 담당할 수 없게 되었을 때 사회적으로 공공복지정책 등을 통해 서비스를 제공받는 것이 잔여적인 개념, 즉 협의의 사회복지 개념으로 볼 수 있을 것이다.

즉, 협의의 사회복지(사회사업, 사회복지사업)는 개인의 고민과 빈곤을 경감시키거나 사회상태를 개선하는데 목적을 두고 있는 사회나 공공기간, 자발적 단체의 비영리적 기능을 포함하고 있으며, 가족이나 시장기구로부터 탈락된 자들에게 정상적인 사회생활을 유지할 수 있도록 보호, 치료, 예방의 정책 및 방법을 활용하는 경우이다. 그리고 사회생활상의 곤란 또는 장애를 받고 있는 자(요보호자)에 대한 보호, 육성, 지도, 치료, 재활 등의 서비스정책이다. 또한 광의의사회복지란 공식적으로 조직되고, 사회적으로 후원을 받는 제도, 기관프로그램으로서 국민의 전부 또는 일부의 경제 상태, 건강 또는 대인간의 적응능력을 유지하거나 개선하는 기능을 의미한다. 협의의 사회복지 내용 외에 사회정책, 사회보장, 보건, 의료, 주택, 고용, 교육 등이 포함되는 것으로 국가에 있어서 최저한(national minimum) 및 평균적인 욕구가 충족되지 않는 개인, 가족, 집단 등에 대한 여러 사회적 서비스를 총칭하는 것이다. 마지막으로 최광의의 사회복지 개념은 협의의 내용과 광의의 내용이외에 토목, 건축, 재정, 군사 금융, 경찰 등 전 국민의 사회생활의 안정과 발전에 공헌하는 일체의 사회적 정책을 총칭하는 것으로 다음(표1-1)과 같이 나타낼 수 있다.

〈표 1-1〉 [사회복지의 범위]

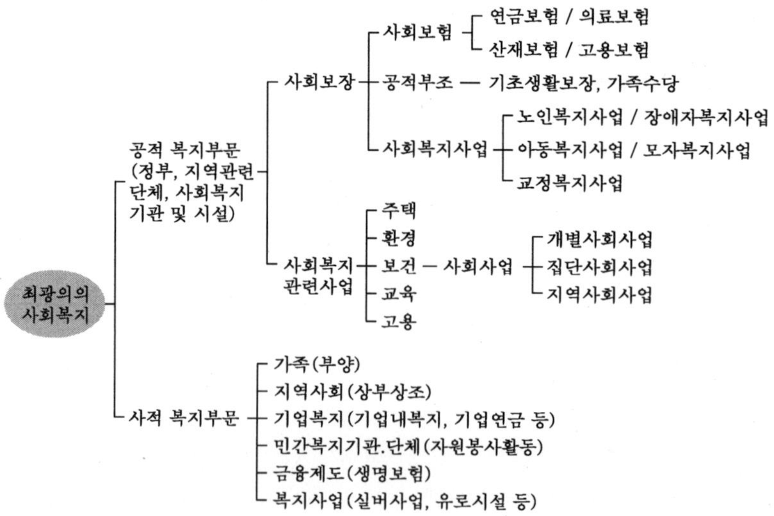

3) 학자들의 견해 및 사회복지와 사회사업의 개념비교

미국의 사회학자 던햄(Dunham, 1970)은 "사회복지란 가족, 건강, 사회적응, 여가, 생활수준 등에 있어서 욕구를 해결하는데 도와주고 삶을 개선하고 유지하려는 조직적인 활동이며 사회사업은 개인과 가족, 집단, 지역사회를 대상으로 보호하고, 치료하며, 예방하려는 실천적이고, 전문적인 서비스의 제공"이라고 보았다.

프리드랜더(Friedlander.1961)는 "사회복지란 개인과 집단의 욕구가 만족스러운 상태에 도달할 수 있도록 돕는 사회적인 제도라고 하였으며, 사회사업은 한 개인이 사회적으로 정상적인 생활을 영위할 수 있도록 지식과 기술을 바탕으로 원조하는 전문적인 활동"이라고 했다.

위켄덴(E, Wickenden)은 사회복지란 "국민의 복리와 사회질서유지 기능을 위한 기초로서 기본적인 것으로 인정되는 사회적 요구를 충족시키기 위한 공급을 강화하거나 보장하는 법 또는 프로그램 급부 및 서비스 등의 체계이다"라 했고 바커(Barker)는 "사회유지에 기본적인 사회적・경제적・교육적 및 건강적 욕구를 충족시키려는 사람을 돕는 프로그램, 급부 및 서비스에 관한 국가 체제이다."라 했다.

레스쳐(N, Rescher)는 다면적이고 다차원적인 광의의 정의를 내리고 복지라는 것은 다차원적인 것으로 한 사람의 복지를 고려한 경우에도 복합적인 구성요소가 포함된다고 했고, 신체적인 면에서의 복지(건강), 물질적인 면에서의 복지(풍요), 정신적・심리적인 면에서의 복지(정서적 안정) 등이 특히 중요한 요소라고 했다.

미국 사회사업가 협회는 ① 사회복지는 일반적으로 인지된 사회문제를 예방하거나 경감시키거나 문제해결에 기여하고자 하거나 또는 개인, 집단, 지역사회의 복지를 개선하려고 하는 민간기관과 정부기관의 광범위한 조직적 활동을 의미하고, ② 사회사업은 개인, 집단, 지역사회가 자신의 사회적 기능수행 능력과 자신의 목적에 대한 사회조직을 유리하게 하는 작업을 향상시키거나 복원하는 것을 도와주는 전문적인 직업 활동이라고 표현하고 있다.

영국의 사회복지 정책가인 티트머스(Titmuss, 1974)는 사회복지란 사회복지제도 또는 정책이라고 하면서 "사회복지 정책이란 가족과 지역사회가 기능을 수행하지 못할 때에만 사회복지제도는 시행 된다"라는 윌렌스키와 르보의 잔여적 개념에 동의하였다. 또한 그는 "사회복지정책은 개인의 생산성이나 근로능력에 따라 제공되어져야 한다."는 사회적공헌정도와 사회복지정책을 연관지여 설명하였다.

우리나라의 경우 정종우(2000)는 "사회복지란 사회적 시책에 의한 제도로서 예방적인 차원에서 이루어진다."고 하였으며 "사회사업은 전문적인 사회사업가에 의해 이루어지는 기술적 체계로서 치료에 목적을 두어 이루어지는 활동"이라고 보았다.

일반적으로 사회복지와 사회사업의 개념은 자주 혼동되어 사용되고 있는데 사회복지는 다른 개념에 비해 넓은 의미를 가지며 사회문제를 해결하기 위한 정책을 의미하고 사회사업은 인간관계의 문제를 조정하는 전문적 기술로 인식되고 있다 (전국보육교사교육원 대학협의회편2000).

어의적(語義的)으로 사회복지란 이념적이고 이상적인 면을 강조하고 사회사업은 실천적이고 현실적인 면을 중요시 한다. 즉 사회복지란 풍요의 이념으로써 빈곤이나 불행이 없는 사회를 만들기 위한 사회공동의 노력을 의미하며 사회사업이란 개인의 사회적 기능을 향상시키기 위한 전문적이고 실천적인 서비스의 제공을 의미한다.

따라서 방법 및 성격적으로 사회복지는 사회제도나 정책을 수단으로 하기 때문에 정적(靜的)이라고 할 수 있으며, 사회사업은 지식과 기술을 바탕으로 하므로 동적(動的)이라고 볼 수 있는 것이다. 또한 대상(對象)에 있어서도 차이가 있는데 사회복지는 전체적이고 불특정다수를 대상으로 하지만 사회사업은 부분적이고 특정적인 개인 즉 "문제가 있는 개인"을 대상으로 한다. 기능적인 면에서 사회복지는 사전적이고 예방적이며 거시적이고 보편적이다. 그러나 사회사업은 사후적이고 치료적이며 미시적이고 개별적인 속성을 갖는다. (표 1-2, 1-3)

[표 1-2] 사회사업의 모델

모 델	대 상	방 법	이 념	실 제
전통적	가 난	부 조	자유방임	상호부조, 자선사업, 인보사업
심리적	좌절감	치 료	자유주의	상담사업, 개별지도, 집단지도
사회적	부적응	개 혁	민주주의	가족, 지역복지, 지역사회사업
급진적	갈 등	혁 명	마르크스주의	사회행동, 사회운동

[표 1-3] 사회복지와 사회사업의 개념비교

구 분	사회복지(Social Welfare)	사회사업(Social Work)
의미(어의)	이념적(이상적인 면을 강조)	실천적인 면을 강조
목 적	환경지향적(사회적 시책에 의한 제도적 체계, 예방, 방편에 목적을 둔다)	인간지향적(전문적 사회사업에 의한 기술적 체계, 치료, 구빈에 목적을 둔다.
대 상	전체적 불특정적(개인, 집단, 국가에 의해 수행)	부분적·특정적(개인 또는 집단, 기관에 의해 수행)
성 격	정적(적극적, 생산적, 조직적, 일반적이다.)	역동적(소극적, 사후적, 소비적, 선별적이다)
방법(기능)	제도적, 정책적이다(Macro)	지식과 기술적 측면(Micro)
전문성	광범위한 분야(Field)	각 분야의 전문성(Profession)
※ 추구하는 성격	사전적, 예방적, 적극적, 거시적, 보편적, 원칙적	사후적, 치료적, 소극적, 미시적, 구체적, 개별적

2. 사회복지의 가치관과 접근 방법

1) 사회복지의 가치

가치(價値)는 선(善)이며 바람직한 것이다. 가치는 질적인 판단이며, 경험적으로 실증될 수 있는 것은 아니다. 가치는 정서를 지니고 있어서 사회복지 전문가들이 지향해야 할 목적이나 목표를 나타낸다. 가치의 진수는 무엇이 보다 나은 것인가와 관련이 있다(H, M, Bartlett).

가치란 하나의 신념으로서 개인적으로 지향하는바가 서로 다를 수도 있기 때문에 사회복지실천현장에서 사회복지사는 클라이언트(Client)의 신념과 가치체계가 서로 다르다고 해서 무시하거나 차별하여서는 안 되며 적극적으로 수용하려는 자세가 필요하다.

사회복지학은 인간을 다루는 학문이기 때문에 지식과 기술의 습득은 물론이고 인간을 존중하려는 기본적인 태도와 윤리가 갖추어 져야만 하는 것이다. 인간은 부자이거나 가난하거나 장애인이든 비장애인이든 누구나 평등하고 가치 있는 존재로서 개별성과 존엄성을 인정받아야만 한다.

(1) 평등(equality)

사회복지 중요한 가치로서 평등이란, 충분하지 않은 사회적 자원을 국민 전체에게 골고루 분배하여 삶의 질을 향상시키려는 신념으로 우리나라 헌법 제 11조[1]에 잘 나타나 있다. 평등은 수량적 평등과 비례적 평등, 기회의 평등으로 개념 정립을 구체화 할 수 있다. 첫째, 수량적 평등이란, 사람의 능력이나 사회적인 공헌에 관계없이 동일하게 자원을 배분하는 것으로 이상적인 개념이 강하다. 둘째, 비례적 평등이란, 개인의 욕구나 능력, 사회적인 공헌 정도에 따라 적절하게 자원을 배분한다는 것으로 수량적 평등보다 현실적이라고 할 수 있을 것이다. 셋째, 기회의 평등으로서 2007년부터 만 5세 미만 어린이의 교육이 전면 무상교육화된다는 정부의 발표는 기회 평등이 좋은 예라고 할 수 있을 것이다.

(2) 자유(freedom)

자유란, 인간이 자유를 보장받을 권리는 우리나라 헌법에 명시되어 있다. 자유를 두 가지 개념으로 보면 첫째, 소극적인 개념으로 자유란, 생활 속에서 다른 사람의 간섭을 받지 않고 자신의 의지대로 행동하는 것을 의미하는 것이며 그렇다고 해서 다른 사람에게 해를 끼치면서 자신의 의지대로 행동하는 의미는 아니다. 둘째, 적극적인 개념의 자유란, 자기가 원하는 대로 행동하는 상태를 의미한다. 사회복지 실천 가치로서 자유란 사회복지 서비스와 급여를 통해 복지욕구를 해소시키고 사회문제를 해결하여 시민의 자유를 확대시켜주는 것을 의미한다.

(3) 민주주의(democracy)

서구 사회에서 인간과 사회를 바라보는 가치개념 중 "모든 인간은 평등하며 생명과 자유, 행복을 추구할 권리를 강조"하는 민주주의 가치를 들 수 있다(장인협 · 문인숙. 1986: 성영혜, 2001). 앞서 언급한 평등과 자유의 가치를 포함한 개념으로서 사회복지

---

1) 헌법 제11조 ① 모든 국민은 법 앞에 평등하다. 누구든지 성별, 종교 또는 사회적 신분에 의하여 정치적·경제적·사회적·문화적 생활의 모든 영역에 있어서 차별을 받지 아니한다.

현장에서 민주주의 실천은 클라이언트가 행복을 추구할 권리를 가질 수 있도록 기본적인 생계를 보장해야 하고 클라이언트의 권리와 이익의 옹호를 위해 사회적 행동을 취할 수 있어야 한다.

(4) 인간의 존엄성(human worth and dignity)

인간은 고유의 성격을 지닌 존재로서 개별성을 인정해야 하며 존중받을 권리가 있다. 인간 존엄성 가치는 사회복지실천기술의 하나인 개별사회사업 7대 원칙[2)]중 개별화(individualization)의 원리와 같은 개념으로 세상에 똑같은 인간은 없으며 동일한 문제에 대해서도 문제해결의 능력과 반응은 각기 다르게 나타날 수 있기 때문에 사회복지사는 클라이언트의 원조과정에서 개별성을 인정해야 하며 어떠한 선입견이나 사회적 편견을 배제하고 하나의 인간으로서 클라이언트를 이해하여야 한다.

(5) 자기 결정(self-determination)

앞서 언급한 개별사회사업의 개입과정 중에서 자기결정의 원리가 있는데 이는 클라이언트가 문제를 해결하는데 있어 긍정적인 결과를 가져올 수 있도록 사회복지사는 방향을 제시할 뿐 직접적으로 문제해결에 개입하지 않아야 한다는 가치이다. 즉 사회복지사는 클라이언트가 문제 해결을 위해 무엇인가를 결정할 때 스스로 선택하고 결정하도록 돕는 역할을 할 뿐 직접으로는 개입하지 않아야 한다.

(6) 사회적 연대(social solidarity)

사회복지의 가치로서 사회적 연대란 상부상조의 정신, 즉 공동체의식과 같다고 볼 수 있을 것이다. 가진 자는 보다 더 많은 세금을 통해 사회적 자원을 재분배하게 되며 이러한 세금은 사회적인 서비스나 급여로 전환되어 빈민을 원조하게 되는 것이다. 따라서 자본주의 사회의 맹점인 빈익빈 부익부 현상이 점차 사라지게 될 것이며 결국 사회적 연대의 가치는 사회통합을 실현하게 될 것이다.

---

2) 개별 사회사업 원조과정에서 사회복지사가 반드시 지켜야 할 7대 원칙: ① 개별화 ② 의도적 감정 표현 ③ 통제된 정서적 관여 ④ 수용 ⑤ 비심판적 태도 ⑥ 클라이언트의 자기결정 ⑦ 비밀 보장

이 외에 사회복지사가 가치를 통해 나아갈 행동방향으로는 인간다운 생활의 보장, 인간의 건강한 성장과 발달의 보장 정상화 이념의 확보, 사회적인 통합의 촉진 등을 제시할 수 있다.

※ W, A, Friedlander는 사회사업의 기본가치관으로

① 개인존중의 원리 ② 자발적 존중의 원리(자기결정의 원리)

③ 기회균등의 원리 ④ 사회연대의 원리(상호부조의 원리)를 들고 있다.

2) 사회복지의 접근 방법

사회복지(Social welfare)는 대상자에게 접근하기 위한 전제로서 우선 인간의 욕구와 사회문제를 취급하게 된다. 인간욕구와 사회문제를 취급하는 기초로서 제기되는 것이 바로 욕구(need)와 문제(Problem)의 개념인데, 이 용어들은 사회복지 분야에서 가장 많이 활용되는 중심적인 말이다.

욕구란 한글 사전에 "욕심껏 구함"이라고 풀이 되어 있다. 심리학에서는 욕구를 "유기체가 건전한 상태를 유지하여야만 하는 세포가 지닌 본질"로 규정하고 있으며 일반적인 의미로는 "개인이 그의 복지에 유해한 것으로 느껴지는 어떠한 결핍 혹은 부족"으로 설명하고 있다. 사회복지학에서 욕구는 "인간이 사회생활을 영위함에 있어서 충족시켜야 할 기본적인 욕구를 나타내는 말"이라고 설명할 수 있다. 따라서 인간의 욕구를 해결하지 못할 경우 인간의 환경인 사회문제가 대두되며, 결국은 사회문제를 해결하면 사회복지가 실현되는 것이다. 사회문제의 해결을 위한 사회복지의 접근방법으로는 전문기술을 요하는 전문적 접근방법과 정책적 접근방법 그리고 통합적 접근 방법 등으로 구분하는데 그 내용은 다음과 같다. (박용순 2006).

(1) 전문적 접근 방법(개인 대상)

① 사회복지를 전문기술에 의한 인간관계의 조정기술로 보는 견해이다.

② 인간의 요구를 위기 또는 문제상황으로 규정하고 문제의 소재를 부적응이나 욕구불만에서 발생한다고 본다.

③ 여기서 전문적 지식과 기술이란 사회사업의 주요한 방법인 개별사회사업, 집단사회사업, 지역사회사업, 사회복지행정, 사회조사 등을 말한다.

④ 따라서 전문적 기술을 지닌 사회사업가의 원조를 중요시 한다.

(2) 정책적 접근방법(전체 국민대상)

① 사회복지의 정책적 접근은 사회문제와 사회복지를 역사적·사회적 존재형태로 취급하고, 사회제도의 결함으로 생긴 사회문제를 해결하는 사회정책으로 보는 견해이다.
② 사회문제가 개인의 책임보다는 사회·국가의 책임으로 간주하여 국가 정책에 의한 사회복지를 강조 한다.
③ 모든 국민의 인간다운 생활을 보장한다는 점에서 전체성을 강조하고 있으며, 융통성 보다는 고정성이 강하다.
④ 정책적 접근 방법으로서 사회복지정책에는 사회보험, 사회복지서비스, 공공부조가 있다.

(3) 통합적 접근방법(사회대상)

① 정책적 접근과 전문적 접근의 중간적 의미인 사회복지를 말한다.
② 이러한 접근방법은 주로 사회해체(가족해체, 지역사회해체 등)의 결과로 생긴 사회문제(이혼, 가출, 빈민 등)를 예방하고 치료하기 위한 것이다.
③ 가족을 비롯하여 지역사회·직장 등의 복지를 위한 방법(제도)에 관심을 둔다.

3. 사회복지의 구성

사회복지가 추구하는 궁극적 목표의 하나는 대상자들에게 그들이 필요로 하는 서비스를 제공하는 것이다. 이러한 목표를 달성하기 위해 사회복지의 주체인 정부나 민간기관은 사회복지의 객체인 대상자가 지닌 욕구나 문제를 찾아내고, 이를 충족하고 해결해줄 수 있는 적합한 자원을 동원해야 하며, 그러한 자원이 가장 효율적으로 전달 되도록 하는 일이 사회복지에서 핵심적 과업이라 할 수 있다. 이에 대상(욕구)과 주체, 기능과 재원을 중심으로 논의하기로 한다.

1) 사회복지의 대상

앞절 접근방법에서 본바와 같이 사회복지 대상은 부족한 상태를 지닌 욕구자이며, 욕구는 문제를 발생한다고 했다. 이와 같이 흔히 사회복지 실천현장에서 욕구와 문제는 동일한 개념으로 사용되고 있는 것을 볼 수 있다. 이와 같이 욕구는 충족 되어야 할 문제로 보기 때문이며, 특히 사회적 욕구는 사회적 문제로 보는 경향이 있다. (채성제, 남기민 2001)

즉 사회복지는 주된 관심부분을 인간이 지닌 욕구에 두고 있다. 인간욕구는 인간이 그 존립을 위해 필수불가결하게 충족해야 하는 본질적인 현상을 말한다. 이 인간의 욕구는 매슬로우(Maslow. 1954)가 제시하였던 욕구의 위계[3)]에서도 볼 수 있듯이. 개인의 특성 및 상황의 변화에 따라 다양하게 나타날 수가 있다. 그러나 우리인간 자체가 복잡다양한 사회적 동물이기 때문에 매슬로우의 욕구 위계설에 맞추어 진다고 볼 수는 없으며, 다만 사회복지 분야에 있어서 우리에게 4가지의 중요한 시사점을 제시하고 있다. 즉 ① 사회복지서비스의 기준을 제시해줄 수 있고, ② 정책설정 기준을 제공해줄 수 있으며 ③ 사회복지서비스의 프로그램을 비교할 수 있는 비교연구의 기준이 됨으로써 새로운 프로그램을 개발할 수 있도록 하며 ④ 인간의 욕구는 무한하기 때문에 현실 사회에서 완전하게 충족할 수 없다는 점이다. 때문에 인간생활은 끊임없이 보다 높은 수준의 욕구를 충족하기 위하여 각 개인이 일생동안 노력하는 삶을 살아갈 수 있도록 동기부여를 제공해 준다는 점이다.

사회적 욕구와 문제를 굳이 분류해 본다면 사회적 요구(욕구)는 생활의 질과 관계된 것으로 음식, 주택, 의료보험, 교육, 사회환경적 서비스, 오락적 기회(여가), 유쾌한 이웃관계, 교통시설 등을 포함할 수 있으며, 이와 같은 요구가 충족되지 않음으로써 탈선, 반사회적행위, 부적응, 사회해체 등을 유발하게 됨으로써 사회적 문제로 나타나게 되는 현상이다. 그러므로 사회복지대상은 우리 인간이 주를 이루고 있으며 주로 현재 여러 가지 조건하에서는 자력으로 정상생활을 영위하지 못할 뿐 아니라 타인의 생활에 영향을 미치는 빈곤한 아동, 노인, 병자, 지체부자, 유아, 맹인, 정신박약자, 정신병환자, 범죄자 및 아동을 방임하는 부모 등등을 의미한다.

---

3) 매슬로우(A. Maslow)는 인간의 욕구를 단계별로 5단계로 분류하고 이를 욕구위계설이라 했다. ① 생리적 욕구 ② 안전의 욕구 ③ 사랑의 욕구 ④ 존경의 욕구 ⑤ 자아실현의 욕구.

2) 사회복지의 주체

사회복지의 주체는 개인, 단체, 국가에 이르기까지 다양하며 주체의 성격에 따라 그 형태가 달라진다.

① **비공식적 부문**: 가족과 친족 등의 1차적 집단으로 전통적인 사회에서는 대부분이 이에 의해 충족되었으나 현대에 들어 가족기능이 분화됨에 따라 많은 부분이 사회화 되었다.

② **공적부문**: 세금을 재원으로 하여 보편적이고 안정적 지속적인 서비스를 제공하며 국민의 최저 생활보장을 목표로 한다. 사회가 근대화될수록 정부・지방자치단체를 중심으로 하는 공적부문의 역할이 크게 확대 되어가고 있다.

③ **민간 비영리부문**: 공적 부문이 확대되기 전까지는 비공식 부문과 함께 사회복지서비스의 가장 큰 공급자였으나 복지국가가 성립되면서 그 역할이 축소되었다.

④ **민간 영리부문**: 재정적인 위기 속에서 공적부문에 대한 사회복지 서비스가 한계에 달하게 되고 생활수준의 향상으로 질 높은 서비스를 요구하게 되면서 이 부문에 대한 수요가 많아지고 있다.

3) 사회복지의 기능(체계)

사회복지 서비스 전달체계가 그 기능을 온전히 발휘하기 위해서는 전달체계의 하위체계 혹은 단위를 구성하는 복지 기관들이 적절한 기능을 수행함은 물론이다. 왜냐하면 단위조직이나 몇 개의 단위조직으로 구성된 협력체(연합체)가 맡은바 기능을 수행하지 못할 때는 자원의 낭비, 서비스의 중복 및 누락은 물론 복지대상자의 치료와 재활에 역기능을 초래하기 때문이다. 사회복지기능이 내포하고 있는 내용은 다음과 같다.

① **생산・분배・소비의 기능**: 사회성원들이 생활해 나가는데 필요한 재화나 서비스를 생산하고 분배하며 소비하는 기능을 말한다.

② **사회화의 기능**: 사회의 존속에 필요한 가치관・관습 및 규범 등을 그 구성원에게 전수시키는 기능을 말한다.

③ **사회적 통제의 기능**: 사회가 그 구성원들로 하여금 일정한 법과 규범을 지키도록 함으로써 사회의 존속을 유지하는 기능을 담당한다.

④ **사회적 통합의 기능**: 사회 구성원 간의 신뢰를 바탕으로 사회내의 여러 집단・단체・기관들의 결속력을 갖도록 해 사회의 존속을 유지 한다.

⑤ **상부상조의 기능**: 개인 스스로 문제를 해결 할 수 없을 때 사회구성원 간에 서로 도와주는 기능을 말한다.

4) 사회복지의 재원

재원이란 현금 또는 현물처럼 물질적인 것과 자원봉사활동과 같은 인적자원도 포함되는 개념으로써 사회복지를 실천하기 위한 수단이 된다. 재원의 주체는 크게 공공부문(Public Sector)과 민간부분(Private Sector)으로 양분할 수 있는데 발달이 늦은 복지국가일수록 공공부문 즉 정부에 대한 재원의존도는 높은 편이다. 시민의 기부의식과 참여수준이 낮아서 민간재원을 동원하는 것이 쉽지 않기 때문이다. 정부에서 재원을 제공하는 대표적인 예로서 공공 부조인 기초생활보장제도를 들 수 있는 것이다. 국민기초생활보장제도는 일정한 기준이하의 사람에게 급여가 제공되어 지며 정부에서 지급이 이루어진다. 공공부문에서 제공되는 재원은 안정성과 지속성을 가져오나 단점은 국민의 욕구에 탄력적이지 못하다는 것이다.

즉, 국민기초생활보장제도의 경우 소득인정액[4]이 최저생계비 이하인 자에게 정부에서 급여를 제공하는 제도로서 절대빈곤 가구의 기초생활을 보장하는데 의의가 있지만 아직도 많은 저소득층이 수급자격이 되지 않는다는 이유로 복지 사각지대에서 어려움을 겪고 있다. 이는 곧 정부의 재원은 법이나 제도, 일정한 기준에 따르기 때문에 주민의 욕구에 탄력적으로 대응하지 못한다는 한계점이 있다.

반대로 재원의 공급주체가 민간부문인 경우, 안정적이지 못하고 장기적・지속적이지 않다는 단점을 가지는 반면 보다 가까운 곳에서 지역주민의 욕구를 해결하는 장점을 가진다. 즉, 시민단체에서 운영하는 복지시설의 경우 서비스의 제공에 있어서 자율적이고 독립성을 가질 수 있지만 예산의 부족이라는 그늘을 벗어날 수 없는 것이다. 결국 지속적인 예산의 부족은 서비스의 부실을 초래할 수밖에 없으며 시설의 존속에 영향을 미치게 되는 것이다. 공공부문과 민간부문이 혼합된 형태의 예로서 시・군・구에서 위탁받아 운영되고 있는 지역사회복지관을 들 수 있을 것이다. 이러한 지역복지관은 순수 민

4) 소득인정액 = 개별 가구의 소득평가액 + 재산의 소득환산액
(국민기초생활보장제도 http://blss.mohw.go.kr)

간단체에서 위탁 운영되고 있는 실정이므로 사회복지 서비스의 예산은 시・군・구에서 지원이 되고 있는 것이다.

혼합형태의 장점은 안정적인 예산체계와 서비스의 자율성 보장이라는 점에서 공공 또는 순수민간의 단점을 보완할 수 있지만 시・군・구의 권위적・관료적인 사회복지행정에 의한 불필요한 간섭은 사회복지서비스 제공의 걸림돌이 되기도 한다.

[사회복지의 구성]

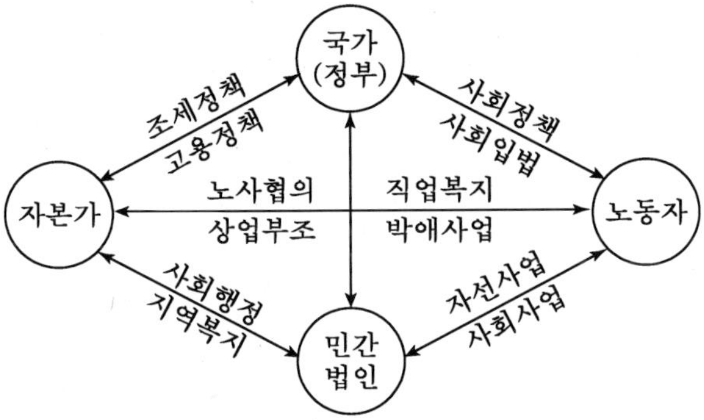

제2장
사회복지의 발달사와 행정

1. 사회복지의 발달

사회복지의 발달은 그 시대의 사회구조나 사상적 흐름과 맞물린 정치적, 경제적, 사회적, 문화적 구조에 따라 특수한 형태나 방법으로 발달했음을 볼 수 있다. 빈곤이나 질병과 같은 인간생활상의 문제나 사회변동에 수반하는 사회 생활상의 여러 가지 문제는 동서고금을 막론하고 늘 인류역사 속에서 보편적인 것처럼 되어 있는 것이 사실이다.

따라서 사회복지의 기원을 시대별로 제시한 후 영국을 중심으로 한 서구의 사회복지의 역사적 전개를 고찰하고, 이웃나라 일본 그리고 우리나라의 사회복지제도나 또는 사회복지 전개과정을 살펴보기로 한다.

우리 인간의 역사의 기원을 나눌 때는 보통 3단계로 나누어 볼 수 있는데 사회복지 자체가 인간생활의 치유를 목적으로 발생된 것으로 사회복지의 기원 역시 고대사회, 중세사회, 근대사회로 나누어 살펴보기로 한다.

1) 고대사회

고대사회에 있어서의 국가다운 국가의 형성을 대표적으로 알아보면 서양에서는 이집트, 그리스, 로마 및 유대사회를 빼놓을 수가 없으며 동양에서는 역시 중국사회를 당연히 살펴야 한 것이다. 고대 이집트에도 그 당시에 빈민은 존재했으며 이러한 빈민은 국가에서 주도한 것은 물론이고, 노동이 가능한 빈민을 위주로 구빈사업이 전개되었다. 그리고 그 시대를 대표하는 기관은 종교기관이었으며 이 종교기관은 특별히 이방인을 구제하여 종교인을 확대하는데 노력하였으며, 때로는 국가재정 문제로 이방의 유입을 금지하기도 했다. 이와 같은 제도는 후에 영국의 정주법(residencylaw)과 유사한 성격을 띠었다. 한편 동양의 고대중국에서도 가난은 죄(罪)가 아니라고 하면서 제도적이지는 안했지만 빈민이 발생하면 국가에서 구빈사업을 실시하였고, 천재지변 시 곡물창고를 열어 빈민에게 무료로 방출했으며, 또한 부자들에게 창고를 열어 곡물을 대여나 무료를 방출케 하였고, 천재지변이 일어나 살기가 힘든 지역에 사는 주민을 국가가 강제 이주를 시키기도 했다. 유대 사회에서는 성경에 기록된 바와 같이 유대민족의 조상 아브라함(Abraham)은 자신의 천막에 찾아온 이방인은 누구나 가리지 않고 반갑게 맞이하여 후하게 대접함으로써 이방인보호의 원칙을 정립하였다. 뒤에 탈무드에 보면 마을마다 기금함을 설치하여 빈민이 자유롭게 그 기금함에서 돈을 꺼낼 수 있도록 하는 구빈사업을 실시하였다는 기록이 있고, 매 50년마다 노예를 해방시키거나 원래의 소유주에게 재산을 환원하는 제도(回年制)로써 부(富)의 재분배 효과를 꾀하는 혁명적 성격의 구조적 복지사업을 펼친 기록이 있다. 이 시대에 바빌로니아에서도 사원에서 구빈사업을 담당하기도 했다.

고대국가의 대표적인 사회인 그리스에서는 빈민을 도시에서 추방하여야할 쓸모없는 존재로 규정했고, 빈민은 국가에 유해한 존재로 낙인찍었다.(Platon)

로마에서도 역시 빈민에 대해 부정적이었다. 정치적 목적에 의해 미미한 상태로 이루어졌을 뿐이다.

2) 중세사회

중세사회 또한 승려 등 성직자와 군대나 기사 군주 또는 재력이 있는 상인조합(guild)등에 의해 사회생활이 주도되는 시대로써 그들에 의해 사회복지 형태가 이루어졌다.

이때에 찰스대제 이후 각 교구에서는 십일조(10분의 1)의 세(稅)를 수납한 뒤 그중 $\frac{1}{3}$ 혹은 $\frac{1}{4}$을 빈민구호를 위해 분배했고, 수도원에 구빈원을 부설하여 빈민자를 수용보호 했다. 이 구빈원은 처음 부설 할 당시에는 순례자 숙소를 목적으로 건립하였으나 후에 노인, 과부, 고아, 병자등도 수용하였다. 그리고 군대에서 능력있는 자들이 모여 기사단(기사, 성직자, 봉사가)을 조직 이들이 구빈원을 세우기도 했으며 국가에서 공익전당포를 세워 주로 믿음이 강한 종교인들이 적정한 이율을 내며 이용한 것이다. 이 시대에 가장 활발하게 움직일 것이 길드(guild)인데 상인길드(merchant guild), 수공업길드(craft guild), 종교길드(religious guild)가 있었다.

① **상인길드**: 길드성원 중에 남편을 잃은 과부 및 고아를 보호하는 것과 교육시키는 일, 만일 그 대상이 소녀인 경우에는 결혼지참금을 준비해주었고, 성원 중에 병자인 사람을 위하여 구빈원에 특별이 침대를 설치하였으며, 성원 중 한 사람이 감옥에 갇히게 되면 석방을 위해 길드의 비용으로 교섭하기도 하였다.

② **수공업길드**: 불행한 성원을 구제했고, 상호부조적 인보단체적 활동을 전개했다.

③ **종교길드**: 종교활동의 일환으로 간주하여 실시하였고 베푸는 자는 정신적 위안을 받았고, 받는 자는 물질적 혜택을 입었다. 초기에는 비조직적이었으나 후에는 종교적 영향을 받아 조직적으로 행하게 되었다.

3) 근대사회

근대사회의 사회적 배경을 살펴보면 중세의 봉건주의적 경제체제가 산업혁명이 일어나면서 근대 자본주의 체제로 변화되었다. 이러한 과정 속에서 사회계층구조의 변화도 같이 일어났는데, 급격한 산업의 발달로 대자본을 소유하게 된 자본가계층과 그렇지 못한 노동으로 생계를 꾸려나가는 노동자계층이 생겨나게 되었다. 이로 인해 발생된 계층 간의 소득격차와 갈등 등은 근대 자본주의 사회의 문제로 대두되어 이의 해결을 위한 사회복지가 요구되게 되는 것이다.

독일 마틴 루터(Martin Luther 1483-1546)는 “독일국민의 기독교 귀족에 대한 호소”란 공동선언문(독일1520)에서 구걸은 절대금지 시켜야하며 빈민에게 금전, 식량, 의복 등을 제공하기 위한 공동금고를 각 교구에 설치하도록 권장하는 “공동금고 제도”를 주장했다. 이 제도는 또한 수공업이나 농업에 종사하는 영세민이 돈이 필요한 경우 무이자로 대출해주었고 변제 능력이 없을 경우에도 그대로 탕감해 주었다. 이 제도의 영향으로 프랑스, 오스트리아, 스칸디나비아제국에서도 실시하였다.

별기에의 비베스(Luis Vives 1492-1540)는 ① 구걸을 금지시킬 것 ② 정신병원을 건설하여 정신질환자를 치료할 것 ③ 부랑자에게 필요한 여비를 주고 도시에 거주하는 빈민들에게 직업을 구해줄 것. ④ 6세 이상의 어린이는 학교교육을 의무화할 것 ⑤ 계획적인 직업훈련, 취직, 재활 등의 원조를 제공할 것 등의 빈민구제안을 발표하여 부르제(Bruge)시의 집정관과 참의원들에게 정책적인 도움을 주었다.

이외에 비베스의 구빈제도를 독일의 함부르크 시에서도 적용을 시도했고 앨버펠드는 함부르크 제도를 수정하여 "민생위원회제도"를 시작했고, 폴(Poul 1576-1660)은 가톨릭교회의 자선사업의 개혁자로서 귀족이나 왕국들이 자선을 베풀도록 하였으며 자선자매회를 조직하여 부인들에게 병사간호법을 훈련시켰다.

2. 각국의 사회복지 역사

1) 영국의 사회복지 역사

영국은 세계에서 가장 먼저 산업화를 경험하고 빈민법을 제정하였으며 베버리지 보고서를 근거로 사회복지제도를 만들어 복지국가로서 선두적인 역할을 하였다(박종삼 외. 2003).

본 서에서는 영국의 사회복지발달 과정을 구빈법 이전의 중세시대와 엘리자베스 구빈법 및 이 법의 변천과정, 민간 사회복지활동, 사회보장제도를 대표하는 베버리지 보고서, 영국의 현대복지국가의 위기와 토니 블레어 정부의 복지국가 제3의 길로 나누어 역사적 과정을 전개하고자 한다.

(1) 구빈법 이전

중세 시대의 구빈활동은 종교적인 차원에서 주로 신도 상호간 상호부조 활동이었으며 고아나 기아의 보호 정도였다. 중세시대 본격적인 구빈법의 시초는 1348년의 재해(흑사병)에 의해 인구가 감소하고 많은 노동력이 부족해지자 임금은 점점 상승하기 시작했다. 거리에는 걸인과 부랑자가 증가하고 아울러 기독교의 무차별적인 자선활동은 직업적인 걸인과 부랑자의 증가를 가져오게 되었다.

그러므로 1349년 에드워드 3세의 '노동자 칙령'이 제정되기에 이르렀고 이 조령의 주요 내용은 농민의 부랑자가 되거나 빈민이 되는 것을 예방하려는 동기에서 1531년 '헨리 3세 법령'에는 빈민에 대한 기독교의 무차별적 시혜를 금지하고 부랑자를 태형에 처하거나 1547년에는 노예로 낙인하고 재범을 할 경우 사형에 처해지기도 했다.

(2) 엘리자베스 구빈법(The Elizabeth Poor Act)

중세시대의 각종 구빈법령을 집대성한 것이 1601년 엘리자베스 구빈법으로 그동안 민간에서 계획 없이 시행해오던 구빈활동의 책임을 국가적 책무로 인색하여 법적으로 제도화한 것에 의의가 있다.

엘리자베스 구빈법의 특징은 빈민을 노동능력의 유무에 따라 다음과 같이 세 범주로 나누고 각기 차별적인 처우를 실시하였다.(Zastrow, 2000: 김융일 외, 2003).

① **노동가능 빈민**: 이들은 교정원 또는 작업장에서 강제 노동을 시켰고 시민들은 금전적인 도움을 주는 것이 금지되었다. 또한 노동을 거절했을 때는 감옥에 가두었다.

② **노동불능 빈민**: 병약자, 노인, 장애인, 어린 자녀가 있는 여성들은 구빈원이라는 시설에서 보호하였으며 이들 중 거처가 있는 자는 구빈원 밖에서 생활할 수 있도록 하여 이 경우 음식, 의복, 연료 등의 현물이 원외구제(outdoor relief)의 형태로 제공되었다.

③ **요부양 아동**: 아동은 원칙적으로 친족 부양책임을 강조하였으며 부양책임자가 없는 경우 도제수습의 기회를 제공하거나 고아원에 수용 보호하였다.

1601년 제정된 엘리자베스 구빈법 이후 1662년 정주법(The Settlement Act)이 제도화되었으며 다른 지역에 거주하는 빈민들이 부유한 교구로 이주해옴으로써 새로운 빈민과 구빈 비용이 증가하고 고용이 감소한다는 이유로 빈민의 자유로운 거주 이동을 통제하게 되었다.

1696년 영국에서 여러 개의 교구들이 모여 연합체를 구성하여 공동작업장을 설치하고 상습적인 빈민이나 부랑자, 걸인들에게 일자리를 제공하였다. 공동작업장 운영을 제도화한 것이 바로 1722년 작업장법(Workhouse Test Act)으로 노동력이 있는 빈민의 생산성 향상을 목적으로 시행하였으나 게으르고 나태한 빈민들의 기술수준이 낮아 오히려 생산성이 저하되자 비용만 낭비하게 되는 문제가 발생하였다.

공동작업장에서 빈민을 학대하고 노동력을 착취하는 부작용을 개선하기 위한 목적으로 1782년 길버트법(Gilbert Act)이 법안으로 통과된다. 이 길버트법은 빈민을 작업장에 수용하지 않고 빈민이 거주하는 부근에 취업을 알선해주는 이른바 원외구제(outdoor relief)가 실시된 것에 그 의의가 있다. 1795년 제정된 스핀햄랜드법(Speenhamland Act)은 저임금 노동자를 보호해주는 이른바 임금보조제도로서 최저생활보장제도라고 할 수 있을 것이다.

(3) 신구빈법

19세기 초 영국의 사회복지제도는 높은 구빈세 부담으로 자본가들의 기존 제도에 대한 불만이 컸다. 또한 나폴레옹의 패배에 따른 실업자의 증가와 식료품비 폭락으로 인한 많은 영세농의 몰락으로 인해 기아가 급증하면서 구제를 신청하는 사람들의 수는 폭발적으로 늘어났다(김융일 외, 2003).

이에 1832년 왕립위원회에서는 조사를 토대로 보고서를 제출하고 다음의 6가지를 건의하게 되었다. 첫째, 스핀햄랜드법의 철폐와 둘째, 노동이 가능한 사람은 작업장에 배치하고 셋째, 병자나 노인, 아동이 있는 과부 등에게만 원외구제를 실시하자는 제의를 했다. 넷째, 구빈 연합 교구로 통합하여 구빈 행정을 전개하자는 건의와 다섯째, 수혜자의 자격요건은 정상적으로 근로를 하여 생활을 하는 근로자의 수입보다 높지 않아야 한다는 열등처우의 원칙[5]을 제시하였고 여섯째, 구빈에 있어 중앙통제위원회를 설립하자는 제의를 했다.

왕립위원회의 이러한 제의에 따라 1834년 구빈법이 개정되기에 이르렀으며 이를 개정구빈법 또는 신구빈법(the New Poor Law)이라고 한다.

(4) 민간 사회복지활동

18세기 말 영국의 산업혁명은 경제적인 번영은 가져왔으나 자본가 계층과 노동자 계층이 발생하였으며 이들의 소득 격차가 점차 심각한 사회문제로 대두되었다. 또한 산업

5) 열등처우의 원칙: 신구빈법은 구빈의 3대원칙을 강조하였는데, 첫째 균일서우의 원칙(교구별로 급여수준의 차이가 없도록 전국적으로 통일된 기준을 만들자는 것) 둘째 열등처우의 원칙(구민 수혜자의 급여수준은 정상적인 노동을 하는 근로자의 최저 수준보다 열등해야 된다고 정했다.) 셋째 작업장활용의 원칙(일부사회적인 약자를 제외하고는 원칙적으로 원외구제를 급지한다.) 중 2번째이다.

화와 함께 도시화가 진행되어 대량의 인구가 도시로 이주하면서 빈곤, 부랑인, 열악한 거주환경, 비위생, 범죄 등 다양한 사회문제를 야기했다. 동시에 자유방임주의의 사조에 따라 개인주의적이고 공리적인 가치가 사회를 지배하게 되었으며 자유방임주의의 사고방식과 기독교의 절약정신은 빈곤관을 변화시켰다. 즉, 빈곤은 개인의 나태한 성격이나 무능력의 결과이며 자립의 실패는 개인의 책임이라는 인식이 확산되었다(박종삼 외, 2002: 김융일 외. 2003).

이에 따라 기존 구빈법을 보완하는 차원에서 민간분야의 사회복지활동이 활발하게 진행되었는데 이는 사회개량운동과 자선조직화운동이라고 할 수 있을 것이다.

① 자선조직화운동(Charity Organization Movement)

1869년부터 자선활동은 산발적인 구제로 걸식을 방지하는데 의의가 있었다. 이 운동은 더욱 발전하여 19세기 말 영국의 자선화 운동은 이후 자선조직협회(COS : The Charity Organization Society)를 설립하여 구제중복을 방지, 인격적 자선을 위하여 개별면접으로 근대사회사업의 출발이 되었다.

② 인보사업

인보사업(Settlement Work)은 상류계층의 사람들이 직접 도시 빈민촌(slum)에 들어가 생활을 함께 하면서 빈민의 생활상황을 파악하려는 인도주의적인 자선활동이었다. '이주자(the Settler)'들은 빈민촌에 들어가 문맹자를 퇴치하기 위한 교육과 기술을 가르치고 그들의 생활상황을 조사하였다.

③ 사회조사활동

사회조사활동은 인보사업의 연장으로 찰스 부스(Charles Booth)나 에드윈 채드위크(Edwin Chadwick), 라운트리(Rowntree)가 빈곤에 대한 비교적 과학적인 연구와 조사를 실시하였다. 이들의 조사 결과 빈곤이 발생하는 이유는 노동량에 비해 임금이 너무 적고, 환경이 불결했으며 노동조건이 매우 열악했음이 밝혀졌다.

(5) 사회보장제도

영국은 제2차 세계대전 중에서도 전쟁후의 사회적 발전에 대응하기 위한 제반 조치를 강구하기 시작했다. 이와 같은 계획의 한 부분으로 당시 아더 그린우드(Arthur Greenwood)

가 사회보험 및 관련 서비스에 관한 정부 부처 간 조사위원회를 설치하면서 베버리지(William Beveridge)를 위원장으로 임명했다(김상균, 1987: 김만두 외, 2001).

그 당시 소수파의 영향을 받았던 베버리지는 1942년 「사회보험 및 관련 제반서비스에 관한 보고서」를 제출하게 되는데 여기서 전쟁으로 인한 국가 재건을 위해서는 5대 사회악[6]을 퇴치해야 한다고 주장했다. 베버리지 보고서의 의의는 영국의 구빈법 폐지와 사회보장제도가 비약적인 발전을 거두게 된 점을 들 수 있을 것이다.

(6) 복지국가의 변화

1970년대 두 차례의 석유파동(Oil Shock)으로 인한 경기침체와 지속적인 물가상승이 동시에 진행되면서 영국의 복지국가에 위기에 오게 된다. 베버리지 보고서 이후 가족수당법(1945), 국민보험법(1946), 국민보건서비스법(1946), 국가부조법(1946), 고용직업훈련법(1948) 등 그동안 복지국가의 전성기를 맞이하여 영국은 경제적 재건을 위해 복지비용을 삭감하는 등 정부의 복지개입을 축소하려는 움직임이 강했다.

이 시대의 지배적인 복지 이데올로기는 신자유주의[7]로서 신자유주의의 정치적 표현의 예로 1980년 영국의 대처가 이끈 보수당의 대처리즘을 말할 수 있다.

첫째, 국가는 사회적 선(good)을 지속시키는 데는 한계가 있지만 사회적 해악(害惡)을 제거하는 데는 힘을 발휘한다.

둘째, 개인의 책임이 중요하고 자신의 문제는 스스로 해결해야 하며 선과 악은 존재하기 때문에 사형제도의 부활을 주장한다.

셋째, 국가의 중요한 임무는 국방 및 법질서의 유지이다.

넷째, 경제성장의 전제 없이 공공지출을 증대시킨다면 세금의 부담을 증액시켜 국민부담을 늘이고 자유를 축소한다.

다섯째, 시장은 경제성장을 촉진하고 개인의 자유를 보장하는 가장 좋은 수단이다.

여섯째, 국가개입은 사회변화에 대해 사회적응력을 저하시키지만 정상적인 대책으로는 사회적 약자, 실업, 병자 등에 대한 동정심 표출보다는 유용하다(원석조, 2002).

1997년 영국 노동당의 토니블레어는 복지국가 제3의 길을 주장하게 된다. 제3의 길이란 복지국가의 원칙은 그대로 두면서 수행방법은 개혁한다는 것으로 교육과 노동을 통

6) 5대 사회악: 결핍(Want), 질병(disease), 무지(ignorance) 불결(squalor) 나태(idleness)
7) 복지국가의 축소를 지향하는 신자유주의는 반집합주의라고도 하는데 자유주의 사상, 자유방임적, 반복지적 사상을 기초로 한다. 신자유주의는 국가의 개입에 대해 혐오하는데 국가의 사회복지정책을 통한 개입을 반대한다.

합한 복지, 그리고 개인의 저축을 강조하며 적극적인 서비스, 소비자 중심의 서비스, 전산서비스를 통한 변혁적 서비스 전달체계, 복지 남용을 막기 위한 통합복지 시스템 구축, 서비스 조직 간의 협력과 서비스 전달의 효율을 강조하는 효율적 서비스를 추구하고 있다(김융일 외, 2003).

2) 미국의 사회복지 역사

미국의 빈민정책은 영국 구빈법의 영향을 많이 받았으며 특히 초기 식민지에는 엘리자베스 구빈법을 그대로 적용하였다.

미국은 산업화와 경제 대공황을 겪으면서 비로소 자체적인 구빈사업을 시작하였는데 다음에서는 미국의 사회복지 발달과정을 크게 잉글랜드 식민시대와 경제대공황으로 인한 사회보장의 시작, 그리고 오늘날 미국 복지국가의 신보수주의적 경향에 대해 살펴보기로 한다.

(1) 식민시대와 빈민정책

미국 식민지 시대의 사회복지는 영국 구빈법의 구빈 행정을 적용하여 구빈원을 세우고 구빈활동을 하였으며, 그 대상은 흑인을 제외한 주로 노동능력이 없는 빈민이었으며 보호수준은 열등처우의 성격을 띠고 있었다(박종삼 외, 2002).

초기에 미국은 빈곤이 개인적인 나태와 게으름에서 비롯되었다고 보았으며 빈민과 부랑자들을 범죄자로 취급하고 고문을 하거나 감옥에 가두는 등 비 인도적인 빈곤정책을 시행해왔다.

따라서 이 시기에는 주로 민간단체에서 자선활동의 주도적인 역할을 담당해서 1877년 미국 최초의 자선조직협회(COS: Charity Organization Society)를 설립하게 되었다.

자선조직협회와 더불어 대표적인 민간 자선활동인 인보운동에 있어서는 1889년 미국에서 제인 아담스(Jane Adams)가 런던의 토인비 홀(Toynbee Hall)을 방문하고 미국에 돌아와 헐 하우스(Hull House)를 설립, 조직적인 인보사업을 전개하게 되었다.

19세기 말에 공공 또는 민간의 사회복지시설과 기관이 증가함에 따라 유급 사회사업가가 증가하고 전문교육기관도 등장하였다. 20세기 전후로 뉴욕의 자선조직협회의 사회사업훈련 하계강습회가 처음으로 개최되고, 1903년에는 시카고 시민박애학교(현,

시카고 대학교), 1904년에는 뉴욕 박애학교(현, 컬럼비아대학교)가 설립되었다.

1918년에는 미국의료사회사업가협회, 1926년에는 미국정신의학 사회사업가협회 등이 전문직 단체로 창립됨으로써 미국의 전문사회사업이 정착되었다(김융일 외, 2003).

(2) 대공황과 사회보장정책

제1차 세계대전 이후 전반적인 경제불황이 지속되면서 마침내 1929년 미국은 경제대공황을 맞이하게 된다. 실업자는 점점 증가하고 많은 기업은 도산하였으며 도시빈민이 무수히 쏟아지게 되었다. 미국의 경제대공황은 실업과 빈곤의 국가적 책임을 인식하게 된 중요한 계기가 되었고 적극적인 사회보장제도를 마련하게 된다.

대표적인 예로 1933년 루스벨트(Roosevelt) 미국 대통령이 뉴딜(New Deal) 정책[8]을 통해 그동안 구호의 대상을 불구자나 아동이 있는 과부 등에 제한했으나 뉴딜정책 이후 보편주의적인 복지정책을 전개하게 되었다.

1935년 사회보장법(Social Security Act)은 사회보험, 공공부조, 보건 및 복지서비스 등 세 가지 프로그램으로 구성되었다(김상균 외, 2001).

첫째, 사회보험(Social Insurance)으로 노령・유족・건강 및 장애보험과 둘째, 공공부조(Public Assis tance)로서 시각장애인, 장애인, 65세 이상 노인, 18세 이하의 아동이 있는 과부가정에 대한 급여의 제공, 셋째, 보건 및 복지서비스로 위탁보호나 장애아동 보호 서비스와 편부모 서비스 등이 시행되었다.

1930년대 경제대공황 이후 1960년대 케네디 대통령과 존슨 대통령이 집권할 당시 미국은 경제적인 호황을 누리게 되었고 특히 케네디 대통령은 1962년 사회보장법을 개정하였으며 빈곤을 사회적 책임으로 강조하였다. 이후 존슨 대통령은 이른바 '빈곤과의 전쟁(War on Poverty)'을 선포하면서 다양한 사회복지 프로그램을 개발하게 되었다. 이 시기의 중요한 사회복지 프로그램으로는 65세 이상 노인을 위한 일종의 사회보험인 메디케어(Medicare)와 일정한 수준에 못 미치는 빈곤자들에게 정부에서 급여를 지급하는 형태(공공부조)인 메디케이드(Medicaid)를 제정하였다.

---

8) 사회보장제도로서 뉴딜정책은 구제(rehel), 부흥(recovery), 개혁(reform)을 주요 목적으로 실시되었으며 실업자를 구호하고 공공근로사업을 통해 고용을 창출하였다. 뉴딜정책의 중요한 의의는 1935년 미국 사회보장법을 제정하게 된 기초를 마련한 것이라고 볼 수 있다.

(3) 현대의 사회복지

1970년대에 닉슨이 취임하면서 수혜자에게 지급하는 급여의 수준을 물가의 변동에 따라 변동시키는 연동제도(Cost of Living Adjustment)를 도입하였으며 1980년대 레이건 대통령이 집권하면서는 복지예산을 감축하고 억제하려는 정책을 전개하게 된다. 레이건 대통령은 "일 하지 않는 자에게는 복지가 없다."고 주장하여 일 하는 자에게 급여가 주어지는 보수적인 복지정책을 펼쳤으나 결과는 빈민이 증가하는 현상으로 나타나게 되었다.

1990년대 클린턴 대통령은 자유주의 사상을 바탕으로 전 국민의 복지 실현을 위한 보편주의적 사회복지정책을 전개하였다. 그럼에도 불구하고 보수주의 성향의 의회의원들의 제동으로 복지정책은 보편주의를 지향하기가 쉽지 않았고 현재의 부시정부 또한 보수주의적 경향을 이어오고 있다.

3) 일본의 사회복지 역사

일본의 사회복지역사는 1868년 메이지유신(明治維新)에서 비롯된다고 볼 수 있을 것이다. 일본 사회복지의 역사적 과정은 크게 3단계로 나눠보며 첫째, 사회복지의 제도기(제1·2차 세계대전 패전 이후 재건기인 1940~1950년대), 둘째, 급격한 경제성장이 이루어진 정착기(1960년~1970년대), 셋째, 경기침체와 일본형 복지의 등장을 예고한 개혁기(1980년대~현대)의 연도별로 주요 사회보장제도와 법규를 고찰하려고 한다.

(1) 사회복지의 제도기(1940년~1950년대)

일본은 초기 메이지유신으로 인한 빈민의 증가에 따라 자선적인 구빈대책들이 세워지게 된 것을 시작으로 1920년대 쌀 폭동의 여파가 극복이 되기도 전에 만성적인 경제 불황에 직면하여 민중의 궁핍화는 날로 심해졌다(김만두 외, 2001).

또한 제2차 세계대전에 참패한 이후 일본 국민들의 생활은 더욱 빈곤하게 되었으며 일본 정부의 주요 사회복지 목표는 전쟁 후 복구와 전쟁 직후 고아, 장애인 등을 보호하는데 주력하게 된다. 이 시기의 가장 중요한 업적은 '복지3법'의 제정으로 1946년 생활보호법, 1949년 아동복지법, 1949년 신체장애인복지법이 그것이다. 주로 전쟁 직후 상이군인이나 고아들을 보호하고 구제하는데 목적이 있었다.

(2) 사회복지 정착기(1960년~1970년대)

이 시기에는 1940년대 복지3법에 추가하여 1960년의 정신박약복지법, 1963년의 노인복지법, 1964년의 모자복지법이 제정되어 '복지6법'이 제정되었다. 이는 고도의 경제 성장이 이루어져 산업화와 도시화가 진행되었으며 아울러 사회복지 정책도 정착기에 들어서게 되어 계속 확대되었다.

이 시기의 주요 사회복지정책으로는 1961년 전 국민 의료보험제도와 1961년 국민개연금제도가 제정됨에 따라 소득보장의 기틀을 마련하게 된 것이다.

그러나 1970년대 이후에는 두 차례의 석유파동으로 인한 전 세계적인 경제 불황의 여파에 따라 일본 경제 역시 위축되었지만 그런 가운데서도 노인단기보호사업이나 주간보호사업이 실시되는 등 사회복지정책은 발전을 거듭하게 되었다.

(3) 사회복지 개혁기(1980년대)

1980년대 일본에서는 2개의 사회복지 개혁 구상이 나타났는데 전자는 1986년 전국사회복지협의회에서 의한 개혁구상이고, 후자는 복지관계 심의회에서 제출한 보고서이다. 1989년 복지관계 심의회에서 제출한 보고서는 복지개혁의 구체적인 방책으로서 다음과 같은 점을 제언하고 있다(김만두 외, 2001).

① 사회복지사업의 재구성, ② 복지서비스 공급주체의 건전육성, ③ 재가복지의 충실과 시설복지와의 연계 강화, ④ 시설복지의 충실, ⑤ 시정촌(市町村)의 역할 중시, 새로운 운영실시체제의 구축 등이다.

일본정부는 일찍부터 미래의 고령화 사회를 대비한 일본형 복지 모델을 시도하였다. 따라서 이 시기의 주요 사회복지정책방향은 재가복지로서 향후 노인인구의 증가에 대비한 소위 골드플랜이라고 불리는 '고령자보건복지 10개년 전략' 등은 오늘날 일본의 경제적 상황과 사회적 배경에 적절한 미래지향적인 복지정책이라는 평가를 받고 있다.

3. 한국의 사회복지 역사

우리나라의 사회복지 발달은 단일민족으로서 강한 공동체의 식을 가진 우리 고유의 민족성에 기인한다고 보아도 과언이 아닐 것이다. 우리나라의 사회복지 발달과정은 크게 전통사회(삼국시대~조선시대)와 일제시대와 미군정시대(1940년~1950년대), 근대사회(제3, 4, 5공화국), 현대사회(문민정부, 김대중 정부, 참여정부)로 나누어 역사적 의의를 논하려고 한다.

1) 전통사회

삼국시대의 사회복지는 천재지변과 같은 재난이 발생했을 때, 관곡을 내어 백성들에게 나누어주는 형태의 구제사업이 행해졌다. 특히 고구려 고국천왕 16년(AD194)에는 진대법이 제정되었는데 춘궁기에 관곡을 빈곤한 백성들에게 그 가구원수에 따라 필요한 양을 대여하였다가 추수기인 10월에 납입케 하는 제도로서(하상락, 1989) 후세 고려의 의창과 조선의 환곡으로 연결되었다.

- 삼국시대의 대표적인 구빈사업으로는 다음과 같은 제도가 있었다(김상균 외, 2002: 김융일 외, 2003).

① **관곡지급**: 정부가 비축하고 있는 관곡을 각종 재해로 빈곤해진 백성에게 배급하여 구제하는 것.

② **사궁구휼**: 환・과・고・독의 사궁(늙고 아내가 없는 자・늙고 남편이 없는 자・어리고 부모가 없는 자・늙고 자녀가 없는 자 또는 늙거나 병든 사람으로 자활할 수 없는 사람)에게 의류와 곡물, 관재를 급여하였다(남세진 외, 1999, 박종삼 외, 2002).

③ **조세의 감면**: 천재지변에 의해 재해를 입은 백성들에게 조세를 감면해 주는 것.

④ **대곡자모구면**: 춘궁기에 관의 곡식을 빈곤한 백성에게 대여하였다가 추수기에 납입하도록 하는 것.

- 고려시대의 대표적인 구빈사업으로는 다음과 같은 제도가 있었다.

① **은면지제**: 국가적 경사가 있을 때 왕이 조세를 감해주는 제도.

② **재면지제**: 천재지변으로 인한 재해를 입은 백성에게 조세, 부역을 감해주는 제도.

③ **환과고독진대**: 4궁(환 · 과 · 고 · 독)을 우선적으로 보호하고 구제해주는 제도.

④ **수한질여진대**: 곡식과 의류 등 현물급여를 제공하는 제도.

- 조선시대에는 숭유억불사상이 사회복지정책에도 영향을 주었는데 철저한 유교주의에 입각하여 왕도정치를 실현하고자했다.

① **비황제도**: 창제가 존재하였다. 즉, 곡물과 포목가격의 가격균형을 위해 설치된 상평창, 재난이나 재해를 대비한 곡식을 비축하는 의창, 곡식을 공동으로 저장하였다가 흉년이 들었을 때 공평하게 분배하는 사창 등의 창제도가 있었다.

② **구황제도**: 4궁에 대한 보호, 노인보호사업, 음식제공, 진휼 및 진대사업, 관곡의 염가매출과 방곡사업, 혼례나 장례를 치르지 못하는 자에게 비용을 조달해 주는 고조제도, 흉년 또는 재해를 당한 백성에게 지세, 호세, 부역 등을 감면하거나 대부된 환곡을 면제 또는 감해주는 견감제도, 부유한 민간인으로 하여금 구제를 위한 곡물을 납입하게 하고 이를 납입한 자에게 관직의 첩지를 주는 원납제도, 향약 및 계제도, 식용식물을 조사 · 연구하여 제시한 구황방제도 등이 있다. 특히 향약은 덕업상권, 과실상규, 예속상교, 환난상휼 등의 4개 덕목의 실천을 근본목적으로 하는데 그 중에서도 환난상휼은 복지의 제공에 중점을 두고 있다(남세진 · 조흥식, 1995)

③ **구료제도**: 의료보호를 위한 전의감, 혜민서, 동서대비원, 제생원, 광제원, 의학교 및 대한의원, 자혜의원 등을 개설하였다.

2) 일제시대와 미군정시대

봉건시대 지주가 농민을 착취하기 위한 수단으로 '사회복지'라는 이름 아래 농민을 이용했던 것처럼 일제시대의 사회복지정책은 우리민족을 통치하기 위한 수단으로 사용되었다.

1944년 조선구호령을 제정하여 우리 군인의 강제 징용을 위해 우리나라에도 구빈법을 실시하게 된 것이다.

해방 이후 1950년 6 · 25전쟁이 발발하면서 우리나라는 또 한 차례 혼란기에 빠졌으며 국민의 절대 다수가 빈곤에 처하게 되고 특히 상이군인과 고아, 과부 등이 증가하게 되었지만 경제적으로도 매우 어려운 상황이었으므로 이때의 사회복지사업은 주로 외국의 원조에 의존하게 되었다.

이 시기에 미국식 전문 사회사업교육이 도입되기 시작하여 사회사업교육은 1947년 이화여자대학교에 기독교 사회사업학과가 최초로 설립되었으며 1950년 중앙신학교가 설립되었다.

1949년 대한적십자사가 창설되고 1952년에는 한국사회사업연합회가 창립되었으며 1956년에는 현재 국립사회복지연수원의 전신인 중앙사회사업종사자훈련소가 창설되었다(박종삼 외, 2002).

3) 근대사회

5·16 군사혁명을 대표하는 1960년대 이른바 제3공화국의 대표적인 사회복지사업으로 1961년 제정된 생활보호법[9]을 들 수 있으며 같은 해 아동복지법과 윤락행위방지법이 제정되었으며 그리고 특수직역연금법인 1960년 공무원 연금법, 1963년 군인연금법이 제정되었다. 또 1963년 산업재해보상법과 의료보험법이 입법화되었다.

우리나라의 경제 부흥기였던 제4공화국 박정희 정부의 사회복지사업으로 1970년에 제정된 사회복지사업법, 의료구호법, 재해구제로 인한 의사상자 구호법, 1973년의 사립학교교직원연금법, 국민연금법, 1976년의 의료보험법이 제정되기에 이른다. 제5공화국의 사회복지사업으로 1980년 사회복지사업기금법, 1981년 심신장애자복지법, 같은 해 아동복리법이 아동복지법으로 개정되었으며 1982년 생활보호법의 개정과 더불어 1983년에는 사회복지사업법의 개정이 이루어졌다.

제5공화국의 사회복지사업의 특징은 지역사회복지관의 양적팽창, 재가복지서비스의 활성화, 사회복지전문요원 및 배치, 사회복지사 자격증제도의 신설 등을 들 수 있을 것이다.

4) 현대사회

1990년대 문민정부의 사회복지사업의 가장 큰 업적은 1988년 전 국민 연금시대의 개막일 것이다. 또한 의료보험이 국민건강보험제도로 개정되고 생활보호법이 폐지되면서

9) 생활보호법(현재국민기초생활보장제도로 변경): 65세 이상 노인 18세 미만 아동, 불구폐질자 등 근로능력이 없는 무의탁한 자에 대하여 거택 보호와 시설보호

수혜의 권리성을 강조하는 국민기초생활보장제도의 도입 등을 들 수 있다. 이 시기의 사회복지정책은 1990년 장애인 고용 문제의 심각성을 인식한 장애인고용촉진 등에 관한 법률 제정, 1991년 영유아보육법의 제정, 같은 해 재가복지봉사센터 설치, 1992년 고령자고용촉진법 제정, 동년 사회복지관 설치 및 운영 규정의 개정, 1992년의 사회복지사업법의 개정을 들 수 있을 것이다.

1997년 외환위기(IMF)로 인하여 한국 경제는 위기에 처해진다. 김대중 정부의 복지국가 의지는 '생산적 복지'로서 '기초생활 보장이라는 사회복지의 기본 내용과 자립·자조·자활·지원에 의한 개인 및 국가의 생산성을 높인다는 의미가 결합된 것'을 의미한다(김상균 외, 2001: 김융일 외, 2003). 이 시기의 주요 사회복지 업적은 1998년 사회복지공동모금제도의 도입이라 할 수 있을 것이다.

참여복지를 천명하는 노무현 정부는 전 국민의 복지증진을 위한 보편주의적 의지를 가지고 있으며(김연명, 2003) 첫째, 사회복지 공급주체로서 국가의 역할을 강조하고 있다. 둘째, 복지의 주요 대상을 사회적 취약계층에 한정시킨 것이 아니라 전 국민으로 설정하고 있다는 점이다. 셋째, 복지정책의 결정, 분배 전달에 있어 참여를 통해 국가복지의 단점이었던 권위성이나 경직성, 관료주의 등을 개선하려는 것을 주요 골자로 한다.

4. 사회복지 행정

1) 사회복지 행정의 개념

현대사회의 복잡 다양한 사회문제의 등장으로 사회복지욕구도 날로 다양해지면서 전문적인 행정기술이 요구되고 있다. 따라서 사회복지행정은 전문인력과 재정, 기타 업무에 필요한 장비를 갖춘 사회복지조직과 그러한 조직 내에서 이루어지는 의사전달, 인사관리, 리더십 등으로 구성되어 있다. 즉 사회복지행정이란 사회정책을 사회적서비스로 옮기는 과정을 의미한다. 사회복지 행정을 사회사업의 한 방법으로 간주하면서 이를 사회사업행정(Social Work administration), 사회사업기관행정(Social Work agency administration), 사회서비스행정(Social Service administration), 인간서비스

조직의 관리(management in human service organization)등으로 지칭하고 있다. 사회복지 개념에 대하여 티트머스 스테인, 스키드모어 트러커, 더햄, 사리 등 많은 학자들이 표현하고 있는데 그 중 티트머스(Titmuss)는 사회복지행정의 실제는 "사회적 제반 서비스를 대상자에게 전달하는 기능을 수행하는 인적조직과 기구 및 서비스의 선택문제를 검토하는 것과 관련된다."라고 했다. 이와 같이 서로 분리되어 구분되는 것이라기보다는 관점에 따라 다소차이를 보이는 사회복지 행정의 다양성을 나타내 주는 것이라고 할 수 있다 (표2-1 참조) 그러나 사회복지행정을 정의할 때 공통적으로 개입되는 요소는 사회복지 조직, 전문인력, 물적 자원, 사회복지서비스 등이다. 따라서 사회복지 행정이란 사회복지서비스의 효과성을 극대화하기 위해 전문인력에 의한 사회복지 조직의 효율적 운영과정이라 할 수 있다.

[표 2-1] 사회복지행정의 개념비교

구 분	사회사업행정	사회복지행정	사회행정
관 점	전문직적 시각	전문직과 외부사회시각의 혼합	전체 사회적 시각
기 능	잔여적 기능	잔여적, 제도적 기능의 혼합	제도적 기능
지식과 기술	전문직의 기존3대사회사업방법론에 기초(지식, 기술, 기능)	휴먼서비스 조직의 관리에 필요한 사회과학적 지식	전체사회의 욕구와 자원배분에 관한 지식
개인과 환경	개인의 치료에 관심	개인과 환경의 상호작용	구조 및 환경의 변화

2) 사회복지 행정의 이념

이념은 사회복지 행정이 지향하는 최고의 가치와 사고를 의미한다. 이러한 이념은 사회복지 정책을 서비스로 전환하는 행정과정의 기준이 되고 목표가 되며 실천 방향을 제시해준다. 따라서 사회복지 행정의 이념을 행정적 이념, 서비스제공 측면의 이념, 운영방법적 이념 측면에서 제시해보면 다음과 같다.

① 행정 이념적인 면에서 보면 욕구충족 또는 문제해결에 있어서 어느 정도 유효를 거둘 수 있는가를 의미하는 효과성과 최소의 자원과 비용을 가지고 최대의 효과를 얻는 것을 의미하는 효율성, 동일한 욕구를 가진 대상자는 공평한 대우를 받아야 함을 의미하는 공평성, 서비스 대상자는 손쉽게 서비스를 이용할 수 있어야 함을 추구하는 편익·접근성의 이념을 내포하고 있다.

② 서비스 제공측면에서 살펴보면 모든 국민은 인종이나 성별·연령·소득·지위에 관계없이 서비스를 제공받아야 할 권리를 누려야 한다는 평등성의 원칙, 서비스 제공의 목적은 대상자의 자립 또는 정상적인 사회복지에 두고 있다는 재활 및 자활의 원칙 대상자는 충분한 양과 질의 서비스를 적절하게 제공받아야 한다는 적절성의 원칙 사회복지 서비스의 체계는 복지대상자의 욕구를 포괄적으로 수용하여 처리할 수 있도록 구성 되어야 하는 포괄성의 원칙, 복지대상자의 자활을 위해 모든 서비스는 자활이라는 목적을 중심으로 통합되고 지속되어야 한다는 지속성의 원칙, 문제해결단위가 개인이라도 서비스제공의 기본단위는 가족 또는 가정이 중심이 되어야 하는 가족중심의 원칙 등을 들 수가 있다.

③ 운영방법적인 측면에서는 보편주의적 운영방법과 선별주의적 운영방법으로 분류할 수 있는데 보편주의적 이념은 대상자에게 특정의 자격이나 조건을 부여하지 않은 공평성이나 편익성의 측면에서 운영하는 방법인데 반면에 효과성이나 효율성인 측면에서는 문제가 있는 것이다. 또한 선별주의 입장에서는 서비스 제공시 대상자의 수급자격이나 조건 등을 고려해서 특정한자에게 서비스를 제공하는 유한한 자원을 효율적으로 분배하는 합리적인 배분 방법이다. 공평성, 접근성에는 문제가 있다.

3) 전달체계와 과정

사회복지 서비스의 전달체계는 사회복지 서비스의 공급자간을 연결시키거나 사회복지 서비스의 공급자와 소비자 간을 연결시키기 위해 만들어진 조직적 체계로서 몇 가지 원칙이 주어질 수 있으며 전달과정은 일반행정의 과정(POSDCORBE)괴 다를 바 없다.

- 전달체계의 주요원칙

① **전문성의 원칙**　사회복지서비스의 핵심적인 업무는 반드시 전문가가 담당해야 한다. 여기서 전문가는 자격요건이 객관적으로 인정된 사람이며, 자신의 전문적 업무에 대한 권위와 자율적 책임성을 지닌 사람을 말한다.

② **적절성의 원칙**　사회복지서비스는 그 양과 질에 있어서 클라이언트의 욕구 충족에 충분해야 한다. 적절성의 원칙은 재정적 형편을 고려해 볼 때, 제대로 지키기 어려운 경우가 많고 그 적절성의 수준에 대해서도 현실적인 어려움이 있을 수 있다.

③ **포괄성의 원칙** 인간의 욕구와 문제는 다양하고 복잡하기 때문에, 이러한 문제들을 동시에 접근하고 순서적으로 해결하기 위하여 포괄적인 서비스를 필요로 한다. 포괄적인 서비스는 한 사람의 전문가가 여러 문제를 취급하거나 각 다른 전문가가 각각의 문제를 다룰 수도 있다.

④ **지속성의 원칙** 개인의 문제를 해결하는 과정에서는 필요한 사회복지서비스를 계속적으로 제공해야 하고, 또한 종류와 질이 달라져야 하는 경우가 많다. 따라서 지속적인 사회복지서비스의 원칙은 질적인 다른 종류의 서비스를 중단 없이 받을 수 있도록 상호연계되어야 한다.

⑤ **통합성의 원칙** 클라이언트의 문제는 매우 복합적이고 상호연관되어 있기 때문에, 이러한 문제를 해결하기 위해서 기관 간의 사회복지서비스가 통합적으로 제공되어야 한다. 예컨대, 저소득층 청소년의 비행문제는 아버지의 술주정, 어머니의 가출, 친척에 대한 불만, 불량친구와의 교제, 학교생활의 부적응, 성적 문제 등과 관련되어 있으므로 서로 다른 기관의 통합적 프로그램이 필요하다.

⑥ **평등성의 원칙** 사회복지서비스는 기본적으로 개인의 성별, 연령, 소득, 지역, 종교, 지위 등에 관계없이 평등하게 제공되어야 한다. 현대사회는 급속한 사회변화로 인하여 각자의 의도와는 달리 개인과 가족에게 많은 문제가 발생하고 있다. 이에 따라 국가는 모든 사람들에게 사회복지서비스를 평등하게 제공해야 한다.

- 사회복지행정과정

P. 기획(planning)은 행정가에 의해 수행되는 최초의 과정으로서 목표설정, 과업활동, 방법결정 등을 말한다. 사회복지기관의 목적에 있어서 공공기관은 그 목적이 해당법령에 기술되고, 민간기관은 그것이 정관에 기술되어진다. 사회복지기관의 목표에 관한 일반적인 진술은 기관활동에 따라 분명하게 제시해 주고 있다. 그리고 과업수행을 위해 필요한 방법은 변화하는 목표에 따라 달라질 수 있다. 따라서 행정가는 변화하는 목표에 따라 과업을 계획하고 목표달성을 위해 필요한 방법을 선정해야 한다.

O. 조직(organization)은 작업활동이 규정되고 조정되는 공식적인 조직의 설정을 필요로 한다. 사회복지기관의 구조는 정관의 규정이나 운영지침서에 기술되어 있다. 조직은 그 역할과 책임이 불분명할 경우 구성원 간에 갈등이 초래되어 비

효율적이고 비효과적인 결과가 나타난다. 따라서 행정가는 효과적이고 생동력이 있는 조직을 유지하기 위해 구성원들로 하여금 조직의 목표를 명백히 이해하도록 하고, 기관목표의 변화와 능력, 과업과 수행방법의 변화 등에 적응하여 보조를 맞추어야 한다.

S. 인사(staffing)는 세 가지 활동으로 제시되는데, ① 직원의 채용과 해고, ② 직원의 교육과 훈련, ③ 협력적인 활동조건의 유지 등이다. 사회복지기관에 있어서 행정책임자는 공공기관의 경우에 행정기관의 장이 선정하고, 민간기관의 경우 이사장 또는 회장이 선정한다. 행정책임자는 직원의 임명에 대해 책임을 지며, 그들의 교육 및 훈련, 분위기 조성 등에도 책임을 진다. 특히 행정책임자는 기관의 우호적인 분위기 조성을 위해서 조직 내 구성원 간에 개방적인 의사소통의 망을 유지하고 대인 간의 갈등을 해소해야 한다.

D. 지시(directing)는 행정책임자가 기관을 효과적으로 운영하기 위해 하위구성원에게 업무를 부과하는 기능이다. 행정책임자의 지시능력을 몇 가지 제시하면 다음과 같다. ① 사회복지기관과 관련된 모든 사실들을 면밀히 검토한 후 합리적인 결정을 내리는 능력, ② 기관의 목적에 대한 적극적인 관심과 목표달성을 위한 헌신적인 능력, ③ 기관 내 구성원의 공헌에 대해 칭찬하고 그들의 지위 향상을 도와주는 능력, ④ 자신의 책임과 권한을 효과적으로 위임하는 능력, ⑤ 행정책임자로서 기관 내 개인과 집단의 창의성의 고취하는 능력 등이다.

C. 조정(coordinating)은 사회복지기관의 활동에 있어서 다양한 부분들을 상호연결시키는 중요한 기능이다. 행정책임자는 기관 내 조정기능을 위해 여러 부서와 구성원들 간의 효과적인 의사소통의 통로를 마련해야 한다. 예컨대, 의사소통의 통로는 현재 가장 광범위하게 사용되는 위원회(committee)의 발족과 활용 등을 말한다. 위원회는 상설위원회와 특별위원회가 있는데, 즉 전자는 사회복지프로그램, 인사, 재정 등과 같은 활동에 관한 문제를 취급하고 후자는 사회복지기관의 긴급한 과업이나 단기간 내에 수행 가능한 임시적인 활동을 다루게 된다.

R. 보고(reporting)는 행정책임자가 기관의 직원, 이사회, 지역사회, 여타 기관 등에 대하여 본 기관에서 일어나는 상황을 알리는 것이다. 사회복지기관의 보고기능

을 위한 세 가지 주요활동은 기록의 유지, 정기적인 감사, 조사연구 등으로 구분할 수 있다. ① '기록유지'는 인사기록, 위원회의 활동, 대상자의 케이스기록 등 전반적인 기관활동의 보고를 말한다. ② '정기적인 감사'는 기관이 어떻게 기능하고 있는가를 살펴보고, 이에 따라 전반적인 이해를 얻어 새로이 요청되는 부분을 개선토록 하는 데 있다. ③ '조사연구자'는 기관의 서비스 수행여부, 현존서비스의 필요성 여부, 새롭게 요구되는 서비스의 종류, 서비스전달의 효과성 여부 등을 조사한다.

B. 재정(budgeting)은 사회복지기관의 운용에 있어 핵심적인 요소이다. 기관의 재정행정은 세 가지 요소로서 '건전한 조직계획', '기관의 재정계획', '건전한 재정운용' 등이다. ① 사회복지기관은 건전한 조직계획으로서 재정절감에 역점을 두어야 한다. ② 사회복지기관의 재정계획은 장기적인 목표로서 예산정책에 기초하여 수립해야 한다. ③ 사회복지기관은 건전한 재정운용으로서 기관 내 모든 부서의 지출을 위한 권위와 책임의 기초 하에 소기의 목적을 달성해야 한다. 이에 따라 사회복지기관의 예산정책은 세 가지 측면에서 제시될 수 있는데, 즉 '급여의 스케줄', '수입확보의 방법', '지출통제의 방법' 등이다.

E. 평가(evaluation)는 사회복지기관의 목표에 따라 전반적인 활동결과를 사정하는 과정을 말한다. 사회복지기관의 목표달성을 정확하게 평가하기 위해서는 다음의 두 가지 척도를 적용하게 된다. ① '효과성의 척도'로서 사회복지서비스에 대한 욕구와 관련되며 기관의 서비스가 수행되어진 정도를 평가한다. ② '효율성의 척도'로서 기관의 가용한 자원과 관련하여 기관의 서비스가 수행되는 정도를 평가한다. 따라서 사회복지기관의 평가기능을 효과적으로 수행하기 위해서는 기관의 구성원들이 평가활동을 자유롭게 하도록 하며, 기관의 프로그램을 창의성을 갖고 제안하도록 분위기를 조성하는 노력이 필요하다.

제3장

사회복지정책

사회복지정책은 국가에 따라 시대적 상황과 개념 및 목적이 상이하지만 노동과 경제, 권리와 의무의 개념이 포함되어 있다. 국민의 건강 및 보호 사회적인 질서전반에 관여해야 하는 과제로 존재하게 될 것이다. 현대의 세계 각 국에서는 이념을 초월하여 복지사회, 복지국가의 실현을 위해 끊임없이 정책을 변경창출하고 있는 것이 현실이다.

1. 복지국가와 사회보장

1) 복지국가

복지국가는 민주주의, 법치주의, 그리고 다원주의를 실현한 개방된 이익사회로서 경제정책, 사회정책, 문화정책 등을 가지고 사회구성원의 삶의 조건과 삶의 질적 수준을 증진하는 국가의 한 형태이다. 즉 인간의 기본 가치로서 자유, 사회정의 평등을 실현하기 위해 국민의 복지와 삶의 질을 개선하려는 사회정책을 적극적으로 수행하는 국가를 복지국가라 한다.

Wilensky는 모든 국민에게 소득과 영양, 보건, 주택, 교육의 최저수준을 자선으로서가 아니라 정치적 권리로서 보장해주는 국가라 했고, Titmuss는 사적 시장기구를 통해 제공될 수 없는 특별한 서비스를 받을 권리가 모든 국민에게 인정되어 있는 국가 복지국가의 가치로는 Furniss와 Tilton은 그의 저서 복지국가론(The Case for the welfare State)에서 평등, 자유, 민주주의, 연대의식, 안전성 및 보장, 경제적 효율성을 들고 있다.

복지국가를 국민의 복지 증진과 확보를 위한 중요한 국가목적의 하나로 내걸고 완전고용과 사회보장, 사회복지 등의 정의를 실천하는 국가라고 정의 했을 때, 경제적으로는 혼합경제체제, 정치적으로는 사회민주주의적 요소를 많이 지니는 체제, 사회적인 면에서는 사회보장과 복지정책의 확충 등을 위해 국가 국민생활에의 개입을 시도하는 체제라고 볼 수 있다. 이러한 점과 연관시켜 Anthony king은 복지국가의 특징을 아래와 같이 5가지로 정리했다.

① 공공부분(public Sector)의 규모가 팽창하였다.

② 국가가 거시적 경제운영(macroeconomic management)에 개입하게 되었다.

③ 국가가 경제활동의 미세한 부분까지 보다 많은 통제와 지도를 시행하고 있다.

④ 현대의 정부는 소위 말하는 사회공학(social Engineering)에 관여하고 있다.

⑤ 국가는 최저 수준의 물질적 안녕을 보장하는 주체로 되어 있다.

"복지국가"라는 여원은 서구사회에서 오랜 역사를 두고 형성, 전재되어 왔으며 때로는 여러 차래 위기를 넘기도 했으나 인간이 존재하는 국가사회의 궁극적 목적이기 때문에 오늘날에도 신자유주의, 자본주의, 민주주의, 수정공산주의(사회주의 포함)등을 내포하고 있는 거의 모든 국가는 작은 정부를 지향하는 복지국가를 향하고 있는 것이다. 심지어는 공산주의국가에서도 그들의 지속적인 경제성장과 풍요로운 사회를 꿈꾸고 있는 실정이다. 복지국가란 언어를 사용하게 된 것은 1930년대 New Deal 정책이 시행되면서 일반적으로 사용되게 되었으며 독일나치의 전쟁국가와 대조시켜 영국의 국가이념을 복지국가라 부르면서부터 일반화되었고 실질적으로 문헌상에 뚜렷이 등재된 계기는 1942년 영국에서 베버리지가 "사회보험과 관련서비스"라는 보고를 발표한 데서부터 출발점이라 하겠다. 한편 복지국가보다 더 포괄적으로 이해되는 "복지사회"는 1960년대 중반부터 등장하여 향후 복지정책이 적극적으로 이루어질 전망이다.

2) 사회보장

사회보장은 사회정책의 일부로써 국민생활보장을 위한 국가 정책으로 일반적인 위기에 직면했을 때 사회가 붕괴하는 것을 방지하기위해 소득재분배 등을 통해 국민의 최저 생활을 보장하는 제도이다. 즉 사회보장이란 협의로는 사회보험, 공적부조, 사회복지서비스를 말하고, 여기에 가족수당, 공중위생, 주택, 교육, 보건, 지역개발, 인구, 노동정책 등 다양한 서비스를 보장하는 광의의 사회보장을 현대사회는 추구하고 있다.

사회보장의 구성요소(ILO의 개념)로는 모든 위험과 사고에 대하여 공공기관을 통한 모든 국민이 보호받아야 하고 사회안전망[10] 모든 국민의 최저 생활 보장인 것이다. 여기서 일반적으로 사회보장을 사회보험, 공적부조, 사회복지서비스(협의)로 분류하는데 이를 주체와 대상재원과 내용을 알아보면 다음 표와 같이 분류해 볼 수 있다.

[표 3-1] 사회보장의 분류

구분	사회보험	공적부조	사회복지서비스
주체	정부(보험자)	정부(중앙 및 지방자치단체)	사회복지법인
대상	국민	빈민	보호를 필요로 하는 사람
재원	기여, 각출금	조세	재정보조금, 헌금, 공동 모금
내용	산재보험, 연금보험, 실업보험, 의료보험, 가족수당	생계보호, 의료보호, 자활보호, 교육보호, 해산보호, 장제보호	시설보호, 아동보호, 노인복지, 장애인복지, 부녀복지 등

3) 우리나라의 사회보장제도

우리나라는 1960년 세4차 헌법개정에서 처음으로 사회보장에 관한 노력을 규성하였고, 1963년 11월 법률로 제정하였다. 사회보장기본법 제3조 제1호에 의하면 "사회보장이란 질병·장애·노령·실업·사망 등 각종 사회적 위험으로부터 모든 국민을 보호하고 빈곤을 해소하며 국민생활의 질을 향상시키기 위하여 제공하는 사회보험, 공적부조, 사회복지 서비스 및 관련 목지제도를 말한다."고 정의하고 있다.

10) 사회안전망(social safety net) 넓은 의미로 질병, 노령, 실업, 산업재해, 빈곤 등 사회적 위험으로부터 모든 국민을 보호하기 위한 제도적 장치를 일컫는 것으로 4대 사회보험(국민연금, 건강보험, 고용보험, 산재보험)과 사회부조를 말한다.

[표 3-2] 사회보장법제

구 분	사회보장법제
사회보험 관련법	국민연금법, 산업재해보상보험법, 국민건강보험법, 의료보험법 등
공적부조 관련법	국민기초생활보장법, 의료보호법
사회복지서비스 관련법	장애인복지법, 노인복지법, 아동복지법, 모자복지법, 윤락행위등방지법, 영유아보육법 등

○ 사회보장 기본법

사회보장 기본법은 1963년에 제정된 사회보장에 관한 법률을 폐지하고 경제사회 발전 수준과 국민의 복지 욕구에 부합하는 사회보장제도를 확립하려는 취지에서 1995년 12월 30일에 제정된 법으로 우리나라 사회복지 전반에 관한 기본적인 사항을 규정하고 있다.

이 법은 사회보장에 곤한 국민의 권리와 국가 및 지방자치단체의 책임을 정하고 사회보장 제도에 관한 기본적인 사항을 규정함으로써 국민의 복지증진에 기여함을 목적으로 한다.(제1조) 사회보장은 모든 국민이 인간다운 생활을 할 수 있도록 최저 생활을 보장하고 국민 개인이 생활수준을 향상시킬 수 있도록 제도와 여건을 조성하여 그 시행에 있어 형평과 효율의 조화를 기함으로써 복지사회를 실현하는 것을 기본이념으로 한다.

2. 사회보험

1) 사회보험의 개념

전 국민을 대상으로 하여 질병・노령・실업 사망 등으로 인한 활동능력 감소 및 소득의 감소가 발생하였을 때 보험방식에 의해 그것을 보사하는 것, 가입은 법률에 의해 강제되고 비용은 일차적으로 근로자와 사업주의 갹출에 의해 이루어지며 적용대상이 제한되어 있다. 즉 재원은 피고용자와 고용주의 보험료 및 국가의 보조금으로 이루어지며 수혜자격요건은 노동자의 노동이나 기여금에 의한 실직 및 사망이나 실업·상해 등의 특수한 사고 유무에 기초하고 있다. 우리나라의 사회보험제도는 여러 선진국들에 비해 도입 시기는 늦었지만 제도도입과 적용범위의 확대 속도는 빠르게 진행된 특징을 보인다. ① 공무원 연금 (1960년) ② 군인연금(1963년) ③ 산업재해 보상보험(1964년) ④ 사립학교 교직원연금(1975년) ⑤ 의료보험(1977년) ⑥ 국민연금(1988년) ⑦ 고용보험제도(1995년)

이상에 본바와 같이 사회보험은 사보험과는 가입방법 보험료 부과방식 등에서 큰 차이가 있다. <표 3-3>

[표 3-3] 사회보험과 사보험의 비교

구 분	사회보험	사보험
가입방법	강제가입	임의가입
보험료 부가방식	소득수준에 따른 차등부과	위험정도 급여 수준에 따른 부과
보험급여	필요에 따른 균등급여	보험료 수준에 따른 차등급여
보험료 징수방식	법률에 따른 강제 징수	사적 계약에 따른 징수
원 리	사회적 적합성의 원리	개인적 공평성의 원리
기 여	형평에 의한 기여(재분배성)	능력성 요구(기여비례제)
보 호	최저수준	요구와 능력에 의한 결정
요 소	복지요소로서 사회적적합성, 보장성 강조	보험요소로서 개인적적합성, 효율성강조

2) 연금제도

일반적으로 가계를 책임지는 자가 폐질, 노령퇴직, 사망 등에 의해 소득을 상술했을 경우 그 자신과 유족의 보호를 위해 미리 설정한 기준에 따라 장기간에 걸쳐 정기적이고 획일적인 급여를 제공받는 소득보장의 제도라 할 수 있는데 ① 퇴직연금 ② 노령연금 ③ 유족연금 ④ 폐질연금이 있다. 그리고 급여종류별로 분류해 보면 아래(표 3-4)와 같이 나누어 볼 수가 있다. 우리나라의 연금제도는 대표적으로 ① 공무원 연금제도가 처음 실시되었고 이어서 ② 군인연금제도 ③ 사립학교 교직원 연금제도 ④ 국민 연금제도가 시행되고 있다.

[표 3-4] 특수직역연금의 종류별 조건 및 수준

급여종류			수혜조건
장기급여	퇴직급여	퇴직연금	• 20년 이상 재직하고 퇴직한 때
		퇴직연금 일시금	• 20년 이상 재직 후 퇴직한 공무원(사립학교교원, 군인)이 퇴직연금에 갈음하여 일시금으로 지급 받고자 할 때 지급
		퇴직연금 공제일시금	• 20년 이상 재직 후 퇴직한 공무원(사립학교교원, 군인)이 20년을 초과하는 재직기간 중 일부기간을 일시금으로 지급 받고자 할 때 지급
		퇴직일시금	• 공무원(사립학교교원, 군인)이 20년 미만 재직하고 퇴직한 때 지급
	유족급여	유족연금	• 20년 이상 재직한 공무원(사립학교교원, 군인)이 재직 중 사망한 때 지급 • 퇴직연금, 장해연금수급자가 사망한 때 퇴직연금액, 장해연금액의 70% 지급
		유족연금 부가금	• 20년 이상 재직한 공무원(사립학교교원, 군인)이 재직 중 사망하여 유족연금을 청구한 때 유족연금일시금의 25% 지급
		유족연금 특별부가금	• 퇴직연금 수급권자가 퇴직 후 3년 이내에 사망한 때 지급
		유족연금 일시금	• 20년 이상 재직한 공무원(사립학교교원, 군인)이 재직 중 사망하여 유족연금에 갈음하려 일시금으로 지급 받고자 할 때 퇴직연금일시금과 동액 지급
		유족일시금	• 20년 이상 재직한 공무원(사립학교교원, 군인)이 사망한 때 퇴직일시금과 동액 지급
		유족보상금	• 공무상 질병, 부상으로 재직 중 사망하거나 퇴직 후 3년 이내에 그 질병으로 사망한 때 지급
	장해급여	장해연금	• 공무상 질병, 부상으로 폐질 상태로 되어 퇴직할 때, 퇴직 후 3년 이내에 그 질병으로 폐질 상태가 된 때 폐질의 정도(1~4급)에 따라 보수연액의 80~15%
		장해보상금	• 장해연금에 갈음하여 일시금으로 지급 받고자 할 때 장해연금액의 5배 지급
		퇴직수당	• 공무원(사립학교교원, 군인)이 1년 이상 재직 후 퇴직 또는 사망한 때 지급
단기급여	공상급여	공무상요양비	• 공무상 질병, 부상 등으로 인하여 요양기관에서 요양을 할 때 지급
		공무상요양일시금	• 공무상 요양비를 받는 실제 요양 기간이 2년을 경과하여도 그 질병 부상이 완치되지 않을 때 지급
	부조급여	재해부조금	• 공무원(사립학교교원, 군인)이 수재, 화재, 기타 재해로 인해 재산상의 손해를 입었을 때 지급
		사망조위금	• 공무원(사립학교교원, 군인) 또는 그의 배우자, 직계존속 및 배우자 직계 존속이 사망한 때 지급

* 자료: 1급사회복지사 국가고시연구회(2002), 「필수 1급 사회복지사」, 나눔의 집, p.244. 재구성

○ 공무원 연금제도는 1960년 제정하여 이듬해 1961년부터 국가 및 지방공무원, 교육공무원경찰, 소방공무원, 군속, 법관, 검사 등이 되고 그들의 질병, 부상, 폐질, 퇴직 또는 사망에 대해 연금 또는 일시금으로 지급함으로써 공무원이나 유족들의

경제적 안정과 복지향상에 기여하는데 그 목적이 있고 단기급여로 공무상요양비, 공무상요양일시금, 재해부조금, 사망조위금 등이 있으며 장기 급여로는 퇴직급여, 장해급여, 유족급여, 그리고 퇴직수당이 있다. 연금수급개시연령은 20년 이상을 근무하면 지급개시연령이 없고 연금비용 부담기준 월급의 75%이고, 지급개시일 5년 이내인 경우는 불입금액정도이며, 기타 지급기준은 최종월급의 50~76%까지 지급한다. 1980년도부터는 정부기관에 근무하는 상용잡급직·임시직공무원(사무직·각종기능직)도 포함시키고 있다. 이의 재원은 국고·지방비부담금의 7.5% 개인(공무원) 보수월액 7.5% 합하여 월보수액의 15%상의 재원을 갹출하고 있으며 이의 관리는 행자부에서 하고 집행은 연금관리공단에서 시행하고 있다.

○ 군인연금제도: 군인이 상당한 연한동안 성실히 복무하고(직업군인제도에 의해) 퇴직하거나 심신의 장애로 인하여 퇴직 또는 사망한 때 또는 공무상의 질병·부상으로 요양하는 때에 본인이나 그 유족에게 적절한 급여를 지급함으로써 본인 및 그 유족의 생활안정과 복리향상에 기여함을 목적으로 장기복무하사관, 준하사관, 장교에 해당되며 1963년도에 제정 그해부터 실시하였으며 1995년도부터 군인복지기금법을 제정 보안하였고, 재원은 국가와 가입자가 각각 7.5%씩 부담하고 있으며 국방부 재정국 연금관리과에서 직접 관리하고 있다.

○ 사립학교 교직원 연금제도는 1973년도에 제정하여 1975년도부터 시행되었으며 사무직원에게는 3년 뒤인 1978년도부터 적용하였다. 재원은 3자 부담방식으로 개인 7.5% 국고 3.0% 사용자격인 학교법인이 4.5%를 부담하고 이에 대한 관리는 교육부에서, 집행은 사립학교 교원연금관리공단에서 맡고 있다.

○ 국민연금제도는 타 공적연금 가입자를 제외한 18세 이상 60세 미만의 대한민국 국민 및 국민연금 가입사업장에 종사하는 외국인과 국내 거주 외국인은 의무적으로 국민연금에 가입하게 되어있고, 사업장에 가입하지 않은 즉 해당되지 않는 국민연금 가입을 원하는 임의 가입자와 국민연금 가입기간이 60세에 도달되어도 20년 미만인자는 65세까지는 계속 가입이 가능한 임의 계속가입자가 될 수도 있다. 이 제도는 1973년에 국민복지 연금법이 제정되었으나 시행되지 않다가 1986년 법 개정을 하고, 1988년 1월에 상시근로자가 10인 이상인 직장부터 처음 시행 되었고, 1992.1월부터는 5인 이상 현재는 1인고용사업장에까지 확대 시행되고 있고 아울러 1999년 4월에 전 국민 연금시대가 실시되기 시작하였다.

보험료의 납부금은 월 보수의 9%에 해당하는 금액을 본인과 사용자가 각각 4.5%씩 분담하여 매월 사용자가 납부하여야 하며 ① 노령연금은 가입자의 노후생활을 보장하기 위해 지급되는 기본적인 연금급여로 10년 이상 가입하고 60세에 도달하며 그때부터 평생 동안 지급하게 되는데 가입기간 소득유무 및 수급 연령에 따라 완전노령연금, 감액노령연금, 재직자 노령연금, 조기노령연금 및 특례노령연금(표 3-5)으로 구분되어 지급된다. ② 장애연금은 가입자가 질병 또는 부상으로 장애를 입어 노동력이 상실 또는 감퇴된 경우에 장애등급 1~4급까지 지급한다. 1등급씩 하향 될 때마다 20%씩 감액(예 2등급: 80% 3등급 60% 등)지급된다. 단 4급인 경우에는 일시보상금으로 지급된다. ③ 유족연금은 가입자 또는 10년 이상 가입자 이였던 자나 노령연금 수급권자 또는 장애등급 2급 이상의 장애연금수급권자가 사망한 경우에 그 유족의 생활을 보장하기 위하여 지급하는 연금으로 이를 지급받을 수 있는 유족은 사망당시 그에 의하여 생계를 유지하고 있던 자중 최우선 순위자이다. 지급기준은 10년 미만 기본연금액의 40% 20년 미만 50%, 20년 이상일 경우 60%에 가급연금액(일종의 가족수당)을 가산 지급한다. ④ 사망일시금: 가입자가 사망하였으나 유족연금 또는 반환 일시금을 지급받을 수 없는 경우에 지급되는 장제부조금 성격의 급여로서 배우자·자녀·부모·손자녀·형제자매 또는 4촌 이내의 방계혈족으로서 사망자에 의하여 생계를 유지하고 있던 자중 최우선순위자에게 지급된다. 위와 같은 국민연금 관리에 대한 정책결정은 보건복지부 연금 보험국에서 관할하고 집행은 국민연금 관리 공단이 한다.

[표 3-5] 노령 연금의 종류

완전노령연금	20년 이상 가입하고 60세에 도달하여 소득이 있는 업무에 종사하지 않는 경우	기본연금액의 100% +기본연금액(20년을 초과하는 경우에는 그 초과하는 1년마다 기본연금액의 5%씩 가산)
감액노령연금	10년 이상 20년 미만 가입한 60세에 달한 자	가입기간이 10년일 경우에는 기본연금액의 46.5% +가급연금액(10년을 초과하는 경우에는 19년에 이르기까지 1년마다 기본연금액의 5% 가산)
재직자노령연금	10년 이상 가입, 60세 이상 64세까지 (특수직종 가입자는 55세에서 59세까지)소득이 있는 직종에 종사하는 자	60세일 때에는 산정된 금액의 50%를 지급하고 1세 증가시마다 10%씩 증액하여 65세부터는 감액없이 지급
조기노령연금	10년 이상 가입하였으나 조기에 생활일선에서 은퇴하는 등 소득이 없는 사람에게 본인의 희망에 의하여 55세부터 지급되는 연금	수급연령이 55세일 때에는 75%, 56세에는 80%, 57세에는 85%, 58세에는 90%, 59세에는 95% +가급연금액
특례노령연금	국민연금제도의 최초시행(1988.1.1), 농어촌지역 확대(1995.7.1), 도시지역 확대(1999.4.1) 당시 나이가 많아 연금수급을 위한 최소 가입기간을 채울 수 없는 사람들도 노령연금을 받을 수 있도록 마련된 특례연금	가입기간이 5년만 되면 기본연금액의 25%에 가급연금액을 가산하여 연금을 지급하고 5년을 초과하는 매 1년마다 기본연금액의 50%씨 가산

3) 의료보험제도

과학문명의 발달로 인간의 평균수명은 증가하였으나 산업화와 도시화를 거치면서 새로운 질병의 발생과 비인간화현상 스트레스와 무력감증가, 불안과 우울 등 신경증적 증세에 시달리는 사람이 증가하고 있다. 의료보험제도는 피보험자가 질병이나 부상 등의 사고를 당했을 때 치료비나 요양비의 급여를 함으로써 국민보건의 회복 및 유지나 증진을 도모할 수 있는 사회보험 방식의 제도라 할 수 있다. 우리나라는 1960년대에 건강보험제도 도입을 위한 연구회가 설립된 1963년에 의료보험법이 재정 1970년대에 500인 이상의 사업자를 강제 적용대상 범위에 포함실시하고 1979년 1월부터 공무원 및 사립학교 교직원에 대한 의료보험 전면실시 그 후 1997년 국민의료보험법으로 탄생 다음해인 1998년 10월부터 시행되고 현재는 2000년 7월부터 지역·직장·공무원 등 전 국민 의료보험이 완전 통합되어 강제 시행되고 있다. 단 보험급여를 받을 수 있는 자가 ① 국외여행중인 때, ② 국외에서 업무에 종사하고 있는 때, ③ 하사·병 및 무관후보생으로 복무중인 때, ④ 교도소 기타 이에 준하는 시설에 수용되어 있을 경우에는 급여가 정지 된다.

4) 산업재해보상보험제도

인간은 하루 중 평균 8시간 이상을 노동에 종사하기 마련이다. 왜냐하면 노동은 기본적인 생계를 유지할 수 있도록 하며 동시에 자아실현이라는 고차원적인 욕구를 충족시켜 줌으로써 노동현장에서의 근로자 복지문제에 관심을 갖지 않을 수 없을 것이다. 따라서 산업재해 보상보험제도는 피해근로자 그 가족의 생존권보장뿐 아니라 사회보장제도의 확립에 그 기본을 둔다. 우리나라에서는 1963년 "사회보장에 관한 법률과 산재보상보험법"을 제정·공포하기 이전에는 1948년부터 노조의 단체협약으로 산재 보상 문제를 해결했었다. 산업재해보상보험제도가 실질적으로 시행된 것은 1964년부터이며 1973년도에 산업재활원이 설립되고 1976년도에 근로복지공사가 설립되어 직업병치료 및 재활사업을 실시해오고 있다. 주요내용을 살펴보면 상시근로자 1인 이상 사업 또는 사업장에서는 가입하여야 하고 총공사금 2000만 원 이상 건설공사 인부도 해당되며 ① 요양급여 ② 간병급여 ③ 휴업급여 ④ 상병보상연금

⑤ 장해급여 ⑥ 유족급여 ⑦ 장의비등의 급여종류가 있다.

5) 고용보험제도

고용보험제도란 실업을 예방하고 아울러 고용촉진 및 근로자의 직업능력개발은 물론 향상을 도모하고 국가의 직업지도 직업소개 기능을 강화하며 근로자가 실업한 경우에 생활에 필요한 급여를 실시함으로써 근로자의 생활안정과 구직활동을 촉진하려는 제도 즉 실업을 사전에 예방하고 다양한 고용안정 직업능력 개발사업 등을 행하며 실업급여를 지급하여 생활의 안정과 재취업을 촉진하는 사전적·적극적 차원의 사회보장에 속한다. 우리나라는 1993년 12월에 근로자의 복지와 노동시장의 효율성 제고라는 목표로 고용보험법을 제정하고 1996년 7월 1일부터 시행하였고 주요사업으로는 고용안정사업, 실업급여사업, 직업능력개발사업, 등이 있다.

① 고용안정사업이란 근로자를 감원하지 않고 고용을 유지하거나 실직자를 채용하여 고용을 늘리는 사업주에게 비용의 일부를 지원하여 고용안정을 유지할 수 있게 하여 고용의 안정화를 도모하는 사업

② 실업급여사업은 근로자가 실직하였을 경우 일정기간동안 실직자 및 그 가족의 생계를 도모하고 실직자에 대한 구인, 구직정보를 체계적으로 제공하여 재취업을 촉진시키는 사업이다.

③ 직업능력개발사업은 사업주·근로자에게 직업훈련을 실시하거나 근로자가 자기개발을 위해 훈련을 받을 경우 사업주·근로자에게 일정비용을 지원하여 근로자의 직업능력을 향상시키고 기업의 경쟁력확보를 도모한다. 예) 준·고령자 수강 장려금지급 즉 50세 이상의 보험자 대상 교육수강 비용대부 등 그리고 보험료 부담은 실업급여의 보험료는 사업주와 근로자가 각각 50%씩 부담하고, 고용안정사업과 직업능력개발사업의 보험료는 사업주가 전액부담하며 기타 관리운영비와 기타 경비는 전액 또는 일부를 국고에서 지원한다.

3. 공적부조

1) 공적부조란

공적부조는 생활이 곤궁하여 스스로 자립할 수 없는 사람들에게 국가의 자산으로 부조를 제공함으로써 생활곤궁자들을 빈곤에서 해방시키려는 국가 사회보장 정책의 하나이다. 즉 저소득자나 생활곤궁자 등의 요보호대상자만을 그 대상으로 하되, 급부조건은 빈곤정도를 심사하기 위한 자산조사와 신청자의 개별적 욕구부조라 할 수 있다. 종적부조의 실시상 원칙이 있는데 이는 신청보호의 원칙, 기준 및 정도의 원칙, 필요즉응의 원칙, 세대단위의 원칙, 현금부조의 원칙 거택보호의 원칙에 의하여 실시하고 있다.

① **신청보호의 원칙**: 요보호 대상자의 보호는 요보호자와 기타 부양의무자 및 동거 친족의 신청에 의해 시행되는 것을 원칙으로 한다.

② **기준 및 정도의 원칙**: 보호의 기준과 정도는 나라마다 다르지만 일반적으로 보호기준은 요보호대상자의 연령·성별·세대 구성별·소재 지역별 등의 사정을 고려하여 최저한도의 생활상의 필요를 충족시키면서도 이를 초과하지 않는 정도로 보호한다.

③ **필요즉응의 원칙**: 보호는 요보호 대상자의 연령·성별·건강상태 등을 고려하여 개인이나 세대에 실질적으로 유효적절하게 제공되어야 한다.

④ **세대단위의 원칙**: 보호는 세대를 단위로 하며 그 필요 여부와 정도는 법률로써 정해야 한다.

⑤ **현금부조의 원칙**: 현금급부는 요보호 대상자의 선택 자유권이 보장되며, 명예가 보장되고 관리상의 간소화를 가져올 수 있기 때문에 가장 많이 이용되는 공정부조 급부방법이다.

⑥ **거택보호의 원칙**: 요보호자의 보호는 거주하는 거택에서 행하는 것을 원칙으로 하지만 주거가 없거나 거택보호가 불가능하다거나 보호의 목적 달성에 부적당한 경우엔 구호시설이나 갱생시설 등의 보호시설에 수용 보호하거나 개인 가정에 위탁하여 보호할 수 있다.

2) 우리나라의 공적 부조 제도

생활보호법을 1961년도에 제정하여 저소득층의 생활보호 기반을 마련하게 되었으나 국가 재정사정으로 인해 전면적으로 실시되지 못하고 부분적인 생계보호만이 실시되어 오다가 1968년 자활지도에 관한 임시조치법(법률 제2039호)이 제정되어 근로능력이 있는 영세민에 대한 근로구호 취로사업이 실시되었다. 1969년 11월 생활보호법 시행령이 비로소 만들어졌다. 그 후 1982년에 생활보호법을 전면개정 생활보호 대상자의 생계구호뿐 아니라 이들의 적극적인 자활지원을 규정하였고, 생활보호대상자 자녀의 수업료지원도 실시하였고 정부의 생산적 복지이념을 바탕으로 생활보호법을 대체하는 "국민기초생활보장법"이 1999년 9월 7일에 제정되어 2000년 10월 1일부터 시행되어 오고 있다.

3) 국민기초 생활보장제도

우리나라 공공부조정책으로 대표적인 국민기초생활보장제도는 보호를 필요로 하는 절대 빈곤층의 기초생활을 국가가 보장하되, 종합적 자립자활서비스를 제공하여 생산적 복지를 구현하는 데 목적이 있다.

그동안 저소득층 공공부조사업으로 생활보호제도가 시행되었으나 많은 저소득층이 사회보장의 혜택을 전혀 받지 못하는 사각지대가 존재하여 국가가 모든 국민의 기본적인 생활을 제도적으로 보장해야 할 필요성에 의해 국민기초생활보장제도가 제정된 것이다.

국민기초생활보장제도는 IMF 경제위기로 인하여 생계유지가 어려운 저소득층의 생활안정을 위하여 생활보호와 실업급여, 공공근로, 노숙자보호, 한시생활보호, 생업자금융자 등 사회 안전망 사업을 주요 골자로 하고 있다.

국민기초생활보장제도의 주요 내용은 다음과 같다.

① 국가보호를 필요로 하는 절대빈곤가구 기초생활보장

국민기초생활보장제도의 의의는 '수급권자 범위의 확대 및 선정기준의 합리화'로 종전 생활보호제도 하의 거택·자활보호의 구분을 없애고 근로능력 여부·연령 등에 관계없이 국가의 보호를 필요로 하는 최저생계비 이하의 모든 가구에 대하여 생계비를 지급하고 있다. 또 '급여종류의 확대 및 급여수준의 증가'로 주거급여를 신설하여 주거안정을 도모하고 긴급급여를 신설하여 긴급생계지원이 필요한 수급권자에 대하여 지원체계를 강화하고 있으며 최저생계비와 가구소득의 차액을 보충적으로 지급하고 있다.

② 자활지원서비스의 체계적 지원으로 생산적 복지구현

국민기초생활보장제도는 구직안내, 직업훈련, 자활공동체사업, 생업자금융자 등 자활지원서비스를 제공하여 근로능력자가 안심하고 근로활동에 종사할 수 있는 가구여건을 조성하고 있다.

그러나 국민기초생활보장제도는 수급권자에 대한 까다로운 제한과 엄격한 자산조사의 문제를 안고 있으며 부양의무자 기준을 전 보다 엄격히 규정하여 부양의무자의 유무와 부양능력의 유무에 대한 조사를 실시하도록 되어 있어 부양비 부담까지 더해진 결과를 초래하였다.(나눔의 집, 2002). 이는 국민기초생활보장제도의 의의 중 하나인 '권리성 강화'에 역행하는 것이며, 오히려 자산조사가 복잡하고 강화되어 클라이언트의 수치심을 증가시키는 결과를 가져왔다고 볼 수 있을 것이다.

[표 3-6] 국민기초생활보장제도의 내용

구 분	내 용
법적용어	• 저소득층의 권리적 성격(수급권자, 보장기관, 생계급여 등)
대상자 구분	• 대상자 구분 폐지(근로능력이 있는 자는 구분) 연령기준 외에 신체적, 정신적 능력과 부양, 간병 양육 등 가구여건 감안 가능
대상자 선정기준	• 소득인정액이 최저생계비 이하인 자 (소득인정액 = 개별가구의 소득평가액 +재산의 소득환산액)
급여수준	• 생계급여: 모든 대상자에게 지급하되 근로능력자는 자활 관련사업에 연계하는 조건부로 지급 • 주거급여: 임대료, 유지수선비 등 주거안정을 위한 수급품 • 긴급급여: 긴급 필요시에 우선 급여를 실시 • 그 외 의료, 교육, 해산, 장제, 보호 등
자활지원계획	• 근로능력자 가구별 자활지원계획 수립을 통한 체계적 자활지원, 근로능력, 가구특성, 자활욕구 등을 토대로 자활방향, 자활에 필요한 서비스, 생계급여의 조건 등을 계획, 자활에 필요한 서비스를 체계적으로 제공하여 수급권자의 궁극적인 자활을 촉진

4) 의료보호

의료보호는 1961년 제정된 생활보호법에 근거를 두고 1976년까지 보건소 국공립병원, 기타 비영리 의료기관을 중심으로 영세민에 대한 무료진료가 실시되어 왔다. 그러나 생활보호법에 의한 의료보호는 사실상 보호의 질적 내용이 빈약하였고 진료거부 등의 사례가 발생하는 등 문제점이 발생하였다. 이를 해결하기 위하여 1976년 9월 전국의료보장 기반확립을 위한 방안이 마련되고 이어서 1977년 1월 4일에 정부는 의료보호에 관한 규칙을 제정·시행하다가 동년 12월 31일 의료보호법을 제정하여 1978년부터 시행되고 있다. 이와 같은 의료보호제도는 생활보호대상자와 저소득층 세대를 대상으로 하며 그들이 자력으로 의료문제를 해결하지 못할 경우에 국가재정으로 의료혜택을 제공하는 공공부조방식의 사회보장제도이다. 수급자산정은 국민기초생활보호대상자에 의한 소득기준, 재산기준, 부양의무자 기준을 만족하는 내국인에 한하며 1종, 2종의 두 가지로 차등을 두어 수급하며 의료급여의 비용부담은 서울특별시는 국가와 서울시가 각각 5%씩 부담하고 기타 지역에 대하여는 국가가 80% 지역자치단체가 20%를 부담하는 것으로 되어 있다.

4. 사회복지 서비스

1) 사회복지 서비스의 개념

사회복지 서비스는 사회적으로 불우하고 열세에 있는 자들을 대상으로 전문적인 지식과 방법 등을 활용하여 그들이 가지고 있는 제반 문제를 해결하고 정상적인 사회인으로 복귀시키는 것이라 할 수 있다. 사회복지 서비스는 대상이 인간이라는 측면에서 인간으로서 복지와 관계되는 제요인, 즉 경제적 안정, 교육, 보건, 의료, 노동, 오락 등의 프로그램들과 서비스를 통합적으로 서로 보완하는 것을 뜻한다. 바람직한 서비스의 통합화는 시설 보호중심에서 거택보호중심으로 더 나아가서는 시설의 사회화 및 지역사회보호로 되어야 한다.(통합화) 그리고 현대 사회가 지향하는 방법으로 특정인만을 대상으로 하는 선별적인 서비스가 아닌 모든 국민을 대상으로 하는 보편적인 서비스의 항구적인 조치가 이루어져야 (제도화)하고 전문화, 선별화가 철저히 이루어져야 하겠다.

2) 사회복지 서비스의 내용

사회복지 서비스를 담당하는 자는 사회복지사 또는 사회사업가이다. 아무리 프로그램이 훌륭하고 재원이 풍부하다 해도 사회복지 서비스의 내용이 부실하다면 훌륭한 서비스가 될 수 없는 것이다. 앞으로 사회복지사들은 사회복지의 전문적 이론과 실천기술을 겸비하여 사회복지 서비스를 훌륭하게 실천함으로써 타 전문직종과 구별되는 탁월성을 발휘해야 할 것이다. 에치오니(Etjioni)는 짧은 훈련기간 조금 낮은 법적 지위 덜 확립된 특권적 의사소통에 대한 권리 지도감독 사회적 통제로부터 자율성이 적다는 사실로 아직도 준전문직에 머물러 있다고 지적했다. 우리나라의 사회복지사교육은 그 시작부터 이미 전문화를 이룩한 미국의 영향을 받아 사회복지사들도 전문직이라는 의식을 갖고 있다. 그러나 아직은 만족할만한 인정을 받지 못하고 있는 실정이다. 사회복지 서비스내용은 그 나라의 법적 제도와 사회문화 현상 경제적 수준 등에 맞춰 적절하게 조정・운영 되어야 할 것이다.

사회복지서비스에서의 사회복지 서비스 전달은 사회복지사의 특징 및 역할을 의미하는 것이다. 따라서 서비스전달은 일반행기구를 통해서 즉 중앙행정기구로는 보건복지부와 여성 가정부 또 각행정부가 되겠고 시・도는 사회복지과와 가정복지과 시・군・구는 사회과와 가정복지과이며 읍면동에서는 사회담당, 사회복지 공무원을 통해서 전달되며 관계 입법에 의해 정부 측의 시설 프로그램[표 3-7 참고]과 민간단체에 의한 서비스 프로그램이 유영되고 있다. 일반행정과 다른 사회복행정은 특징은 대상자와 정규적인 접촉을 갖는 점과 기능적 고객중심이라는 점 그리고 경력 및 경험을 강조 한다는 점이다.

[표 3-7] 우리나라 사회복지법에 의한 시설의 종류

관계법	시설의 종류
국민기초생활보장법	양로시설, 양육시설, 보호시설, 재활시설, 의료시설
아동복지법	아동상담소, 영·육아시설, 탁아시설, 아동일시 보호시설, 아동직업 보도시설, 조산시설, 아동전용시설, 교호시설, 아동입양 위탁시설, 정서장애아시설, 자립지원시설
윤락행위등방지법	부녀상담소, 직업보도시설
장애인복지법	장애인 재활시설, 장애인 요양시설, 장애인 유료복지시설, 장애인 이용시설, 장애인 직업시설, 점자도서관, 점서 및 녹음서 출판시설
노인복지법	양로시설, 노인요양시설, 실비양로시설, 실비노인요양시설, 유료양로시설, 유료노인요양시설, 노인복지회관, 노인복지주택
모자복지법	모자복지상담소, 모자보호시설, 모자자립시설, 미혼모시설

3) 사회복지 사업법

사회복지 사업법은 사회복지 사업에 관한 기본적 사항을 규정하여 사회복지를 필요로 하는 사람의 인간다운 생활을 할 권리를 보장하고 사회복지의 전문성을 높이며, 공평, 투명 적정을 기함으로써 사회복지를 증진하는데 그 목적이 있으며 관련법으로 국민기초생활보장법, 아동복지법, 노인복지법, 장애인복지법, 모자복지법, 영유아복지법, 윤락행위 등 방지법, 정신보건법 성폭력범죄의 처벌 및 피해자 보호 등에 관한 법률 입양촉진 및 절차에 관한 특례법, 일제하 일본군 위안부에 대한 생활안정 지원법, 사회복지 공동모금법, 장애인, 노인, 임산부 등의 편의 증진 보장에 관한 법률, 가정폭력방지 및 피해자 보호 등에 관한 법률 등이 있고 이러한 법의 실효성을 실현하기 위하여 특별시, 광역시, 도 및 시·군·구에 복지사무전담기구와 사회복지 위원회를 두고 또한 사회복지 사업법에 규정한 사회복지사업을 행할 목적으로 사회복지법인 또는 그 연합체를 두고 있다.

○ 사회복지사업의 재정은 사회복지법인의 자산과 국가보조금, 사회복지사업기금 등으로 이루어지고 있으며 그 각각의 내용을 살펴보면

① 사회복지법인의 자산으로는 기본자산과 보통자산으로 분류해 볼 수가 있는데 기본자산은 법인이 사회복지시설을 등을 설치하는데 직접 사용되는 부동산 등의 재산을 말하고 주목적 사업용 기본재산과 사회복지법인이 설치한 기구·기관의 운영비에 충당하기 위한 수익용 기본재산이 있으며 기본재산 이외의 재산으로서 법인의 운영에 소요되

는 집기, 비품 등의 보통재산으로 분류되고 있다.

② 국가보조금은 국가 또는 지방자치 단체가 사회복지 법인에 대해 보조하는 금액을 말한다.

③ 사회복지사업기금은 정부출연금 정부이외의 자의 기부금품, 기금운영수익금, 기타수익금을 말하고, 이러한 기금의 용도는 기본적으로 사회복지 사업법에 의해 사용되게 되었으며 사회복지 사업에 필요한 비용으로 사회복지 시설확충비용으로 기금의 조성 및 관리운용에 필요한 비용 기타 사회복지사업에 부수되는 비용으로 사용토록 되어있다.

5. 기타 사회복지 정책

사회복지가 추구하는 궁극적 목적의 하나는 대상자(개인, 가족, 집단, 지역 사회주민 등)에게 그가 필요로 하는 서비스를 제공하는 것이다. 이러한 목표를 달성하기 위해 사회복지의 주체인 정부나 민간기관은 사회복지의 객체인 대상자가 지닌 욕구나 문제 (빈곤, 질병 등)를 찾아내고, 이를 충족하고 해결해 줄 수 있는 적합한 사회복지 정책을 입안하고, 자원을 동원하여 가장 효율적으로 전달되도록 하는 것이 사회복지 서비스 실현인 것이다. 우리 인간이 생활해가는 과정에서 가장 큰 문제가 먹고, 입고, 즐기고, 건강유지를 위해서도 필요한 것이 재원이 아닌가 한다. 그런데 이 재원은 무한한 욕구를 추구하는 인간의 욕구 측에서는 항상 부족한 쪽에 커다란 태산마냥 위치하고, “빈곤” 이란 단어로 우리에게 표현해주고 있다.

1) 빈곤의 개념

빈곤이란 대체적으로 우리인간이 생존해 가기 위한 최소한의 생활수준에 미달된 현상을 빈곤이라 할 수 있겠다. 즉 최저생활수준에 못 미치는 현상을 말하는데 이와 같은 최저생활수준에도 어휘에 따라 ① “최저생존의 수준”, 단순히 생리적・생물적 존재로 살아가는데 필요한 수준을 말하고 ② 생존에 필요한 최저수준의 음식물, 질병으로부터 보호, 의복 및 주택 시설 등이 필요한 수준의 "계속적 생존의 수준"과 ③ 기본적인 의식주와 질병으로부터의 보호 및 생산 활동에 필요한 교육이나 위생 등이 필요한 "생산적 생존의 수준"으로 분리해 볼 수가 있겠다.

현대사회에서 빈곤의 개념은 개인의 생물학적 생존유지에 필요한 최소한의 물질적자원이 결핍된 상태라 할 수 있고, 이로 인해 개인의 존엄성을 유지하기 곤란한 상황에 처해있을 때 개인은 빈곤을 경험하게 되고, 교육 · 의료 · 지위 · 이동의 기회 등의 사회가치 분배상의 불평등이나 개인의 성취동기 자아실현 등의 심리적 박탈감, 문화적 가치로부터의 소외를 의미하는 개념으로 쓰이기도 하고 특히 경제사회발달에 따라 기대상승으로 인한 기대와 현실간의 격차나 계층관의 격차에 의해 나타나는 상대적 박탈을 가져오게 됨을 의미한다. 우리는 흔히 빈곤을 절대적 빈곤과 상대적 빈곤으로 구별을 많이 하고 있다. 절대적 빈곤은 고전적인 빈곤개념으로서 인간의 기본적인 생존욕구 충족에 필요한 자원 및 소득이 부족한 상태나 조건을 말한다. 또한 상대적 빈곤은 한 사회의 소득수준으로 볼 때 소득이 상대적으로 낮은 것을 말하며 이러한 계층을 빈곤층이라 한다. 또한 현대 사회의 특징이라 할 수 있는 경제 · 사회 · 문화생활의 향상이나 발전에서 나타나는 불평등 및 상대적 박탈감을 표현한 개념이다.

2) 빈곤의 원인과 대책

빈곤의 원인은 개인적 측면에서 선천적인 면과 후천적인 개인에 의한 경우와 근본적으로 주변 환경에 의한 문화 사회적인 면에서 찾아볼 수가 있다. 이와 같이 다양한 면에서 수시 예기치 못한 빈곤이 찾아 올수 있는데 제이론적인 측면에서 파악해보면 상호작용주의에 의한 심리주의적 관점을 바탕으로 빈곤을 개인적 책임으로 간주하는 낙인이론과 기능이론(개인책임) 갈등이론(사회적 책임) 기회이론(직업기회 불공평) 힘이 센 사람에게는 복종할 수밖에 없음을 인식하는 안정이론 그리고 가정환경상 또는 사회주변환경 등에 의해 어쩔 수 없이 빈곤에 처할 수밖에 없다는 하위문화이론 등에서 빈곤의 원인을 찾아볼 수 있다.

위와 같은 원인에 대한 대책으로는 빈민자신들부터 사회적응력을 길러야 하고 의식변화를 가져와 심리적 변화를 가져옴으로써 빈민이라는 낙인에서 벗어날 수가 있으며 개인으로써는 기술을 배우고 교육을 받는데 게을리해서는 안 되며 지역사회는 물론 국가에서는 직업창출의 기회를 확대하는 등 고용확충 정책을 시행하여 취업알선에 적극적이어야 하고 자원의 평등한 배분이 이루어질 수 있는 정책이 마련되어야 한다.

3) 소득분배 정책

소득분배란 시장기능을 통해 결정되는 소득분배를 변경시키기 위해 정부가 개입하는 구체적인 형태를 말한다. 이는 기능적 분배와 계층별 분배가 있는데 생산과정에서 발생하는 부가가치나 소득이 그 생산과정을 구성하는 서로 다른 기능을 가진 생산요소들 사이에 배분되는 배율의 정도를 기능적 분배라 하고 소득계층별로 개인이나 가계에 귀속되는 소득이 분배상태를 계층별분배라 한다. 그리고 소득분배를 이론적 관점에서 소득분배의 개선이 경제성장을 저해한다는 상충론과 소득분배의 개선이 경제성장을 촉진한다고 주장하는 보완론이 있는데 더 자세히 살펴보면 국민소득 중에서 고소득층이 차지하는 비율이 커질수록 저축이 증대되기 때문에 자본축적이 증가하고 경제 성장이 촉진된다는 이론으로 이는 소득분배가 악화될수록 경제성장이 높아진다는 것을 의미하는 자본축적론에 해당되고, 정부가 소득분대 정책을 강력하게 추진하게 되면 고소득층의 조세부담률이 높아지기 때문에 경제 활동의욕이 감퇴되고 저소득층의 경우에도 정부로부터 상당한 경제적 혜택을 받게 되므로 경제활동 의욕이 저하된다는 의욕저하론이 있고, 반면에 본완론에는 소득불평등의 정도가 축소 될수록(소득분배가 강화될수록) 경제 전체소비의 자본 집약도가 저하되어 주어진 자본으로 더 높은 수준의 소비 수요를 충족시킬 수 있게 된다는 자본소요론과 소득분배의 강화로 근로자들의 기본적 욕구가 충족되면 건강상태 및 근로의욕이 향상되어 결과적으로 생산성 증대를 이룰 수 있게 된다는 기본수요론이 있다.

국가의 소득분배 정책으로는 최저임금제 도입, 노동조합기능의 활성화 농촌개발사업 저소득층에 교육기회 확대제공 또는 직접세증대와 간접세 축소 등 조세정책변경 그리고 생활필수품 생산기업에 정부보조금 제공 상대적 물가 저하를 가져오게 하는 반면 사치품엔 고가의 세금부가 등 시장에의 개입 등이 있다.

제4장

사회복지 실천

어려움에 처한 사람을 돕고자 하는 마음은 인간모두가 갖는 보편적 태도라 할 수 있다. 그러나 이러한 마음이 있다고 해도 어디에서 어떻게 도와줄 것이며 반대로 도움이 필요한 경우에 어디에서 어떤 도움을 받을 수 있는가에 대해서는 많은 지식과 정보가 필요하다.

본장에서는 인간과 환경 속에서 발생하는 무수한 사회문제의 해결과 개인 및 가족 그리고 지역사회의 기능을 향상시키기 위한 원조활동으로서 사회복지 실천(social work practice)이란 전통적인 사회복지 방법 중 개별사회사업 집단사회사업, 지역사회조직을 중심으로 한 실제적인 서비스 체계의 전문적 영역을 말한다.

1. 사회복지 실천의 개념

핀커스와 미나한(Pincus & Minahan, 1973)은 사회복지실천이란, 개인의 문제해결 능력을 향상하는 것이며 사회지원과 서비스, 기회를 제공하는 체계를 연결하는 것이라고 정의했다.

미국사회복지교육협의회(CSWE)는 사회복지실천의 주요목적을 ① 개인, 가족, 소집단, 조직, 지역사회의 사회적 기능을 촉진, 회복, 유지, 강화하며 ② 인간의 기본 욕구를 충족시키고 이들의 잠재력을 개발하기 위한 사회정책, 서비스 자원, 프로그램을 실행하며 ③ 조직적인 옹호활동과 사회행동을 통해 취약한 인구집단에 대한 능력을 부여하고 사회경제적 정의를 실현하기 위한 정책, 서비스, 재원, 프로그램을 활용하고 ④ 이와 같은 활동을 통해 사회복지전문직의 지식과 기술을 발전시키는 것(이영분 외, 2001: 김융일 외, 2003)으로 규정하고 있다.

즉 사회복지실천이란, 인간과 환경의 상호작용에 의해 발생하는 욕구와 문제를 해결하기 위한 정책, 행정, 제도, 서비스 등을 포함하는 전문적인 원조 활동으로서 개인의 손상된 기능을 회복시키고 잠재능력을 개발하여 문제해결기능을 강화하려는 실천활동이다.

사회복지실천 현장에서 사회복지사는 전문적인 지식은 물론이고 문제해결 가능성을 높여주는 이론을 습득해야 한다. 일반적인 사회복지 지식을 익히는 것도 중요하지만 사회복지학이 인간을 대상으로 하므로 종합 학문적인 성격을 가지고 있어 심리학이나 정신보건학 등의 지식도 요구된다. 이와 같이 실천지식을 가지는 것도 중요하지만 클라이언트의 원조과정에서 전문적인 역할을 수행하는 것은 더욱 중요하다. 사회복지사의 역할은 크게 열 가지로 나누어 설명하고 있는데(김규수 외, 2002, 재구성)다음과 같다.

조력자(Enabler)	클라이언트가 다양한 스트레스에 대처하도록 돕는 역할
중재자(Mediator)	논쟁이나 갈등을 조정하고 중재하는 역할
통합자(Lntegrator)	기술적인 지원과 서비스를 연계하고 수행하는 등 다양한 역할 수행
관리자(Manager)	사회복지기관이나 부서의 행정책임과 관련되어 있는 것으로 서비스목표와 계획, 운영, 재원확보 등의 임무를 담당
교육자(Educator)	클라이언트와 다른 체계에 정보를 제공하며 기술을 가르치는 역할
분석가(Analyst)또는 평가자(Evaluator)	목표와 프로그램이 제대로 가능한가를 분석하거나 평가하는 역할
중개자(Broker)	클라이언트와 지역사회의 자원을 연결하는 역할
촉진자(Facilitator)	클라이언트의 변화를 촉진하는 역할로서 사람을 모으고 의사전달 통로를 만들고 활동이나 자원을 전달하며 전문지식이나 기술을 접할 수 있도록 한다.
협상가(Negotiatior)	모든 쪽이 가능한 함께 합의에 도달할 수 있도록 중간기점을 찾는 일을 담당
옹호자(Advocator)	클라이언트가 필요한 것을 얻을 힘이 거의 없을 때 옹호자로서 적절한 역할 수행

사회복지실천의 기본원칙의 하나인 '환경 속의 개인(person in- environment)'의 관점은 다면적이고 통합적인 접근의 필요성을 강조하는데(김융일 외, 2003) 그동안 사회복지실천현장에서 주로 사용되었던 이론들은 지나치게 문제 중심으로 바라보려고 하였으므로 인간과 환경의 상호작용으로 인체 발생하는 복잡한 문제를 해결하는 데는 효과적이지 않다는 비판들이 생겨나기 시작했다.

사회복지실천의 통합적인 접근방법은 클라이언트의 능력과 잠재력을 중요시 여기며 인간과 환경의 관계에 초점을 두고 참여와 개별화를 강조한다. 특히 클라이언트 스스로 대처할 수 있는 역량강화(empowerment)[11]를 중요시한다.

통합적 접근방법은 개인, 집단, 지역사회에서 제기되는 사회문제에 활용할 수 있는 공통된 원리나 개념을 제공하는 것으로 방법을 통합하는 것을 의미한다. 즉 전통적인 방법을 전부 또는 일부, 최소한 2개 이상을 조합해서 교육하여 사회복지사 한 명이 2개 이상의 방법을 통합적으로 사용해 클라이언트에게 개입할 수 있도록 하는 것이다.(전재일, 1981: 나눔의 집, 2003).

2. 사회복지 실천의 관계

사회복지 실천의 관계는 사회복지사와 클라이언트 간의 감정이나 태도의 역동적 상호작용을 말하며 긍정적인 목적은 클라이언트가 자신과 사회환경 간에 보다 효율적인 적응을 하도록 도와주는데 있다. 따라서 기본적인 인간욕구와 문제를 원활히 해결하기 위한 일곱 가지의 원칙을 제시하면 다음과 같다.

---

11) 역량강화-또는 권한부여의 의미로 쓰이고 있는 임파워먼트(empowerment)는 최근 사회복지실천의 통합적 접근방법에서 새롭게 대두된 실천모델로의 실천현장에서 문제해결중심이 아닌 클라이언트의 능력과 잠재력개발에 역점을 두고 원조가 이루어지는 형태를 의미한다. 과거 생활보호대상자에게 일률적으로 현물(쌀 등)이 지급되었으나 점차 현금지급으로 바뀌면서 클라이언트가 서비스를 선택할 수 있는 권리를 제공하기에 이르렀는데 이는 임파워먼트의 좋은 예라고 할 수 있을 것이다. 또 사회복지관의 지역주민운영위원회 같은 프로그램은 지역문제해결과정에 클라이언트를 직접 참여시킴으로써 클라이언트의 권한 부여를 실천하려는 서비스라고 할 수 있다.

1) 개별화

먼저 개별화의 원칙으로, 각 클라이언트들을 독특한 개성과 특성을 가진 개인으로 개별화 할 수 있어야 한다. 개인 각자는 독특한 자신만의 감정, 태도, 생활양식을 가지며 이러한 것들은 존중되어야 한다. 이렇게 개별화하기 위해서는 개인적인 편견이나 주관적인 경험의 한계를 극복할 수 있어야 한다. 더 나아가서 클라이언트의 말을 경청하고 이해하려는 노력이 요구된다.

2) 의도적 감정 표현

의도적 감정 표현은, 클라이언트가 자신의 감정을 적극적으로 표현할 수 있도록 격려하고 도와주는 것이다. 어려움에 직면해 있는 클라이언트에게 문제 자체보다는 문제에 대한 감정과 문제로 인해서 야기되는 정서가 더 큰 어려움을 주는 경우도 많다. 그러므로 자신의 감정을 털어놓고 이야기 한다는 것 자체가 치료적 효과를 가져오기도 한다. 특히 부정적인 감정을 심판받는다는 느낌 없이 자유롭게 표현할 수 있어야 하며, 클라이언트가 적극적으로 감정을 표현할 수 있도록 격려되어야 한다. 이렇게 적극적으로 자신의 감정을 표현하고 나면 감정을 억압해야 하는 긴장에서 벗어날 수 있게 되며, 사회복지사와 더 깊은 관계를 맺을 수 있고 그럼으로써 더 객관적으로 사물을 판단하고 결정내릴 수 있기 때문이다.

3) 통제된 정서적 관여

통제된 정서적 관여는, 클라이언트의 감정적 표현에 공감하는 등의 반응을 보이는 것으로 정서적으로 관여하는 것을 말한다. 사회복지실천에서 사회복지사의 이러한 정서적 반응은 클라이언트와의 관계에서 가장 중요한 심리적 요소라고 할 수 있다. 정서적 관여는 이해할 수 있다는 것을 표현해 주는 것을 넘어서서 적극적으로 이해하려는 노력이다. 사회복지사의 정서적 관여는 목적의식을 가진 것으로 전문적 자아에서 나오며 마음에서 우러난 진실한 것이어야 한다. 클라이언트는 자신의 감정을 적극적으로 언어적으로 표현하지 못하는 경우가 있으며, 속마음을 감추는 경우도 있다. 그러므로 클라이언트가 표현하는 것을 예민하게 인식할 줄 아는 민감성이 요구되며 숨겨진 정서에 대해서도 반응해 주어야 한다.

4) 수 용

수용한다는 것은, 클라이언트를 있는 그대로 받아들이며 이들에 대해서 비심판적 태도를 가지는 것으로 클라이언트를 자신의 기준으로 판단하지 않으며 그들을 판단하는 것이 사회복지사의 일이 아니라는 것을 깊이 인식하는 것이다. 그렇다고 해서 클라이언트가 한 일이 모두 옳다고 인정하거나 허용해 주는 것은 아니다. 잘잘못을 따지거나 심판하려는 태도에서 벗어나서, 인간적인 존엄성을 인정하고 클라이언트를 있는 그대로 수용하며, 정중한 태도와 경청하는 자세를 유지하며, 객관적이고 중립적인 태도로 도와주려는 태도이다. 클라이언트를 있는 그대로 수용하기 위해서는 클라이언트가 있는 그 위치에서 출발해야 하며, 클라이언트와 사회복지사간의 가차나 태도의 차이를 극복하려는 노력과 다양성을 인정하려는 노력이 요구된다. 사회복지사의 수용적 태도를 통해서 클라이언트들은 자신의 실패를 포함해서 있는 그대로를 표현하고 방어적인 태도에서 벗어나 자신의 문제를 직시해 나갈 수 있게 된다.

5) 비심판적 태도

비심판적 태도는 클라이언트의 특성과 가치를 비난하고 심판하지 않는다는 것이다. 사회복지사를 찾아오는 많은 사람들이 개인적 실패나 문제를 가진 사람들이 대부분이다. 사회복지사는 자신의 기준으로 클라이언트를 단죄하거나 판단하는 사람이 아니라 어려움에 직면해 있는 사람들을 도와주기 위한 사람이며, 이들을 돕는 것이 존재이유이다. 그러므로 이들을 있는 그대로 받아들이며 실패나 문제를 판단하고 비난하는 것에서 벗어나서 이들의 욕구를 해결할 수 있도록 도와줄 수 있어야 한다. 그래서 이들이 문제를 가진 상태에서 벗어나도록 도와주는 것에 초점을 맞추며, 이들의 실패나 인간적인 부족을 넘어서서 한 인간으로 따뜻한 마음과 태도로 있는 그대로 수용하고 그 수준에서 출발해야 한다.

비심판적 태도에 관해서는 '황희 정승'의 일화가 생각난다. 하루는 집안 노비 두 사람이 다투다가 정승을 찾아와서 서로 상대방의 잘못을 일러바치자, 사내종에게 네 말이 옳다하고 계집종에게도 네 말이 옳다하며 돌려보냈다. 이를 지켜 본 부인이 정승의 태도를 나무라자 부인의 말도 옳다고 했다.

6) 자기결정권

자기결정권은, 클라이언트는 중요한 일에 대해서 자기 스스로 결정할 수 있는 권한을 가지며 사회복지사는 이들이 최선의 결정을 내릴 수 있도록 도와주기 위해서 대안을 제시하고 선택에 따른 결과를 비교해 보고 책임지도록 한다.

7) 비밀보장

비밀보장은, 클라이언트와의 관계를 통해서 알게 된 개인적인 정보나 사생활에 해당하는 부분에 대한 비밀을 지켜줌으로써 신뢰할 수 있는 관계를 형성할 수 있다.

이러한 원리들은 도움을 제공하는 전문적인 관계 형성을 위해서 기본적으로 요구되는 요소들이다. 이렇게 전문적인 관계형성을 위한 기본적인 요소에 더해서 인간적인 측면이 더해짐으로써 효과적인 원조가 제공될 수 있을 것이다.(김경호: 30; 양옥경 외: 136)

3. 사회복지 실천의 면접

1) 면접의 의미

면접(interview)이란 사람과 사람 간에 언어나 동작을 매개로 하여 이야기를 주고받는 행동으로서 여기에는 반드시 커뮤니케이션이 일어난다.[12] 사회복지실천에서 면접은 매우 중요한 기법(technique)의 하나이다. 면접자와 클라이언트 간의 관계형성은 면접을 통해서 이루어지게 된다. 어원적으로 면접(interview)이란 '상호

12) 장인협, 「사회사업 실천방법론」(상)(서울 : 서울대학교 출판부, 1989). p131.

간'(inter)과 '바라봄'(view)의 합성어로서 '서로 대등한 입장에서 바라봄'이라는 의미를 지니고 있다. 특히 면접은 클라이언트의 구체적인 문제해결을 위해 정보를 획득하는 것은 물론, 면접과정을 통해 클라이언트에게 도움을 제공하는 데 있다. 따라서 사회복지실천의 면접이란 면접자와 클라이언트 간의 일대일 관계에서 서로 대등하게 대면하여 의사소통을 도모하는 것을 말한다.

2) 면접의 목적

면접은 특정한 목표를 달성하기 위하여 수행된다는 점에서 목표 지향적이다. 면접의 목적은 면접이 실시되는 방법에 영향을 주는 데 있다. 면접은 정보(information)를 수집하는 목적도 있겠으나, 클라이언트에게 도움(helping)을 제공하는 목적도 있으므로 이상의 두 가지를 동시에 갖고 있다. 따라서 면접의 목적은 문제를 정확하게 파악하고, 문제상황에 있는 사람과 그 상황을 이해함으로써 문제를 효과적으로 해결하는 데 있다.

면접의 목적과 관련하여 면접자가 유의할 점을 몇 가지 제시하면 다음과 같다.[13] ① 면접자가 가끔 도와주려는 열의가 지나쳐 문제상황에 대한 충분한 이해도 하기 전에 개입하는 경우이다. 예컨대, 어떤 학생에게 그의 관심이나 능력을 무시하고 무조건 대학에 다닐 것을 원한다면 부정적인 반응을 보인다는 점이다. ② 면접자가 면접의 목적을 분명하게 인식하고 있더라도 그것을 직접적인 방법을 통해 그 목적을 이루려는 경우이다. 예컨대, 개인의 사생활, 집안의 비밀, 지난날의 과오 등에 대해서 매우 민감함에도 불구하고 기탄없이 질문하며 캐고 들어가면 클라이언트에게 거리감을 주게 된다는 것이다. 따라서 면접에서의 기본적인 목적은 문제, 환경, 상황 등에 대해 도움을 요청한 클라이언트에 대해서 충분한 이해를 가지는 것이 주요하다.

3) 면접의 방법

면접의 방법은 면접자와 클라이언트 간의 부드럽고 자연스러운 상호간 교류를 의미한

13) 김연옥·최해경, 「사회사업 면접의 이론과 사례」(서울 : 한울아카데미, 1994), pp.37-38.

다. 특히 면접의 방법은 많은 실제적 경험을 통해서 습득되어진다. 따라서 면접자는 면접의 여러 가지 민감한 문제들에 접근하기 위해서 이론적인 지식과 경험적인 기술을 충분히 활용해야 한다. 이와 관련하여 면접의 방법을 몇 가지 제시하면 다음과 같다.[14)]

관찰 관찰은 선입관을 버리고 실제 상황을 있는 그대로 보는 것이다. 면접자는 클라이언트가 언급하지 않은 부문에 대해 주목해야 하다. 예컨대, 신체적인 긴장, 얼굴의 홍조, 흥분 또는 낙담하는 태도 등에 대해 세심히 관찰해야 한다.

경청 경청은 면접의 기본적인 활동 중의 하나이다. 면접자는 클라이언트의 이야기를 충분히 경청하여 적절한 의견이나 질문을 함으로써 상대방의 본질적인 요점을 파악했다는 것을 나타내야 한다.

질문 질문은 면접의 중심이 되는 기술이다. 면접자는 몇 마디의 질문으로 클라이언트에게 많은 이야기를 하도록 해야 한다. 특히 클라이언트의 보조에 맞춰서 질문을 해야 하고, 우회적이며 도움을 주기 위한 질문을 해야 한다.

대화 대화는 상대방이 이해할 수 있는 언어로서 이루어져야 한다. 면접자는 클라이언트와 이야기할 때에 그들이 사용하는 용어를 적절히 넣어서 대화내용이 이해기 되도록 전개하는 것이 매우 중요하다.

응답 응답은 상대방의 공적, 사적 질문에 대한 대답이다. 면접자는 클라이언트로부터 난처한 사적 질문을 받을 때가 많은데, 이러한 사적 질문에 대해 당황하지 말고 간단히 정직한 응답을 하는 것이 바람직하다.

통솔 통솔은 면접자가 클라이언트로 하여금 의식적으로 자기감정을 표현토록 하는데 사용한다. 면접자는 클라이언트의 이야기를 시종 경청하면서 표면에 나타나지 않게 면접을 지도하며 통솔해 나가야 한다.

해석 해석은 면접자가 클라이언트의 현존 사태에 대해 이해하도록 인식시키는 데 있다. 면접자는 클라이언트가 직면한 문제상황에 대해 해석을 내리는 것이 중요하다. 이러한 해석은 클라이언트 자신에게 통찰력을 갖도록 해야 한다.

4) 면접의 요건

면접에 있어서 편안한 장소는 클라이언트로 하여금 문제해결에 도움을 주는 데 중요한

14) 장인협, 「케이스워크」(서울 : 수문사, 1981), pp.47-54 참조.

요건이 된다. 따라서 면접의 요건에는 '장소적 요건'과 '시간적 요건'으로 구분할 수 있다.

첫째, '장소적 요건'으로는 사회복지기관 및 시설에서의 면접, 가정에서의 면접, 피면접자의 직장이나 학교, 과자점이나 다방, 공원의 벤치 등을 들 수 있다. 면접장소는 소란을 방지하고 조용한 분위기와 자유로운 공간을 제공해 줄 수 있는 곳이 적합하다. 특히 실내 면접장소는 공간넓이, 조명, 색채, 책상이나 의자의 배치, 기타 내부장치 등이 배려되어야 한다.

둘째, '시간적 요건'으로는 클라이언트와 면접할 날짜, 시간 등을 사전에 약속하는 것을 말한다. 즉 상호 간의 약속은 면접시간을 유효하게 사용할 수 있다. 면접시간은 사회복지사와 클라이언트가 서로 주어진 시간에 자신들의 목적하는 바를 이룰 수 있고, 보다 적극적인 공동참여와 노력을 집중시킬 수 있다. 대개 면접시간은 한 클라이언트에 대해 1주일에 1회로서 1시간 정도가 적절하다.

4. 사회복지실천의 과정

1) 인테이크과정

인테이크과정(intake process)은 클라이언트가 문제해결의 도움을 요청하기 위해 사회복지기관에 찾아왔을 때, 그의 욕구가 무엇이며 그 기관에서 문제해결이 가능한가를 결정하는 전반적인 단계를 말한다. 따라서 인테이크과정의 내용을 세 가지로 제시하면 다음과 같다.[15)]

첫째, '문제'(problem)에 관해서는 문제의 성격을 명확히 파악하고, 문제의 중요성을 인식하며, 문제의 원인을 파악해야 한다.

둘째, '클라이언트'(client)에 관해서는 클라이언트의 노력과 방법을 알아야 하고, 클라이언트의 기대와 기관의 원조 등을 이해해야 한다.

셋째, '기관'(agency)에 관해서는 기관의 기능과 목적, 정책방향을 이해하고, 다른 기관에 위탁하는 경우 등을 숙지해야 한다.

15) 장인협, 전게서, p 164.

2) 조사과정

조사과정(study process)은 문제해결의 초기단계로서 클라이언트를 효율적으로 치료하기 위해 그들에 대한 보다 나은 이해를 구하는 데 목적을 두고 있다. 사회복지실천의 조사는 '실마리형'과 '양식형' 두 가지 유형을 분류할 수 있다.[16)]

첫째, '실마리형'(clue type)은 일정한 양식에 입각한 조사라기보다는 주로 클라이언트가 지니고 있는 욕구에 기초를 두고 문제의 실마리를 찾으려는 조사유형을 말한다.

둘째, '양식형'(patterned type)은 이미 규정된 항목별의 양식에 따라 조사하는 유형을 말한다.

3) 진단과정

진단과정(diagnosis process)은 사례조사에서 획득한 제반 자료의 분석을 통해 문제의 원인이나 특성에 대한 종합적인 해석을 내리고 그 문제해결을 위한 계획수립의 단계를 말한다. 특히 진단과정은 어떠한 개입이 가장 타당하며 효과적인가 하는 것을 결정하기 위한 중요한 수단이 된다. 따라서 진단과정의 구체적인 내용을 몇 가지 제시하면 다음과 같다.[17)]

첫째, 사례조사에서 수집된 자료를 사정하여 핵심적인 사실을 도출한다.

둘째, 클라이언트의 문제와 사회적 역기능의 상호작용관계를 규명할 수 있는 역동적 원인을 진단한다.

셋째, 문제해결의 표적을 설정하며 해결전략을 결정한다.

4) 치료과정

치료과정(treatment process)은 클라이언트의 문제를 정확히 진단하여 그들의 생활상황을 변화시키는 최종단계를 말한다. 일반적으로 치료방법은 '직접적 치료'와 '간접적 치료'의

---

16) G. Hamilton. *Theory and practice of social casework*(New York : Columbia University Press, 1951), pp. 197-199.

17) F. Hollis. *Social Casework*(New York : Random House, 1964), pp. 179-189.

두 가지로 구분할 수 있다.[18]

첫째, '직접적 치료'는 사회복지사와 클라이언트 간에 직접적으로 일어나는 과정으로서 '마음에 대한 마음의 영향'(influence of mind upon mind)이다. 여기서 사회복지사의 활동은 주로 클라이언트의 주관적 사실, 감정 등에 관여한다. 근본적인 목적은 클라이언트가 자신을 의식하고 조정함으로써 환경에 보다 잘 적응케 하는 데 있으며 주로 면접법을 통해 치료하는 방법이다.

둘째, '간접적 치료'는 사회복지사가 클라이언트의 인적, 물적 환경에 변화를 초래케 하는 방법이다. 즉 클라이언트의 환경에서 좋지 못한 자극을 제거시켜 줌으로써 사회적 기능이 가능하도록 도움을 주는 방법이다.

그리고 치료요법은 '지지적(supportive) 치료법'과 '명확화(clarification) 치료법'으로 구분할 수 있다.

첫째, '지지적 치료법'은 직접적인 지도 및 조언, 구체적인 서비스를 수반하는 환경적 조정, 클라이언트의 자유로운 감정표현을 위한 기회제공, 클라이언트의 관심과 격려, 필요시 전문적 권위의 행사 등이 있다.

둘째, '명확화 치료법'은 자기의식의 개발, 당면문제의 해석, 반성적 고찰, 통찰력 등이 포함된다. 즉 명확화는 클라이언트의 마음속에 깊이 파묻혀 있어서 이해되지 않은 자신의 태도를 뚜렷이 하도록 돕는 방법을 말한다.

5. 사회복지실천의 제 이론

1) 심리사회적 모델

심리사회적 모델(psychosocial model)은 1920년대와 1930년대 사회경제적 상황, 퍼스낼리티이론, 사회화이론 등의 성장에서 크게 영향을 받아 왔다. 이 모델은 인간을 생리적, 심리적으로 뿐만 아니라, 인간을 둘러싼 사회・경제적인 상황을 포함한 전체적인 시각으로서 '심

18) M. Richmond. *What is Social Casework*(New York : Russel Sage Foundation, 1922), p. 102

리사회적' 관점을 지니는 특색이 있다. 즉 인간은 주체성을 지닌 자주적 존재이지만, 동시에 환경의 영향을 받아 상황의 지배하에 생활하게 된다는 것이다.

심리사회적 모델의 특징을 몇 가지 제시하면 다음과 같다.[19] ① 사회심리적 입장은 체계이론의 접근으로서 진단과 치료의 대상이 되는 주된 체계를 '상황 속의 인간'(person in situation)으로 본다. ② 사회심리적 접근은 치료가 항상 클라이언트의 욕구에 따라 개별적으로 이루어진다. ③ 심리사회적 치료의 목적은 개인, 환경, 또는 그 쌍방의 변화를 초래하고자 하는 데 있다.

2) 기능적 모델

기능적 모델(functional model)은 1930년대 펜실베이니아 사회사업대학원의 교수들에 의해 사회복지실천의 이론적 접근으로 개발되었다. 진단주의 학파는 프로이트(S. Freud) 정신분석의 영향을 받아 인간을 기계적, 결정론적 관점에서 보는 반면, 기능주의학파는 인간을 의지적, 낙관적 관점에서 바라보며 인간을 '자신의 창조자'(creature of himself)로 보고 있다.

기능주의와 진단주의의 현저한 차이를 나타내는 것은 다음의 세 가지 영역에서 살펴볼 수 있다.[20] ① '인간성의 이해'에서 진단주의는' '질병의 심리학'(psychology of illness) 입장이고, 기능주의는 '성장의 심리학'(psychology of growth) 입장이다. ② '사회사업의 목적'에서 진단주의는 사회복지실천이 클라이언트의 건전한 성장이나 사회적 조건에 영향을 미치는 것으로 보고, 기능주의는 사회복지사의 실천에 초점, 방향, 내용 등을 제공해 주는 것으로 본다. ③ '과정개념의 이해'로서 진단주의는 과정개념이 개발되지 않았지만, 기능주의는 개시기(initiating), 지지기(sustaining), 종결기(terminating) 등의 원조과정으로 발전시켰다. 따라서 기능주의는 클라이언트에 의해 선택과 결정이 이루어지도록 하는 특성이 있다.

---

19) F. Hollis "The Psychosocial Approach to the Practice of Casework." in R. Robert & R. Nee eds. *Theories of Social Casework*(Chicago : University of Chicago Press, 1970), pp. 35-37

20) R. Smalley. "The Functional Approach to Casework Practice." in R. Robert & R. Nee eds. *Theories of Social Casework*(Chicago : University of Chicago Press, 1970), pp. 79-80.

3) 문제해결모델

문제해결모델(problem-solving model)은 시카고 대학의 펄만(H. Perlman) 교수가 창안한 사회복지실천의 한 방법이다. 이 모델은 다양한 학문의 배경으로 진단주의와 기능주의의 영향을 받아 절충의적 입장을 취한다. 따라서 문제해결모델의 활동적 구성요소는 몇 가지를 포괄하고 있는데, ① 문제(problem), ② 사람(person), ③ 장소(place), ④ 과정(process) 등의 4P 개념으로 이루어져 있다.[21]

문제해결모델의 특성은 클라이언트가 문제해결자(problem solver)가 되어야 하고, 이 클라이언트의 자아(ego)는 퍼스낼리티 문제의 해결을 시도해야 하므로 자아개념이 중요시된다. 이 모델은 사회복지사가 클라이언트의 변화동기를 위해서 세 가지 과정을 제시하고 있다.[22]

① 문제해결과정으로서 클라이언트의 불만이나 공포를 최소화시키고 자아의 방어기제를 약화시키며 성장에 대한 기대치를 높인다. ② 문제해결에 있어서 클라이언트로 하여금 자신을 다루는 지적, 정서적, 행동적 능력을 발휘시킨다. ③ 클라이언트를 위해서 문제해결에 필요한 원조나 사회자원을 발견하고 사용한다.

4) 행동수정모델

행동수정모델(behavioralmodification model)은 1950년대 초에 프로이트(S. Freud)의 정신분석에 회의를 느낀 학자들이 연구한 행동주의적 접근방식이다. 이 모델에 공헌한 학자들을 살펴보면, ① 스키너(B. Skinner)는 인간의 행동이 '긍정적 강화'와 '부정적 강화'에 의해 결정된다는 '행동강화 원리'를 제시하였고, ② 에이런(T. Ayllon)은 정신병원에서 선구적이고 고전적인 행동수정에 관해 연구한 이후에 '대용경제체계'(token economy system)방법을 제시하였으며, ③ 월프(J. Wolpe)는 포괄적으로 사용되고 있는 '행동치료'(behavioral therapy)와 '체계적 탈감법'(systematic desensitization)개념을 발전시켰다.

---

21) H. Perlman. "The Problem-solving Model in Social Casework." in R. Robert & R. Nee eds. *Theories of Social Casework*(Chicago : University of Chicago Press, 1970), p. 135.

22) Thid. pp. 136-137.

따라서 행도수정요법의 공통적인 강조점을 몇 가지로 제시할 수 있다.[23] ① 관찰 가능한 행동에 초점을 둔다. ② 행동의 기초적인 분류는 실험심리학이나 생물학에 근거를 둔다. ③ 증상(symptom)은 일탈적인 개인의 관찰 가능한 반응이다. ④ 현재의 증상을 유지시키는 조건에서 수행적 역할에 초점을 둔다. ⑤ 행동수정은 앞서 이루어지는 자극과 행동의 결과에 따라 자극에 초점을 두고 문제행동을 수정한다. ⑥ 특정행동의 학습, 강화, 유지, 약화, 제거 등에 초점을 둔다. ⑦ 증거의 성격과 질을 중시하면서 단일 사례연구를 선호한다.

5) 가족치료 모델

가족치료모델(family therapy model)은 1950년대부터 1975년까지 약 25년간 미국을 중심으로 발전되어 온 이론이다. 가족을 단위로 한 치료방법의 타당성은, ① 어떤 유형의 환자에게는 개별치료가 비효과적인 경우이고, ② 개별치료는 효과가 적으며 재발이 번번하고, ③ 환자가 치료되더라도 그 가족구성원에게 문제가 발생하는 경우 등을 들 수 있다. 이와 같은 경우 환자 개인에게 장애요인이 존재함을 짐작할 수 있다.

따라서 가족치료법을 세 가지로 분류하여 제시하면 다음과 같다.[24] ① '정신분석적 가족요법'은 정신분석의 이론을 가족에 응용하여 환자의 가족을 치료에 참여시키는 방법이다. ② '행동주의적 가족요법'은 개인의 행동장애 원인을 가족에게 비추어 보면서 모든 행동을 학습행동으로 치료한다. ③ '체계적 가족요법'은 개인의 행동장애를 개인을 둘러싼 체계의 문제에 반영시켜 그 체계를 변화시키는 방법을 말한다.

6) 위기개입모델

위기개입모델(crisis intervention model)은 1960년대 이후 단기적 사회복지실천의 치료에 관심을 두고 개인이나 가족에게 접근하는 이론이다. 이 모델은 기존의 지식과 임

23) E. Thomas. "Behavioral Modification and Casework" in R. Robert & R. Nee eds. *Theories of Social Casework*(Chicago : University of Chicago Press, 1970), pp. 186-190.
24) Y. Yosuichiro eds. *System Approach in Family Therapy*(1984), pp. 5-6

상적인 측면이 결합되어 있다는 점에서 절충적이고 전통적인 사회복지방법의 이론보다는 실천에 더욱 가까이 접근하고 있다.

위기이론의 기본원리를 여덟 가지로 분류해 보면 다음과 같다.25) ① 신속한 개입, ② 적극적인 행동, ③ 제한된 목표, ④ 긍정적인 희망과 기대, ⑤ 현실적인 지지, ⑥ 초점을 둔 문제해결, ⑦ 클라이언트 자기상의 이해, ⑧ 자립성의 촉진 등이다.

7) 사회화모델

사회화모델(socialization model)은 1960년대에 사회복지실천의 새로운 지식과 기법개발, 전문교육의 재조직 차원에서 인식된 이론이다. 이 모델에 있어서 대상집단을 세 가지로 분류해 보면,26) ① 사회화되지 못한 경우(unsocialized), ② 불충분하게 사회화된 경우(inadequately socialized), ③ 특정 하위문화에 사회화된 경우(socialized to specific subculture)등이 존재한다.

따라서 사회화모델은 몇 가지의 내용으로 제시할 수 있다. ① 사회화의 대행자는 사회복지사이고, ② 사회화의 목표는 클라이언트가 사회기능력을 갖게 하는 것이고, ③ 사회복지사의 기법은 교육, 모델제공, 참여권유, 피드백 제공 등으로 요약할 수 있다.

25) D. Puryear. *Helping People in Crisis*(California : Jossey-Bass, 1979), pp. 20-49
26) E. McBroom. "Socialization and Social Casework" in R. Robert & R. Nee eds. *Theories of Social Casework*(Chicago : University of Chicago Press, 1970), p 343

제5장

사회복지 조사 방법론

복지국가가 발달할수록 사회복지 욕구와 사회문제의 양상은 다양하게 표출된다. 사회복지조사는 이러한 사회복지 욕구를 객관적이고 과학적으로 측정하여 평가하기 위한 과정이며 사회문제에 보다 적극적이고 능동적으로 대처하려는데 목적이 있다.

사회복지실천 현장에서 사회복지조사 활동은 필수적인 과정이며 체계적인 조사가 없는 사회복지 서비스의 기획은 무의미한 것이라고 본다. 다음에서는 사회복지조사방법의 개념과 종류, 과정을 살펴봄으로써 사회복지조사의 중요성과 필요성을 살펴보려고 한다.

1. 사회복지 조사 방법론의 개념

일반적으로 조사(research)란, 자연현상 또는 사회적인 현상의 인과관계(원인과 결과)를 밝혀내기 위해 객관적인 기준을 통해 과학적으로 증명함으로써 새로운 원칙이나 이론을 만들어내는 탐구활동이다.

조사방법론이란, 자연과학에서 주로 사용되어온 것으로서 자연현상에 대한 과학적인 법칙과 이론을 제시하려는데 목적이 있다. 따라서 사회복지조사방법론이란, 사회복지 욕구와 사회문제의 해결을 위해 인과관계를 증명하기 위한 과학적 탐구활동으로 인간과 사회의 관계를 객관적으로 규명하려는데 그 목적이 있다.

사회복지 욕구가 다양해지고 날로 사회문제가 심각해지는 것에 대한 체계성 확립과 과학성을 확보하려는데 중요한 의의가 있는 것이다. 즉, 사회복지조사방법론은 원인과 결과를 밝혀내기 위해 실험을 하거나 과학적인 이론을 정립하기 위한 목적보다는 누가, 언제, 어디서, 무엇을, 왜, 어떻게 하였는가의 육 하 원칙에 따라 과학적으로 설명하려는데 목적이 있는 것이다.

사회복지조사방법론은 인간을 대상으로 조사 및 연구하는 활동이므로 사회문제의 인과관계에 대하여 명확한 결론을 얻기 어려울 때가 많다. '물은 높은 곳에서 낮은 곳으로 흐른다.'와 같이 자연과학은 자연 현상의 인과관계를 명확하게 설명할 수 있지만 사회과학은 인간과 사회의 복잡한 상호작용을 다루기 때문에 자연과학처럼 간결하게 설명하기 어려울 때가 많다는 한계점을 가진다.

그럼에도 불구하고 사회복지조사방법론의 중요성을 강조하는 것은 사회문제의 원인을 정확하게 밝혀내기는 어렵다고 해도 비슷한 현상에 대한 일정한 규칙을 마련하고 이론적인 체계를 확립하기 위한 노력으로 볼 수 있는 것이다.

따라서 사회복지조사방법론은 주로 경험적인 방법을 사용하게 된다. 자연현상의 인과관계를 밝혀내기 위해서는 실험실의 연구가 선행되어야 하겠지만 사회문제를 연구하기 위해 실험실에서 약품을 섞어가며 원인과 결과를 가려내는 것이 아니고, 인간행동과 사회적인 현상의 일정한 원칙을 찾으려는 것이므로 심리학, 사회학 등 다양한 분야의 사회과학이론들을 활용하여야 한다.

2. 사회복지 조사 방법의 종류

사회복지조사방법은 크게 탐색전 조사, 기술적 조사, 설명적 조사, 양적 조사, 질적 조사 등으로 나누어 설명 할 수 있다. 사회복지 분야에서 가장 널리 사용하고 있는 조사방법으로는 시간과 비용면에서 매우 효율적인 양적 조사를 들 수 있으며 최근에는 시간이 오래 걸린다는 단점은 있으나 보다 과학적인 결과를 얻을 수 있는 질적 연구의 중요성도 강조되고 있다.

1) 탐색적 조사

탐색적 조사란, '탐색'이라는 단어의 의미처럼 '미리 탐색하는 조사', '예비적으로 실시되는 조사'로서 본격적인 조사를 실시하기 전에 간략하게 조사를 시행하는 것을 말한다.

사회복지조사는 인간과 사회현상을 다루므로 탐색적 조사를 통해 보다 폭넓은 자료를 수집할 수 있기 때문에 매우 효율적인 조사방법이라고 할 수 있을 것이다.

탐색적 조사의 종류로는 문헌조사와 전문가 조사가 있다. 문헌조사란, 조사하려고 하는 주제와 관련된 문헌을 검토하는 것으로 주로 도서관에서 이루어진다. 비슷한 주제의 선행 연구를 고찰하여 자료를 얻어내는 방법이 문헌조사의 대표적인 예라고 볼 수 있을 것이다.

전문가 조사란, 해당 분야의 전문가에게 의견을 들어봄으로써 자료를 수집하는 방법으로 시간과 비용을 줄이면서 조사하려고 하는 주제에 대해 전문지식을 가질 수 있는 장점이 있다.

2) 기술적 조사

기술적 조사란, 객관적인 통계를 얻기 위한 목적으로 사용되는 조사방법으로써 사회문제의 규모가 어느 정도인가를 나타내는 '크기', 얼마나 자주 발생하는가를 나타내는 '빈도' 등 통계적인 것을 조사하는 방법이다.

기술적 조사의 종류에는 횡단조사와 종단조사가 있는데 횡단조사란 인간의 성별, 연령, 소득수준, 교육정도, 종교, 취미 등을 파악하는 것으로 이를 토대로 동일한 성향을 가지는 인구 집단을 부류하는 방법이다. 주로 설문지를 통해 이루어지며 시간이 절약되는 장점이 있다. 또 조사를 단 한번에 실시할 수 있고 비교적 간단하게 정확한 자료를 얻을 수 있어서 사회복지 분야에서 자주 사용하고 있다.

종단조사란, 한 사람을 대상으로 출생에서부터 어느 특정 시점까지 일정한 간격을 두고 반복적으로 측정하여 변화 정도를 살펴보는 것으로 깊이 있는 관찰과 보다 과학적인 연구 결과를 얻을 수 있는 장점은 있으나 시간이 많이 소요되고 비용이 많이 든다는 점에서 널리 행해지고 있는 연구방법이라고 볼 수는 없다.

3) 설명적 조사

설명적 조사란, 인과관계(원인과 결과)를 밝혀내는데 목적이 있는 조사방법으로서 사회복지실천 현장에서는 사회문제의 원인을 알아내기 위해 주로 사용된다. 클라이언트의 욕구와 문제를 진단하기 위해 이루어지는 것으로 예를 들면, 아동학대 문제의 발생 원인이 무엇인가? 에 대한 해답을 찾기 위한 조사로서 조사결과, 학대 부모의 성격이 원인일 수도 있으며 사회적 원인의 결과가 아동학대로 이어지는 경우도 찾아 볼 수 있다.

4) 양적 조사

양적 조사란, 사회문제나 현상을 수치화 시키는 작업으로서 계량적(計量的)인 통계방법이다. 주로 설문지를 통해 이루어지며 결과 분석은 에스피에스에스(SPSS)나 새스(SAS)라는 컴퓨터 통계 프로그램을 이용하여 빈도·교차·회귀 분석 등을 실시한다.

양적 조사의 종류로는 전수조사와 표본조사가 있는데 전수조사란, 인구센서스처럼 전 인구를 대상으로 조사하는 방법이며 표본조사란, 일정한 샘플(표본)을 뽑아 조사하여 그 결과로 전체의 현상을 추정하는 조사방법이다.

5) 질적 조사

질적 조사는 소수의 표본을 대상으로 장기간의 시간적 여유를 가지고 대상자와 조사자가 긴밀하게 관계를 가지면서 조사하는 방법으로 양적 조사와 차이점은 계량화시키지 않으며 많은 표본을 대상으로 하지 않는다는 점과 일반적인 현상을 조사하는 방법이 아니라는 것이다. 사회복지실천 현장에서 질적 연구가 환영받지 못하는 이유는 시간이 많이 소요되고 표본 수는 적은데 상대적으로 비용이 많이 드는 점으로 인해 양적 조사를 더 편리하게 사용하고 있는 것이다.

3. 사회복지 조사 과정

사회복지조사의 과정은 먼저 조사할 문제를 형성하고, 결정된 조사 문제에 대한 가설을 설정하며, 가설이 설립되면 조사의 전 과정을 어떻게 진행할 것인가에 대한 조사설계 작업이 이루어지게 된다. 본격적으로 조사가 시작되면 다양한 방법으로 자료를 수집하게 되고 자료 수집이 끝나면 이를 분석하고 해석하는 작업이 이루어지는데, 이 과정에서 여러 가지 객관적인 분석 도구들을 사용하여 자료의 과학성을 증진시키게 된다. 자료의 분석을 통해 하나의 결과가 도출되면 이를 문서상으로 기술하여 보고함으로써 널리 일반화시키게 되는 과정을 가진다.

1) 문제 형성

조사의 주제를 설정하는 단계로 조사의 제목과 조사하려는 목적과 필요성, 이론적 또는 경험적 배경과 분석과정에서 사용하게 되는 객관적인 측정 도구의 설명 등이 포함되어야 한다. 조사 문제는 현실적인 것이어야 하고 인과관계를 밝혀낼 수 있는 것으로 형성해야 한다. 조사 주제는 명확한 단어로 표현해야 하며 조사의 필요성과 목적은 간결하게 제시되어야 한다. 조사의 목적은 목표를 제시하여 보다 세밀화 시켜야 하고 조사의 타당성과 신뢰성을 높이기 위해 선행연구나 이론적인 배경을 나타내어야 한다.

2) 가설 설정

가설이란 이 조사를 통해 어떤 결과가 도출될 것이라고 미리 가정(假定)하는 것으로 '만일 ~하면 ~할 것이다.'라고 표현한다. 가설을 설정하는 이유는 조사가 끝날 때까지 목적과 방향을 제시할 수 있고 일관된 흐름을 가지고 조사를 진행할 수 있다는 점에서 그 중요성을 가진다. 또는 가설은 현실 가능한 것이어야 하며 조사 주제를 벗어나지 않는 범위에서 측정 가능한 용어로 기술되어야 한다.

3) 조사 설계

단어의 의미 그대로 설계(design)하는 작업으로서 조사를 진행하기 앞서 계획을 수립하는 절차라고 볼 수 있을 것이다. 조사 설계 단계에서는 언제부터 조사를 시작해서 어느 시점까지 종결하겠다는 조사 일정과 조사 전반에 소요될 조사비용의 계산도 포함해야 한다.

또, 현상을 파악할 수 있는 대상을 결정하는 부분에서 전수조사를 할 것인지 표본조사를 할 것인지를 결정하게 되며 설문지를 기획하고 작성해야 한다.

4) 자료의 수집

자료는 문헌이나 선행연구, 면접, 전문가의 의견, 직접 현장에 나가서 클라이언트의 이야기를 들어보거나 예비조사를 통하는 등 여러 가지 방법으로 수집할 수 있다.

사회복지현장에서 널리 사용하는 방법은 설문조사로서 한글을 알고 있는 응답자라면 손쉽게 작성할 수 있으며 익명성이 보장되므로 보다 사실적인 자료를 수집할 수 있는 장점이 있다.

5) 자료 분석

설문지를 통해 자료가 수집되었다면 이를 과학적인 도구를 사용하여 분석해야 하는데 주로 컴퓨터 통계 프로그램인 SPSS를 사용하여 코딩작업과 분석작업을 하게 된다. 이 과정을 통해 분석된 자료를 토대로 현상에 대한 해석작업이 요구된다.

6) 보고서 작성

자료 분석과 해석 결과에 따라 일정한 형식에 맞추어 보고서를 작성하는 단계로서 육 하 원칙에 따라 논리적으로 작성해야 한다. 보고서는 연구 결과의 일반화와 이론형성에 기여하므로 분명하고 간결한 용어를 선택하여 연구결과를 빠짐없이 요약해야 한다.

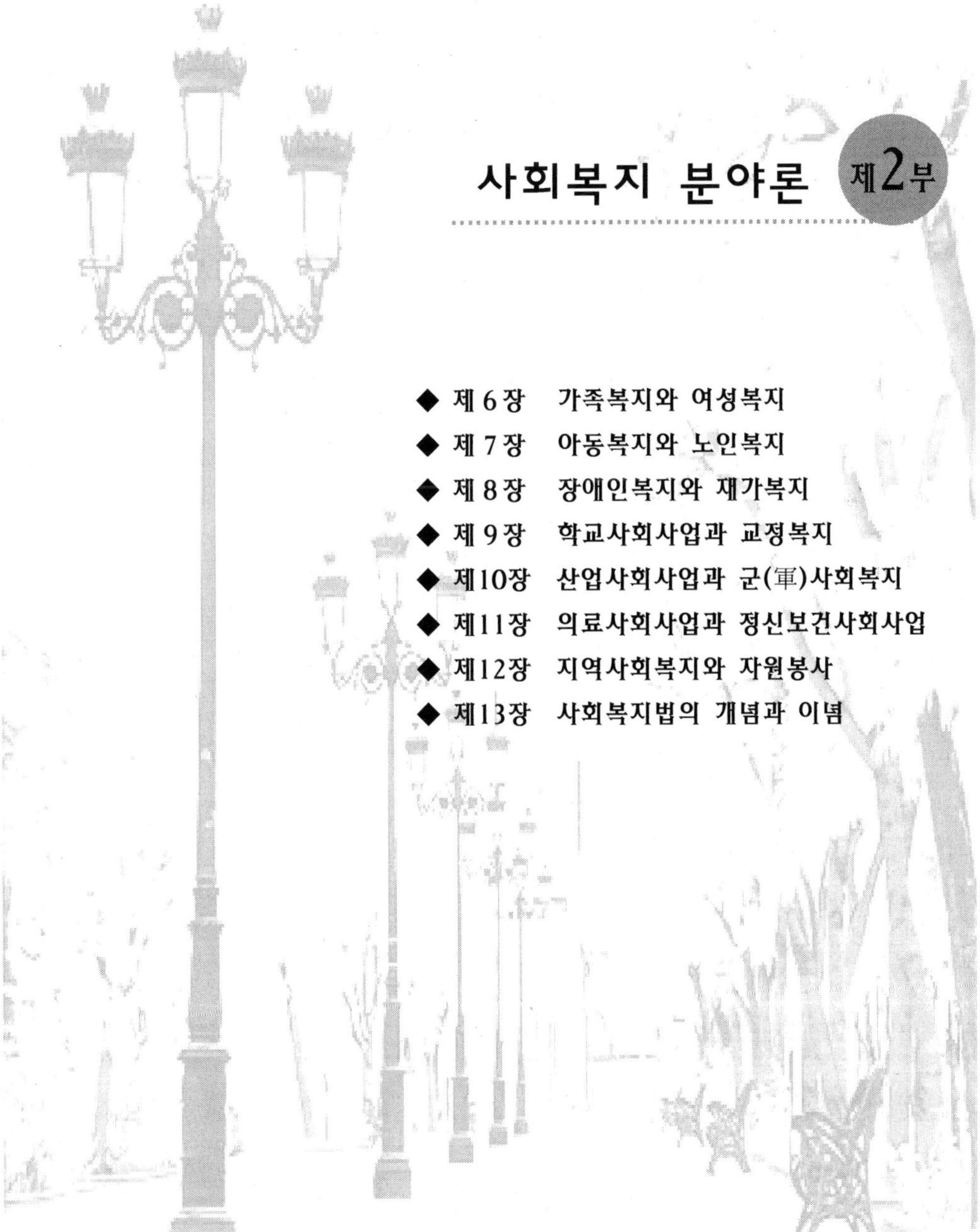

사회복지 분야론 제2부

제6장

가족복지와 여성복지

1. 가족복지

가족이란, 인생이 최초로 탄생하고 인간관계를 맺는 기본 공동체이며 문화 및 습관을 배우고 환경의 기초가 되는 혈연 집단으로서 부모와 자녀를 구성원으로 애정, 존경 내지는 신뢰를 바탕으로 서로 협력하여 살아가는 소집단이다.

과거 대가족 중심이었던 가족구조는 현대사회로 갈수록 핵가족화가 빠르게 진행되고 있으며 가족에 대한 사회적 윤리와 가치관이 변화되고 있다. 최근 이혼율의 증가와 젊은 세대의 저출산 경향은 가족기능의 약화를 초래하고 있는 실정이며 가족과 가족복지의 개념, 현대사회의 가족문제와 가족복지, 가족기능을 강화시키기 위한 현행 가족치료 서비스와 정책에 대한 살펴보려고 한다.

1) 가족과 가족복지의 개념

가족이란 무엇인가?

가족이란, 출생과 함께 자연스럽게 소속되는 집단이며 아버지, 어머니, 아들과 딸, 형제자매로서의 지위를 획득하게 된다. 가족이란 모든 사회 체제의 근간을 이루는 집단이며 가장 친밀한 관계를 맺게 되는 기본적인 혈연집단이다.

머독(Murdock)은 가족을 '공동의 거주 경제적 협동 생식의 특징을 갖는 집단이며 사회적으로 인정받은 성 관계를 유지하고 있는 최소한의 성인 남녀와 한 명 이상의 자녀로 이루어진다.'고 하였으며 레비스트라우스(Lvi-Strauss)는 '가족이란, 결혼에 의해 출발하며 부부와 그들의 자녀로 구성되지만 이 핵가족집단에 다른 근친자가 포함될 수 있다. 가족 구성원은 법적 유대, 경제적 종교적 그 외에 다른 권리와 의무, 성적인 권리·금지, 애정, 존경 등 다양한 심리적 정감으로 결합되어 있다'고 하였다.

김두헌(1969)은 '가족은 일반적으로 부부의 영속적인 결합에 의한 자녀로 이루어진 생활공동체' 라고 하였고 최재석(1966)은 '가족은 가례(家禮)를 공동으로 하는 친족집단' 이라고 하였다. 유영주(1984)는 '가족은 부부와 그들의 자녀로 구성되는 기본적인 사회집단으로서, 이들의 이해관계를 떠난 애정적인 혈연집단이며, 같은 장소에서 기거하고 취사하는 동거동재(同居同財)집단이고, 그 가족만의 고유한 가풍을 갖는 문화집단' 이라고 하였다.

가족의 기능은 고유기능으로서 성과 애정의 기능을 들 수 있다. 즉 자녀의 출산과 같이 종족보존과 합법적인 성관계를 보장받는 기능이다. 또한 가족은 생산과 소비의 기능을 수행하며 취업을 통해 노동력을 제공하고 노동에 의해 생산된 물품을 소비하여 경제 체제를 유지시키며 그 외 고육적인 기능, 보호 및 휴식, 오락의 기능을 가지고 있어 우리 사회가 유지되고 발전할 수 있는 원동력이 되는 중요한 기능을 수행하는 집단이다.

즉, 가족은 인간이 태어나서 평생을 동고동락하면서 1차적인 사회성 훈련이 이루어지는 준거집단으로 가족의 기능이 온전하게 수행될 때 사회적 기능이 원활하게 이루어질 수 있다고 본다. 그러나 오늘날 핵가족화, 이혼율의 증가 등으로 과거에 비해 연대성이 약화되고 있는 것이 현실이며 특히, 핵가족화는 가족기능이 불균형을 심화시키고 통제력을 약화하여 역할갈등이 초래될 수 있으며 이는 가족해체라는 사회문제로 이어질 수 있는 것이다.

이러한 가족문제의 발생을 예방 또는 치료하거나 가족의 기능을 강화시키는 사회복지 활동이 가족복지라고 볼 수 있을 것이다.

따라서 가족복지란, 가족의 욕구에 대응하는 것으로 생산과 소비의 경제적 기능, 종족보존과 합법적인 부부관계를 인정하는 성과 애정의 기능, 자녀를 양육하는 교육적 기능, 육체와 정신의 안정을 위한 보호와 휴식의 기능, 문화와 오락적 기능, 등 가족이 고유의 기능을 원활히 수행하며 구성원 각자의 역할에 충실하여 행복한 가정을 이룰 수 있도록 원조하는 제도적·정책적·기술적인 사회복지실천 기술의 하나라고 볼 수 있을 것이다.

가족복지의 대상은 보편적인 개념으로는 가정을 포함하여 가족 기능이 상실되었거나 약화되어 문제를 가지고 있는 가족문제의 예방 및 치료이며 기본적으로 개인보다는 가족을 대상으로 하는 서비스이다.

2) 가족문제와 가족복지

가족복지의 대상이 되는 가족문제의 형태는 가정불화, 가족 중 장애인 문제, 아동·청소년 문제, 노인부양문제, 실업이나 빈곤 등 경제적인 문제, 결손가족 문제, 가정 폭력문제, 가족 건강악화의 문제 등을 들 수 있을 것이다.

우리나라 가족문제의 발생 경향을 다음과 같이 정리할 수 있다(남세진·조홍식, 1995).

첫째, 경제적 문제로서 가족소득 문제를 들 수 있을 것이다.
가정의 빈곤문제, 취업여성의 증가, 가족간 빈부 차이에 의한 상대적 박탈감 등은 가족의 경제적 부양 문제와 직결되고 있다.

둘째, 핵가족화, 주말부부의 증가, 자녀수의 감소, 거주생활변화에 따라 가족 구성원에 대한 가족의 보호 기능이 약화되므로 문제가 증가하고 있다. 또한 가족의 보호 업무를 주로 여성에게 의존해 오던 상황에서 오늘날 여성의 경제활동 참여는 가족 내에서 아동, 노인, 장애인, 병약자 등을 양육하고 보호하는 기능의 동공화(瞳孔化)현상을 초래할 가능성이 있다.

셋째, 가족의 통제 능력과 통제 기능이 약화되며, 가족공동체로서의 사회화와 정서적 지지의 기능 수행이 약화되어 가고 있는 문제가 제기되고 있다. 도시에서의 잦은 이사로 인한 가족생활의 불안정성, 세대차이 문제, 부부불화, 부모 역할의 부족, 대화의 부족 등이 원활한 가족 기능 수행에 문제를 일으킴으로써 가족문제를 발생케 하는 중요한 요소가 되고 있다.

넷째, 결손가정의 증가에 따른 문제가 많이 발생하고 있다. 자녀 유기, 별거, 이혼, 배우자 부정의 증가와 향락산업의 발달 등으로 결손가정이 많이 생겨나고 그 속에서 정신적 장애 아동, 가출 및 비행청소년 등 문제를 가진 자녀가 많이 배출되고 있을 뿐만 아니라, 결손가정의 증가에 따른 가족 구성원의 각종 심리적, 경제적 소외문제 등이 많이 나타나고 있다.

(1) 가족해체 문제

가족해체(family disorganization)란, 가족이 여러 가지 문제로 분산되고 본래의 기능과 역할을 다 해내지 못하는 상황이라고 할 수 있을 것이다. 가족해체 현상은 산업화와 더불어 나타난 현대사회의 중요한 사회문제로서 가족기능의 약화, 가치관의 변화, 가족관계의 약화, 가족 구조의 변화 등에서 원인을 찾을 수 있다.

가족해체 현상을 핵가족화에서 의한 것이라고 본다면, 핵가족화가 진행되면서 부부간의 성역할이 불분명해지고 이로 인해 가족 간에 갈등이 발생한다고 보는 관점이다.

오늘날 가족해체 현상의 또 다른 원인은 저출산 경향으로 현대사회에서는 종족의 유지와 보존을 위한 '다산' 보다는 '저출산'의 경향이 두드러지고 있으며 따라서 가족의 기능도 변화하고 있다. 저출산의 경향은 과거 여성들이 어린 나이에 결혼을 하여 인생의 절반을 임신과 출산에 소비해야만 했던 전통적인 사고관에서 여성들도 자신의 삶을 중시여기고 자아실현의 욕구가 강한 '자신의 삶을 추구형'으로 변하고 있는 것이다.

가족해체 현상은 가족의 이기주의적인 가치관의 변화도로 설명할 수 있을 것이다. 현대인들은 내 자녀, 내 가족이 최고라는 가족 이기주의가 팽배해진 반면 가족 내에서는 오히려 개인주의가 강해져서 구성원 개개인의 평등과 권리를 주장하고 있다. 이는 표면적으로 가족의 결속력이 강한 것처럼 보이지만 실상은 그렇지 않은 것이다.

(2) 이혼문제

최근 이혼하는 부부가 많아지면서 과연 이혼을 부정적으로만 봐야 하는가에 대한 논란이 이어지고 있지만 문제는 이혼 그 자체에 있기보다 이혼으로 인해 파생되는 것에 있다고 볼 수 있을 것이다.

통계청(2002)의 「인구동태 통계연보(혼인, 이혼편)」에 의하면 인구 천 명당 이혼 건수가 1990년대 2.8명에서 1995년 3.9명, 2000년대 6.3명으로 큰 폭으로 뛰었으며 2001년 7.0명, 2002년 7.5명으로 지속적으로 증가추세에 있다. 2000년대 이후 30대 후반에서 가장 많이 이혼하고 있으며 1995년과 1990년에는 각각 30대 초반과 20대 후반인 것은 초혼연령이 낮아서라고 볼 수도 있을 것이다(표 6-1 참조).

[표 6-1] 연령별 여성 이혼율

(단위: 해당 연령 인구 천 명당 건)

	일반이혼율	20-24	25-29	30-34	35-39	40-44	45-49	50-54	55이상
2002	7.5	3.6	11.2	14.7	15.2	12.5	8.2	46	1.0
2001	7.0	3.6	10.8	13.8	14.1	11.7	7.3	4.1	0.9
2000	6.3	3.4	9.7	12.3	12.6	10.5	6.6	3.7	0.8
1995	3.9	2.4	6.8	8.5	7.6	5.3	3.0	1.6	0.3
1990	2.8	2.4	6.4	6.4	4.9	3.0	1.7	0.8	0.2

* 자료: 통계청(2002). 「인구동태 통계연보(혼인, 이혼편)」

이혼과 재혼을 개인의 행복추구권으로 본다면 부부 개인적인 문제로 생각할 수 있으며 사소한 감정으로 쉽게 이혼을 결정해버리는 젊은 부부들의 그릇된 가치관에 있다고 본다. 또 이혼으로 인해 버려지는 아이들이나 재혼가정에서 의붓아버지와 의붓어머니와의 생활에 적응하지 못하여 아이들이 가출하거나 부모가 자녀를 학대하는 등의 부수적인 사회문제가 발생하게 되는 것이다.

또 과거에는 여성이 이혼을 요구하는 경우가 흔하지 않았으나 오늘날에는 여성의 사회적 지위가 향상되면서 점차 여성 쪽에서 이혼을 제의하는 경우가 많아지고 있다. 또한 60평생을 함께 살아온 노부부의 이른바 '황혼 이혼'도 늘어가고 있는 추세인데, 주로 할머니 쪽에서 할아버지에게 이혼을 요구하는 경우가 많다. 이는 우리 사회의 유교적이고 가부장적인 문화가 허용했던 배우자의 외도와 폭력 아래서 숨을 지내고 억압되었던 여성들의 '참고 산 것의 보상 심리'가 주요 원인으로 볼 수 있을 것이다.

일반적으로 이혼한 부부가 겪게 되는 어려움으로는 첫째, 경제적인 문제로 대개의 경우는 여성 편에서 더욱 심각하게 나타난다. 사회 구조적으로 여성은 고용현장에서 불평등을 당할 가능성이 상대적으로 더 크다고 볼 수 있을 것이며 둘째, 사회적 편견의 문제로 '아버지 또는 어머니가 없는 가정'이라는 부정적 시각이다. 또한 '이혼남, 이혼녀'라는 낙인이 이혼한 부부들에게는 견디기 힘들다고 볼 수 있으며 셋째, 정신적인 문제로서 이혼의 사유가 어느 한 쪽 배우자의 잘못에 의한 것이라면 그 배우자에 대한 분노, 우울 등의 심각한 정신적인 고통을 겪는 경우도 생각해볼 수 있을 것이다.

3) 가족치료 서비스와 정책

가족복지실천 방법은 가족치료 서비스와 가족복지 정책을 들 수 있을 것이다. 가족복지 서비스는 상담, 가족 치료 등 임상적인 접근이며 가족복지정책은 가족의 소득·의료·고용보장 등 사회제도적인 차원이 될 것이다.

(1) 가족치료 서비스

가족문제는 가족 전체에서 복잡적인 양상으로 나타날 뿐만 아니라 문제가 없는 가족구성원에게도 영향을 주므로 가족문제에 접근하는 실천방법은 매우 다양하고 구분이 명확하지 않다는 것이다. 학계에서는 가족문제의 복합성을 인정하고 다양하게 발생하는 가족문제에 광범위하게 대처할 수 있는 가족치료방법의 개발에 많은 노력을 기울이고 있다.

현재 가족복지 실천현장에서 보편적으로 활용되고 있는 대표적인 가족치료적 기술을 살펴보려고 한다.

첫째, 보웬의 가족치료이론은 인간행동과 인간문제에 대해 접근하는 가족치료이론 모델 가운데 가장 포괄적인 견해를 가지고 있다(송성자, 1998). 즉, 가족 중 한 사람의 변화에 따라 정신병을 앓고 있는 환자는 물론 전체가 치료될 수 있다는 견해를 가지고 있으며 따라서 가족문제를 3세대 이상 가족전체를 하나의 대상으로 보려는 관점을 가지고 있다.

정신분석가인 보웬에 의하면, 가족구성원 중 정신병을 앓고 있는 사람이 있다면 그 사람 개인의 정신적인 문제가 아니라 가족 전체에서 문제를 일으키게 하는 사람이 있다는 것이 그의 견해인 것이다. 실제로 그가 치료현장에서 만났던 정신병 환자의 대부분이 가족 중 어떤 구성원(특히, 어머니)과 정서적으로 매우 불안정한 애정관계를 가지고 있었으며 따라서 그의 치료방법은 환자 개인이 아니라 병을 일으키게 한 원인을 가족 전체로 보고 접근하였다.

보웬은 특히, 가족 중에서도 어머니와 불안정한 애착관계를 문제의 원인으로 지적하였으며 이를 '자아분화(differentiation of self)'라는 개념으로 설명하려 하였다.

자아분화란, 유아시절 절대 보호자인 양육자(주로 어머니)로부터 일관된 사랑을 받지 못했거나 아기가 울 때 양육자가 즉각적인 반응을 보여주지 않았을 때 즉, 기본적인 욕구(배고픔과 배변, 갈증해소 등)가 제대로 충족되지 않았을 경우 아기는 불안정한 정서상태를 가지게 되며 이는 자라서도 다른 사람을 쉽게 믿지 않고 원만한 대인관계를 맺지 못하게 되는 결정적인 원인이 된다고 보웬은 주장한다.

자아분화가 잘 이루어지지 못한 사람은 주관이 뚜렷하지 못하고 확고한 신념이 없으며 '너무 쉽게 이랬다, 저랬다' 하는 사람이라고 볼 수 있을 것이다. 이러한 성향 때문에 자아분화가 잘 이루어지지 못한 사람은 대인관계가 원만하지 못하며, 평상시에는 무의식 속에 숨어 있다가 지나치게 오랫동안 스트레스를 많이 받게 되면 정신병으로 나타나는 것이다.

따라서 보웬이 가족치료는 문제를 보이는 개인의 치료가 아니라 가족 전체가 치료대상이 되며 정신병의 발생에 결정적인 원인을 제공한 다른 구성원(보웬은 그 대상을 주로 어머니로 본다.)이 있다는 것을 치료의 전제조건으로 보는 것이다.

둘째, 미누친(Minuchin)에 의해 개발된 구조적 가족치료이론은 '어느 가정에나 문제가 있다'라는 것을 전제로 하며 정신병이 발생한 개인이 속한 가정은 '가족역할의 경계선이 불분명한 가족구조'를 가지고 있을 것이라는데 초점을 두고 치료를 전개하였다.

즉, 가족 구성원 중 한 명이 교통사고 등으로 장애인이 되었다고 가정하면 가족역할의 경계선이 뚜렷하지 못한 가족의 경우 구성원들은 우연히 발생한 사고에 대해 스스로 '자신의 탓'으로 돌리고는 괴로워하며 죄책감에 시달리게 된다. 가족은 혼돈에 빠지게 되고 자신의 역할에 충실하지 못하는 결과가 되어 잦은 불화, 싸움, 가출 등으로 이어져 가족 자체가 와해되는 경우가 생기게 되는 것이다.

만일 아이가 사고를 당해 평생 장애인으로 살아가게 된다면 부모는 아이에 대해 평생 죄책감을 갖고 살 것이며 장애인의 형제들에게는 부모로서의 역할을 제대로 수행하지 못하여 가족의 기능은 약화되는 것이다.

미누친의 구조적 가족치료는 가족구성원이 서로 '자신의 탓'이라고 돌리는 '속박된 감정'에서 벗어날 수 있도록 심리상태를 강화시키고 문제가 발생하여도 각자 주어진 역할에 충실하여 가족 구조가 무너지지 않도록 하는데 초점을 두고 치료를 전개하였다.

셋째, 버지니아 사티어(Satir)의 경험적 가족치료이론은, 가족의 원활한 의사소통을 돕는 가족치료 기법이라고 보면 될 것이다. 사티어는 가족 구성원 상호간에 애정이 결핍되어 대화가 없고 서로의 감정을 돌보지 않을 때 가족의 문제가 발생한다고 보았으며 문제가족의 분위기는 냉담하고, 강요에 시달리며, 늘 우울하여 가정에서는 재미를 느끼지 못하는 것으로 보았다.

따라서 치료현장에서 사티어는 가족이 가장 원만하게 의사소통을 할 수 있는 방법을 가르쳐주었으며 부모와 자녀 간, 형제간에 서로 사랑을 표현하고 그리하여 사랑을 받고 있다는 느낌을 가질 수 있도록 하는 것을 치료의 목적으로 삼고 있다.

넷째, 스티브 샤져(Steve de Shazer)와 김인수(Insoo Kim Berg)가 개발한 해결중심

단기 가족 치료이론은, 보웬처럼 불안정한 가족관계를 개선시키거나 미누친이 가족구조를 강화하거나 사티어처럼 의사소통방법을 증진시키는데 목적을 두지 않고 어떤 문제가 발생했을 때 그 문제의 해결에 목적을 두는 치료방법이다. 즉, 문제란, 가정에 스트레스 상황이 발생했을 때 언제나 그 가족 고유의 동일한 방식으로 똑같이 대처하려고 하는데서 발생하는 것이라고 본다.

즉, 예를 들면 가정폭력 문제가 있는 가정의 경우, 가족구성원 중 자녀가 수능시험에 떨어졌다면 아버지는 수능시험의 불합격을 어머니의 잘못된 양육으로 돌리며 폭력을 행사하고, 자녀는 자신으로 인해 어머니가 피해를 입는다고 생각하여 큰 죄책감을 가져 괴로워하게 되고 아버지는 어머니를 때린 것에 대한 미안함 때문에 술로써 며칠을 보낸 후 가정은 다시 평화를 되찾게 된다.

이 가정의 가장 큰 문제는 모든 위기상황에서 아버지가 폭력으로써 해결을 하려는 것에 있다는 것이다.

따라서 해결중심 단기 가족치료이론에서는 스트레스 상황을 해결하는 잘못된 문제해결책을 수정하는 초점을 두고 치료를 전개하게 되며 궁극적인 목적은 단순하고 단기간에 '문제를 해결'하는 것으로 볼 수 있을 것이다.

(2) 가족복지정책

우리나라의 가족복지정책을 광의와 협의로 구분하여보면, 광의의 가족복지정책으로서는 배우자 공제, 맞벌이 부부의 특별공제, 여성 세대주 공제, 여성경로우대공제 등의 세제정책을 포함시킬 수 있다. 또한 협의의 가족복지정책으로서는 저소득가정, 한부모가족, 소년소녀가장, 영유아보육 등에 관한 정책 등을 들 수 있다(남상만, 1999). 한편 조홍식 등(2002)은 한국 가족복지정책의 범주를 가족의 고유기능에 따라 다음과 같이 분류하였다.

첫째, 애정과 성의 기능에 따른 가족복지정책으로는 가족치료, 성치료 등이 있으며 예방정책으로는 가정생활교육, 부부관계개선교육, 가족법(상속, 증여, 이혼 등과 관련된 법률)에 대한 교육 등이 있을 것이다.

둘째, 생식과 양육의 기능에 따른 가족복지정책으로는 가정위탁보호, 입양, 단기보호시설 입소, 그룹 홈 운영 등이 있으며 예방정책으로는 근로복지정책(파트타임, 육아 휴직 등), 아동보육제도(보육료 감면 또는 면제), 가족수당(아동수당, 모성 수당), 주택 융자금 보조, 출산보조금 지급, 장애아동 치료보조금 지급 및 재활교육 등이 있을 것이다.

셋째, 경제적 기능에 따른 가족복지정책으로 국민기초생활보장에 의한 생계보호, 가족 소득 보조, 의료보호, 재해 구호 등이 있으며 예방정책으로는 4대 사회보험인 국민연금, 건강보험, 고용보험, 산재보험과 소득세 감면 또는 면제 정책 등이 있을 것이다.

넷째, 보호와 휴식 및 사회화의 기능에 따른 가족복지정책으로 각종 치료프로그램과 단기 쉼터 등을 들 수 있으며 예방정책으로는 가정폭력방지법, 재가복지서비스, 다양한 가족형태(한부모가정, 소년소녀가정, 재혼부모가정 등)의 사회적 인정 및 제도적 대책 마련, 가정생활교육, 보육 서비스 등이 있을 것이다.

2. 여성복지

인간은 누구나 평등하게 살 권리가 있다. 민주주의는 기본적으로 자유와 평등의 이념으로 구성되며 복지국가는 인간의 생명과 자유, 행복을 추구할 기본적인 권리를 바탕으로 한다.

교육을 받을 기회, 직업을 선택할 기회, 공정한 소득의 분배의 기회, 문화를 누릴 수 있는 기회 등 평등이란, 이러한 기회들이 균등하게 주어져야 하고 특히, 여성으로서의 불평등을 겪는 일은 없어야 할 것이다.

과거 유교문화권에 있었던 우리나라는 여성의 삶과 복지증진에 있어 제도적인 보장을 하지 못한 것이 사실이다. 그러나 오늘날 사회 곳곳에서 많은 여성들이 남성과 동등하게 활동을 하고 있으며 여권신장운동이 활발하게 진행되어 사회 정책적으로도 여성문제에 민감하게 대처하고 있으며 여성의 정책 참여도 증가하고 있는 추세이며 여성복지의 개념과 대상, 여성문제를 통해 여성복지의 필요성을 이해하고 우리나라 여성복지 서비스와 정책을 살펴보고자 한다.

1) 여성복지의 개념과 대상

여성복지란, 모든 여성이 법적·경제적·사회적으로 차별 받지 않고 인간다운 삶을 누릴 수 있는 권리를 보장해주는 것으로 여성의 권익향상, 여성의 보건과 건강, 여성의 고용, 여성의 소득보장 등 여성의 풍요로운 삶을 보장하려는 총체적인 사회복지활동이다. 여성복지의 개념을 협으로 본다면 사회적으로 각종 여성문제를 해결하기 위한 조직적・체계적인 사회복지활동으로 볼 수 있을 것이다.

여성복지의 대상 또한 광의의 개념으로 보면 모든 여성의 복지증진, 삶의 질 향상이 되지만, 한정적인 의미로 보았을 때는 한부모가정(모자가정), 미혼모, 윤락여성 등 보호가 필요한 여성이 대상이 될 것이다.

(1) 한부모가정(모자가정)

한부모란, 배우자와 이혼하거나 사별 등으로 배우자 없이 혼자서 자녀를 키우는 아버지, 또는 어머니를 이르는 말로 현대사회에서는 이혼의 증가로 인해 한부모가정이 증가하는 추세를 보이고 있으나 한부모가정에 대한 사회적인 인식은 아직 낮은 것으로 보여진다.[1)]

즉, 한부모가정이란, 부모가 이혼을 하거나 질병 사고 등으로 인한 사별, 그리고 유기 및 미혼모에 의하여 부모 중 한 사람과 자녀가 함께 살아가는 가정을 말하는 것으로 여기서는 여성이 가구주가 되어 생계를 이끌어 가는 모자가정을 중심으로 살펴보려고 한다.

모자 가정이 겪게 되는 어려운 문제로는 첫째, 경제적인 것으로 배우자 없이 여성이 전적으로 생계를 유지해야 하므로 자칫 경제적인 빈곤을 경험하게 되는 것이다. 한부모가 되기 전에 전문직에 종사했던 여성이라면 문제가 되지 않으나 직업이 없이 이혼이나 사별 등으로 위자료 또는 정부보조금으로 생활해야 하는 경우, 이들이 소득을 가질 수 있는 직종이 다양하지 않다는 것이다.

둘째, 심리적인 갈등과 불안을 들 수 있을 것이다. 부모가 이혼을 하게 되면 자녀가 정신적으로 충격과 상처를 받게 되며 부모 역시 죄책감을 가지게 되는 것이다.

셋째, 자녀양육 문제로 여성이 가정과 사회생활 모두를 돌봐야 하므로 자녀의 보호와 양육 문제가 부담이 되지 않을 수 없게 된다. 만일 조부모나 집안 친지가 자녀를 돌봐준다면 문제가 되지 않으나 대부분 모자가정은 여성 혼자서 경제활동과 자녀육아를 책임지고 있는 실정이므로 자녀양육문제에 부담을 가지게 되는 것이다.

넷째, 사회적인 편견으로 우리 사회에서는 한부모가정을 이른바 '결손가정'으로

1) 한부모가정연구소 http://www.hanbumo.org

무시하려는 경향이 있다. 한부모가정에 대한 부정적인 시각과 그로 인하여 불평등한 대우를 받게 되는 것이다. 최근 한국여성민우회가 발표한 '한부모 인권선언'에는 한부모가정이 이웃과 사회, 정부, 학교에 바라는 편견의 개선의지가 잘 나타나고 있다.

(2) 미혼모

흔히 미혼모라 함은 법적으로 결혼하지 않은 여성이 임신을 한 경우를 말하며, 미혼모 발생 원인을 문화적 관점에서 보았을 때, 무분별한 성 개방 풍조에 따른 성 가치관이나 성 규범의 부재라고 볼 수 있을 것이다. 우리나라는 최근 20~30년 동안 빠른 속도로 외국문화의 개방이 이루어지면서 성 정체성의 혼란을 가져왔으며 혼전 성관계와 혼전 임신의 가능성을 더욱 증가시키고 있는 것이다.

해마다 미혼모가 증가하고 있으며 미혼모의 나이가 점점 어려지는 것은 사회적으로도 문제가 아닐 수 없다. 통계수치에 포함되지 않는 인공중절수술을 포함한다면 미혼모의 숫자는 더욱 많을 것이라는 추측이다.

특히, 나이가 어릴수록 대처하는 방법을 몰라 신생아를 버림으로써 사망까지도 이르게 되며, 미혼모 자신도 적절한 사후 치료를 받지 못하여 불임여성이 되는 등 잠깐의 실수로 평생을 불행 속에서 살아가게 될지 모른다. 따라서 미혼모를 대상으로 하는 복지사업은 미혼모 자신은 물론 미혼모로부터 태어난 아동의 보호까지 포괄적으로 이루어져야 한다고 본다.

(3) 윤락여성

윤락행위 등 방지법(법률 제06801호) 제2조에서 '윤락행위란, 불특정인을 상대로 하여 금품 기타 재산상의 이익을 받거나 받을 것을 약속하고 성행위를 하는 것을 말하며 요보호자란, 윤락행위의 상습이 있는 자와 환경 또는 성행으로 보아 윤락행위를 하게 될 현저한 우려가 있는 자를 말한다.' 라고 규정되고 있다. 윤락여성은 자의에 의해 상업적으로 윤락행위를 하는 경우도 있으나 우리 사회에 만연한 남성중심의 가부장적 성문화와 성의 상품화는 윤락여성의 증가를 더욱 부추기고 있는 것이다.

윤락여성의 문제는 성병의 감염과 같은 건강의 문제, 업주로부터 신체적 구속과 인권유린, 수입의 착취, 인신매매의 성행, 퇴폐문화의 심화, 성병의 사회적 만연(AIDS),

성범죄의 증가, 성도덕의 해이 등을 들 수 있을 것이다(김융일 외, 2003).

2) 여성문제와 여성복지의 필요성

우리 사회에서 발생하고 있는 여성문제와 여성복지의 필요성을 살펴보려고 한다.

(1) 성차별 문제

성차별이란, 생물학적 성(性)을 기준으로 남성이나 여성에 대해 편견을 갖거나 또는 차별적인 대우로 인하여 불이익을 받는 것을 의미하는 것으로서 여성에 대한 차별이 더욱 일반화되어 왔다. 다음은 다양한 영역에서 발생하고 있는 성차별 문제를 살펴보려고 한다.

첫째, 전통적인 남아선호사상에 의한 가정 내 남녀성차별일 것이다.

우리나라는 전통적으로 유교의식이 남아 있어 오늘날까지도 '대를 잇는 것', '제사를 받드는 것', '든든하다는 것'으로 아들을 선호하는 경향이 있다고 볼 수 있을 것이다. 아들을 낳기 위해 딸을 계속 낳거나 아들과 딸을 가려서 낳는 이른바 '선택임신'이라는 비도덕적 행위까지 일삼는 경우가 있는 것이다.

가정 내의 성차별을 일상생활에서도 빈번하게 나타나고 있으며 '남성스러운, 여성스러운'의 남녀의 역할을 구분 짓는 것이다. 즉, '남자는 해도 되고, 여자는 안 된다' 등의 여성에게만 해당되는 금기사항을 만들어 놓으며 '여자가 문지방을 밟으면 안 된다. 남자는 여자가 입던 옷을 입으면 출세를 못한다. 암탉이 울면 집안이 망한다.' 등 일상생활에도 여전히 유교문화의 잔재가 남아있음을 알 수 있다.

둘째, 교육계에서 발생하는 성차별 문제일 것이다. 한국여성개발원의 「25세 이상 인구의 성별 학력분포(2000)」에서 보면, 25세 이상 여성은 고등학교 졸업이 37.3%로 가장 많았고 다음으로 초등학교 졸업 이하가 30.4%, 대졸 이상이 18.0%, 중졸이 14.3%순으로 나타난 반면, 25세 이상 남성은 고졸이 41.6%, 대졸 이상이 31.0%, 초등하교 졸 이하가 15.1%, 중졸 12.3%순으로 나타나났다.

셋째, 고용현장에서 나타나는 성차별 문제일 것이다.

많은 기업에서 아직도 공공연하게 학력이나 능력보다 외모가 채용 기준이 되고 있으며 채용 후에도 승진이나 임금부분에 있어 여성은 남성에 비해 불이익을 당하는 경우가 많다.

최근 출산휴직이 2개월에서 3개월로 늘어나면서 기업에서는 적지 않은 부담을 느껴 출산휴직에 들어간 여성은 강제로 해고시키거나 퇴직하도록 종용하기도 한다.

(2) 가정폭력 문제

가정폭력은 육체적으로 상처를 입히는 것은 물론 정신적으로 크나큰 고통을 가져오며 가족구성원에게도 심각한 영향을 초래하게 된다.

가정폭력이란, 가족 내에서 무력을 사용하여 상대 구성원에게 신체적·정신적으로 상해를 입히는 것으로 정리될 수 있다. 여러 학자들의 연구결과에 따르면 가정폭력은 대물림되는데 즉, 매 맞고 자란 아이가 자라서 다시 폭력을 사용하게 되는 것이다.

가정폭력범죄의 처벌 등에 관한 특례법(법률 제06783호) 제2조에는 '가정폭력이란, 가정구성원사이의 신체적, 정신적 또는 재산상 피해를 수반하는 행위를 말한다.'라고 명시되어 있으며 가정폭력은 주로 부부간의 폭력(매 맞는 아내, 매 맞는 남편), 직계존비속(조부모), 부모자녀간의 폭력 등으로 나타난다.

현재 우리나라에서는 더 이상 가정폭력이 가족만의 문제가 아니라는 인식 하에 가정폭력의 예방과 보호를 위한 「가정폭력범죄의 처벌 등에 관한 특례법」을 제정하여 가정폭력을 범죄자로 간주하여 처벌규정을 마련해놓고 있다.

(3) 육아문제

사회생활을 활발하게 하던 여성이라도 결혼과 더불어 육아문제에 봉착하게 된다. 산전후 휴직과 육아휴직을 법적으로 보장하고는 있으나 아직도 많은 사업장에서는 자사의 이익추구를 목적으로 임신한 여성을 부담스러워 하고 있는 것이 현실이다.

남녀고용평등법(법률 제06508호) 제18조(산전·후 휴가에 대한 지원)에 의하면 '국가는 근로기준법 제72조 제1항의 규정에 의한 산전·후 휴가를 사용한 근로자 중 일정한 요건에 해당하는 자에 대하여 당해 휴가 기간 중 무급휴가에 해당하는 기간의 통상임금에 상당하는 금액(산전·후 휴가 급여)을 지급하여야 한다.'고 규정되어 있다.

또 제19조(육아휴직)에 '사업주는 생후 1년 미만의 영아를 가진 근로자가 그 영아의 양육을 위하여 휴직(육아휴직)을 신청하는 경우 이를 허용하여야 하며 휴직을 이유로 해고나 그 밖의 불리한 처우를 하여서는 안 되고 육아휴직 기간 동안은 당해

근로자를 해고하지 못한다.'고 명시되어 있다.

최근 우리나라에서는 저출산 경향을 우려하여 교육부에서는 2006년까지 만5세 어린이의 무상교육을 전면 실시하고 특히 저소득층의 경우에는 3~4세 어린이의 교육비 지원을 우선적으로 실시할 계획에 있다.

또 정부에서는 출산장려금 지급을 통해 출산율을 높이겠다고 밝혔으나 여성계에서는 일시적으로 지급되는 출산장려금의 효율성에 대해 의문을 제기하고 있으며 보다 장기적이고 지속적인 육아정책이 요구된다는 의견이 나오고 있다.

이상에 살펴본 바와 같이 여성문제의 예방과 치료 및 개선 해결을 목적으로 여성복지의 필요성이 제기된다고 볼 것이다. 즉, 여성복지의 필요성은 성(性)을 기준으로 일상생활을 포함하여 가정과 고용현장, 교육현장 등에서 여성에게 차별적인 대우가 행하여 불이익이 발생하지 않도록 법적·제도적·정책적 기준을 마련하는 것이라고 볼 수 있다.

3) 여성복지 서비스와 정책

여성복지 서비스와 정책의 궁극적인 목적은 남녀가 서로 평등하며 공존하는 사회를 형성하는 것이며 폭력으로부터 여성을 보호하고 여성의 인권을 신장하여 풍요로운 삶을 보장하는데 있다.

2004년 새로운 여성복지정책으로는 ① 건강가정지원센터의 윤락행위 등 방지법(법률 제06801호)이 제도화되어 있다. 이 법에서는 ① 윤락행위와 ② 윤락행위의 상대자가 되는 행위, ③ 윤락행위를 하도록 권유유인알선 또는 강요하는 행위, ④ 윤락행위의 장소를 제공하는 행위, ⑤ 윤락행위를 한 자 또는 윤락행위의 상대자에게 금품 기타 재산상의 이익을 요구하거나 받거나 또는 받을 것을 약속하는 행위를 금지하고 있으나 아직도 제도권 밖에서 공공연하게 윤락행위가 이루어지고 있는 것이 현실이다.

현재 우리나라에서는 윤락여성의 사회복귀를 위한 직업보도시설이 있으나 교과목이 이·미용 기술, 제과·제빵 기술 등 현실성이 떨어지는 프로그램으로 운영되고 있어 윤락여성이 유흥업소를 되찾아 가는 악순환이 발생하고 있는 것이다. 윤락여성에 대한 사회적 편견 불식과 좀더 현실적인 사회복지대책의 마련이 필요하다고 본다.

제7장
아동복지와 노인복지

1. 아동복지

아동복지의 기초는 아동에 대한 이해와 아동복지에 대한 기본 개념을 파악하는데서 출발한다. 특히 아동복지의 개념은 정치적·사회적·경제적 변동에 따라 변화하는 조건에 지속적으로 적응해 오며 변화되어 왔다. 이 장에서는 우선 아동의 개념을 제시하고, 아동의 건강한 삶과 안녕을 위한 아동복지의 개념을 살펴보고자한다. 그리고 사회변화에 따라 변화되어 온 아동복지의 이념과 접근법을 분석하고 사회 구성원으로서 아동의 권리를 UN 아동권리에 관한 국제협약과 우리나라 어린이헌장 및 청소년헌장을 통해 다루고자 한다.

1) 아동복지의 개념

(1) 아동의 개념

아동(child)은 어린이, 유아, 청소년 등의 용어와 조금씩 다르면서 비슷하게 혼용되기도 하고, 시대와 사회의 변천 및 학자의 관점에 따라 다양하게 인식되고 있다(이숙종 외, 1997: 64).

아동이란 생물학적 측면에서 엄격히 말하면 출생한 이후 신체적 성숙이 마무리 되는 기간 사이의 생애주기 내에 있는 연령층의 집단을 의미한다. 그러나 아동에 대한 개념은 아동기에 해당하는 인구 집단의 보편적인 특성과 욕구를 중심으로 정의 내리기도 하고, 사회가 그 사회의 아동에게 부여하는 독특한 일련의 역할과 기대로 설명하는 사회학적 개념으로 정의 내리기도 한다(이문국 외 역, 1999: 405).

발달심리학에서는 아동의 개념을 모든 아동에게 공통되는 보편적인 욕구와 특성 중심으로 정의 내린다. 아동기에 해당하는 아동은 육체적인 발달의 과정뿐만 아니라 인지적 · 사회적 · 도덕적 발달 과정까지 포함되는 보편적인 욕구와 특성을 가진 존재라고 본다. 이에 따라 아동기는 영아기와 유아기 이후의 시기에 해당되며 대개 5~12세의 연령으로 규정되고 있다(Newman & Newman. 1984). 이러한 구분은 다른 단계와는 차이가 있는 주요 발달 과업을 지니는 연령으로 제시된다.

그리고 교육학적 입장에서는 교육의 대상으로서 아동의 개념을 정의 내리는데, 우리 사회에서는 초등교육과정에 해당되는 시기. 즉 6~12세에 해당되는 자로 이해되어 왔다. 그 이전의 시기를 영유아기로 규정하여 초등하교 취학 이전까지의 시기로 구분하여 아동기와는 다른 시기로 보고 있다.

[표 7-1] 아동의 유사 개념과 연령 구분

영 역		아동의 유사 개념	연령 구분
발달심리학		아동기	5~12세
교 육 학		초등교육 대상자	6~12세
법률	민 법	미성년자	20세 미만
	형 법	형사 미성년자	14세 미만
	아동복지법	아동	18세 미만
	청소년기본법	청소년	9세 이상 24세 이하
	청소년보호법	청소년	19세 미만
	소 년 법	소년	20세 미만
	근로기준법	연소자	18세 미만

한편 법에서도 법의 성격에 따라 아동의 개념을 규정한다. 법에서 규정하는 아동의 개념은 법의 성격에 따라 그 연령이 다소 상이하게 규정되고 있다. 그리고 용어에서도 아동, 소년, 연소자, 청소년이 혼재되어 유사 개념으로 사용되고 있다. 우선 아동복지법

에서는 아동의 개념을 "18세 미만의 자"로 규정하는가 하면, 소년법에서는 소년을 "20세 미만인 자"로 규정하고, 근로기준법에서는 연소자를 "18세 미만인 자"로 규정한다. 그리고 청소년기본법에서는 명시하는 청소년은 "9세 이상 24세 이하인 자"로 규정하고 청소년보호법에서는 청소년을 "19세 미만인 자"로 규정하고 있다.

이처럼 아동이란 용어와 개념은 통일되게 정의되지 않고 다양하게 사용되고 있는데, 이 책에서는 아동의 연령을 아동복지법에 따라 "18세 미만의 자"로 규정하고자 한다. 따라서 이 개념에는 청소년기에 해당되는 연령이 포함된다. 따라서 아동의 개념을 "출생에서 만 18세까지의 신체적, 정서적, 정신적, 사회적, 인지적으로 미성숙한 단계의 인간"이라고 정의한다.

(2) 아동복지의 개념

아동복지는 사회복지 분야 중 하나로 전통적으로는 아동의 기본적 욕구 및 그 가족의 욕구를 충족하기 위한 서비스에 관련되어 왔다. 아동복지의 개념은 학자들에 의해 그 초점에 따라 다양하게 정의되어 왔다.

Kadushin과 Martin(1988: 5-9)은 아동복지를 좁은 의미와 넓은 의미로 나누어 설명하였다. 좁은 의미의 아동복지는 특수한 욕구를 가진 아동과 가족을 대상으로 사회복지기관을 비롯한 특정 기관에서 제공하는 서비스라고 설명하였고, 넓은 의미의 아동복지는 모든 아동들의 행복을 위해 그들의 신체적 · 사회적 · 심리적 발달을 보호하고 촉진하기 위한 모든 대책이라고 설명하였다.

그리고 Barker(1995: 57)는 『사회복지사전』에서 아동복지를 아동의 건전한 발달, 양육, 보호를 지향하는 인간서비스와 사회복지 프로그램 및 이데올로기의 한 부분이며, 아동복지사업은 건전하고 긍정적인 아동 발달을 방해하는 상황을 방지하기 위해 계획된다고 정의하였다.

한편 Gil(1985)은 아동복지는 가족이 정상적인 아동보호와 사회화 기능을 수행할 수 없을 때 국가와 사회제도가 후원하고 승인하고 직접 실천하는 구체적이고 명백한 정책과 서비스의 총체라고 정의하고, Meyer(1985)는 아동복지는 지속적인 사회체계의 하나로서 아동의 복지를 증진시키기 위한 사회제도이며 하나의 전문직으로 사회사업의 한 분야라고 정의하였다.

장인협 · 오정수(2001)는 아동복지는 사회 구성원으로서 아동의 기본적인 욕구를 충족시키고 건전한 성장과 발달을 도모하기 위해 여러 가지 활동을 가능하게 하는 공적인 방법과 절차라고 정의하며, 방법과 절차에는 아동과 관련된 법령, 공공조직 및 민간기관, 사회복지 전문직과 같은 제도화된 실천방법을 모두 포함하고 있다고 보았다.

이상의 정의들을 보면, 아동복지의 협의의 개념은 부모의 양육이 불가능한 경우(parental failure), 요보호아동과 그 가족을 위해 공공 및 민간기관에서 제공하는 서비스이다. 그리고 광의의 개념은 모든 아동의 행복을 위해 그들의 신체적・사회적・심리적 발달을 보호하고 촉진하기 위해 경제, 교육, 보건, 노동 등 아동을 둘러싼 사회체계의 개선을 위한 총체적인 사회적 노력이다.

2) 아동의 문제

아동이란 생물학적으로 규정한다면 '미성숙된 성인'으로 볼 수 있다. 아동은 태아기에서부터 18세까지 심신이 함께 성장하고 발달하며 사회적 보호를 필요로 할 뿐만 아니라, 미래를 책임질 사회적 역할까지 기대되는 대상이다. 현대사회가 안고 있는 아동문제는 필수적으로 포괄적 대책이 요구되며, 이에 아동과 관련한 몇 가지 문제영역을 제시하고자 한다.

(1) 가족의 문제

아동문제를 유발하는 가족문제를 지칭함에 있어서 흔히 "문제아동의 이면에는 문제가족이나 문제부모가 있다"는 말이 있다. 빈곤이나 실업에 의한 가족의 경제적 불안정, 가족구조상의 결함, 부모 양육상의 결함 등은 아동문제를 유발하게 된다. 부모의 학력이나 사회적 지위가 우대받는 사회에서 부모의 빈곤과 실업은 아동에게 매우 부정적인 영향을 미칠 수 있다. 그 외에 빈곤으로 인한 영양실조, 불결한 주거환경 등은 아동의 건전한 성장에 장애요인이 된다. 이것은 교육기회의 박탈과 함께 나아가 비행으로까지 연결될 수 있는 것이다. 그리고 부모의 이혼 또는 사망 등으로 인하여 가족이 해체되거나 결손가족이 될 경우에도 아동에게 심각한 정서적 상처를 주게 된다.

(2) 사회환경의 문제

현대사회는 아동의 성장에 부적합한 주변환경을 제공하고 있다. 즉 환경오염, 공해문제, 교통문제, 슬럼지역, 위험지역 등은 아동에게 부정적인 영향을 미친다. 특히 대중적 매스컴의 영향. 무절제된 성인들의 형태는 물론, 아동학대나 성폭행 등이 심각한 사회문제로 대두되고 있다. 이에 따라 사회환경적인 측면에서 아동의 건전한 성장과 발달을 위한 개입이 절실히 요구된다.

(3) 부적응의 문제

아동문제 중에서 특수한 욕구를 지닌 장애아동의 경우, 이에 적절한 특수적 사회복지 서비스가 제공되어야 한다. 대개 정신지체아동들은 심리적으로 자기학대, 자살, 학업포기 등의 문제행동을 일으킬 소지가 있기 때문에 특별한 보호가 요구되고 있다. 이러한 욕구를 지닌 아동문제는 자신의 문제 이외에 가족이나 사회환경의 무관심한 방치에 기인되는 경우도 있으므로 이에 적합한 서비스 개입이 필요하다.

(4) 지원체계의 부족

오늘날 핵가족화의 증대, 맞벌이 가정의 증가, 편부모 가족 등으로 인하여 아동문제가 확산되고 있다. 저소득층의 가정일수록 이러한 현상은 더욱 현저하게 나타나고 있으며, 사회적 지원체계의 부재로 아동이 가정에 홀로 방치됨으로써 다양한 아동문제를 발생시키고 있다. 이와 같은 아동문제를 해결하기 위해서는 사회적 지원체계가 절실히 요구된다.

(5) 경제적 문제

경제적 안정은 가정생활 속에서 아동에게 미치는 영향이 매우 크다. 가정의 경제적 불안정은 아동들의 최저한 욕구가 충족되지 않은 상태로서 건전한 성장과 발달의 장애요인이 되고 있다. 즉 경제적 문제로 이들의 육체를 해칠 뿐만 아니라, 교육의 기회마저 박탈함으로써 지능이나 정서에 커다란 상처를 주게 된다. 따라서 아동에게 의・식・주 문제는 심신의 발달에 필수적인 요소가 되므로 공적, 사적 프로그램을 통해서 경제적 혜택과 안정이 보장되어야 한다.

3) 아동복지의 프로그램

일반적으로 아동복지의 프로그램은, ① 부모의 능력을 지지해 주거나 강화시키는 서비스로서 가정내 아동의 개별적 서비스, 유기아동을 위한 프로텍티브서비스, 미혼부모에 대한 서비스 등을 말하고, ② 부모의 보호를 보충하거나 부적절한 것을 보상해 주는 서비스로서 가정부서비스와 탁아서비스 등을 말하며, ③ 부모적인 보호를 일부 또는 전적으로 대리해 주는 서비스로서 가정위탁보호서비스, 입양서비스 등을 들 수 있다.[2] 이와 같은 내용을 중심으로 간략히 제시하고자 한다.

(1) 지지적 서비스

지지적 서비스(supportive services)는 부모와 자녀가 자신들의 책임성을 효율적으로 수행할 수 있도록 그들의 능력을 지원하고 강화시켜 주는 서비스를 의미한다. 이 서비스의 특징은 여타 서비스와는 달리 아동이 자신의 가정에 머물면서 받을 수 있는 서비스라는 점이다. 이와 관련한 서비스기관은 부모나 아동의 역할기능을 대행해 주는 것이 아니라, 외부에서 사회적 기능수행을 원조해 주는 기능을 담당한다. 지지적 서비스를 제공하는 주요 사회복지기관은 아동복지기관, 아동상담소 등이며, 이러한 아동복지서비스의 초점은 가족구성원의 개인을 대상으로 개입하면서 다양한 가족치료방법을 활용하고 있다.

(2) 보충적 서비스

보충적 서비스(supplemental services)는 지지적 서비스와는 달리 가정 내에서 전개되는 서비스의 형태를 말한다. 이 서비스는 부모들의 역할을 일부 대행하는 것으로서 부모의 실업, 질병, 장애뿐만 아니라, 가족의 재정적 곤란 등을 보충하는 데 목적을 두고 있다.

보충적 서비스의 종류는 '탁아보호서비스'(day care service), '프로텍티브서비스'(protective service), '홈메이커서비스'(home maker service) 등으로 구분할 수 있다. ① '탁아보호서비스'는 여러 가지 이유로 인하여 아동을 낮 시간 동안 친부모가 아닌 다른 사람들에 의해서 보호받는 서비스를 말하고, ② '프로텍티브서비스'는 아동을

2) A. Kadushin. op. cit. pp. 23-24.

유기, 방임, 학대할 경우에 전문사회복지기관에서 주어지는 서비스를 말하며, ③ '홈메이커서비스'는 아동이 가정적 위기에 직면했을 때 전문적 교육을 받은 여자가 가사 전반을 돌보게 하는 위탁서비스 등을 의미한다.

(3) 대리적 서비스

대리적 서비스(substitutive service)는 아동이 가정을 이탈하여 다른 체계에 의해서 보호받는 서비스를 말한다. 이 서비스의 대표적인 형태로는 '입양'(adoption), '가정위탁보호'(foster family care), '시설보호'(institutional care) 등으로 구분할 수 있다. ① '입양'은 성인에게 다른 아동을 법적인 절차를 밟아서 자신의 자녀로 삼는 것을 의미하며, 입양된 아동에게는 친부모와 동등한 친자의 관계를 맺는 것을 의미한다. 입양은 생물학적 과정이 아닌 법적이고 사회학적인 과정을 통하여 친권관계를 창조하는 행위라고 볼 수 있다. ② '가정위탁보호'는 아동을 자신의 가정에서 일시적으로나 장기적으로 돌보아 줄 수 없는 경우에, 어떤 계획된 일정 기간 동안 사회복지기관을 통하여 제공되는 대리적 가정보호를 말한다. ③ '시설보호'는 가정에서 욕구가 제대로 충족되지 못하는 아동을 위해서 집단보호와 치료를 마련해 주는 대리보호를 의미한다. 따라서 아동은 자기의 가정과 부모 밑에서 성장해야 한다는 것이 중요한 원칙이지만, 도저히 가정에서 성장할 수 없는 아동들은 불가피하게 시설보호를 받고 있다.

4) 아동복지의 과제

아동은 국가발전의 원동력이 되며 국가부강의 기본으로서 국가안정이 바탕이 된다. 아동들이 차세대의 주역으로서 건강하게 성장하고 발달하여 성숙한 시민으로 육성되기 위해서는 이들의 양육책임을 부모와 사회 및 국가가 함께 떠맡아야 한다. 그러나 아동복지의 차원에서 아동은 수용보호하여 의 · 식 · 주나 제공하는 등의 소극적인 보호에 국한하는 경우가 대부분이다. 아동복지는 불우한 아동뿐만 아니라, 전체 아동의 복지증진에 목적이 있으며, 이들을 통하여 가정의 보배요 국가의 희망이 되게 하는 데 있다.

그러므로 현존 요보호아동 중심의 정책과 실천을 과감히 탈피하여 전체 아동의 건전한 성장과 발달을 보장한다는 기본적인 인식의 대전환이 필요하다. 그것은 사회복지 전반에 걸친 보편적 서비스의 확대와 더불어 아동에 대한 사회복지서비스도 보편적인 서비스로 지향해 나가야 한다. 그렇게 함으로써 아동복지의 사후 대책적인 측면보다는 예방적인 아동복지서비스로의 발전을 가져올 수 있다고 본다. 따라서 아동복지의 과제를 크게 세 가지로 제시하고자 한다.

첫째, 일반아동의 사회복지증진에 내실을 기해야 한다. 현존의 아동복지는 요보호아동 중심의 서비스에서 일반아동을 위한 보편적 서비스로 확대되고 있는 추세지만, 아직도 요보호아동 중심의 서비스에 국한하고 있는 실정이다. 이에 따라 새롭게 요구되는 요보호아동에 대한 배려와 함께 더 이상 요보호아동이 발생하지 않도록 하는 차원에서 일반아동을 위한 보편적인 프로그램이 개발되어야 한다. 예컨대, 모자보건사업의 내실화, 아동전용시설의 증설, 아동위험환경의 정비, 가정상담소의 증설, 보육시설의 확충 등이 이루어져야 한다.

둘째, 요보호아동을 위한 서비스의 강화이다. 현재 아동복지시설은 대부분 고아나 기아 등을 중심으로 하는 육아시설에 치중하고 있고, 이들의 입소도 보호자가 없는 아동에 제한되어 있다. 그러므로 요보호아동을 위한 기존 서비스체계를 전환하는 아동복지시설의 개방화가 필요하다. 또한 아동복지시설은 대부분이 낡고 환경이 열악하기 때문에 시설환경의 정비와 시설처우의 전문화가 우선되어야 한다. 그리고 입양위탁사업의 활성화를 위해 국민적 홍보와 계도를 추진하고, 입양・위탁가정에 대해 경제적 지원책을 강구하여 전문적인 서비스가 이루어지도록 해야 한다.

셋째, 아동복지서비스에 있어서 요보호아동의 보호범위를 확대해야 한다. 현존의 아동문제를 나타내는 결손가족의 아동, 부모양육결함의 아동, 학대받는 아동, 방임된 아동, 성적 학대받는 아동, 약물남용의 아동, 기타 장애아동 등을 위한 프로그램이 동시에 필요하다. 이와 같은 보호아동을 위한 배려와 함께 예방적인 차원에서 일반아동들을 위한 보편적인 프로그램도 지속적으로 개발되어야 할 것이다.

2. 노인복지

이미 많은 국가에서 진행되고 있는 사회의 고령화 현상은 우리나라에 있어서도 예외가 아니다. 노인 인구의 증가에 따라 직면하게 될 심각한 사회문제는 물론이고 의료와 건강, 고용과 소득, 주거와 재가 서비스 등 노인 복지에 대한 욕구의 증가는 필연적인 현상이라고 할 수 있다. 사회의 고령화란, 총인구에 대한 노인 인구의 상대적인 증가를 뜻하는 말로서 전체 인구에 대비하여 노인인구의 비율이 계속하여 증가하고 있는 상태를 말한다. 경제성장과 생활수준의 향상, 보건의료기술의 발달은 국민의 평균수명을 높이고 상대적으로 노인 인구의 증가를 가져오게 되었다.

다음에서는 노인인구의 증가에 의한 노인복지사업의 개념과 필요성을 살펴보고 사회문제로서 노인학대 문제의 정의와 실태, 유형 등에 대해 고찰하고자 한다. 또 현행 우리나라의 노인복지정책의 종류와 주요 개념을 살펴보고자 한다.

1) 노인복지의 개념

보건·의료의 발달과 과학 문명의 발달은 점차 인간의 수명이 늘어남에 따라 사회는 점점 노령화되어 가고 있다. 이미 우리나라는 고령화 사회에 진입한 것을 감안하고 다가오는 고령 사회에 대비하기 위해서는 노인의 욕구나 문제를 개인적인 차원에서 해결할 것이 아니라 지역사회와 정부 차원에서 조직적이며 다양한 노력이 요구되므로 여기에 노인복지사업의 의의가 있다고 볼 수 있을 것이다.

노인복지(The aged welfare 또는 Edlerly Welfare)란, "노인이 인간다운 생활을 영위하면서 자기가 속한 가족과 사회에 적응하고 통합될 수 있도록 필요한 자원과 서비스 제공에 관련된 공적 및 사적 차원에서의 조직적 제반 활동" (최성재·장인협, 2002) 이라고 하였다.

즉, 노인복지란 기본적인 생계를 유지하는데 어려움이 없어야 하며 가족으로부터 사랑과 관심의 대상이 되어야 하고 지역사회로부터 우선적으로 보호받는 존재로서 보다 풍요로운 노후를 살아갈 수 있도록 돕는 실천활동이라고 할 수 있을 것이다. 여기서 공적·사적인 제반 실천 활동이란 노인복지정책과 행정, 각종 노인복지시설 및 노인복지서비스가 모두 포함된다.

노인복지란 "대부분의 노인의 노년기에 직면하게 되는 신체적인 질병과 경제적인 빈곤, 사회적인 역할 상실과 심리적인 고독감의 문제를 해결하기 위해 노인복지정책을 수립하고 각종 서비스를 제공하며 필요에 따라 지역사회의 자원을 동원하는 조직적인 활동"을 의미한다.

사회의 고령화 추세에 따라 노인복지는 미래 사회의 준비라고 해도 과언이 아닐 만큼 중요한 실천분야가 되었다. 노인 인구의 증가는 대인 서비스를 향한 욕구의 증가라는 측면에서 노인복지사업의 필요성을 역설할 수 있으며 따라서 다음의 세 가지 측면에서 노인복지의 필요성을 찾아보고자 한다.

첫째, 사회의 고령화와 노인인구의 증가 측면에서 살펴볼 수 있다.

건강·보건 기술의 발달로 인한 평균수명의 연장은 노인인구의 증가 및 사회를 고령화시키고 또 다른 사회문제로서 노인문제의 발생과 노인복지욕구의 증가를 불러왔다. 특히 우리나라는 짧은 기간동안 고령화 사회에서 고령사회로 변하고 있으며, 차후 고령화 진행은 다른 선진국에 비하면 매우 빠른 속도로 진행될 것으로 예상하고 있다.

둘째, 가족 구조의 변화와 사회적 가치관의 변화 측면이다.

핵가족화 경향은 전 세계적으로 일어나고 있는 공통적인 현상이다. 우리나라도 1970년대 새마을 운동을 계기로 경제적인 부흥을 일이키면서 산업이 발달하고 고용이 증가됨에 따라 지금까지 꾸준히 핵가족화가 이루어지고 있다. 오늘날 저출산 경향과 이혼율이 증가는 가족기능을 약화시켜 생산인구가 감소하고 노인부양인구가 줄어들게 되어 노인복지의 중요성은 더욱 강조될 수밖에 없게 되는 것이다.

셋째, 사회공헌에 대한 보상의 측면에서 볼 수 있을 것이다.

노인은 젊은 시절을 사회의 발전을 위해 직·간접적으로 노동력을 제공하였으며 자녀의 양육과 사회의 유지기반인 가정을 이끌어온 세대로서 사회의 이익과 공헌을 위해 기여하였으므로 노인복지에 대한 필요성이 제기된다고 보는 관점이다.

대부분의 노인들이 자녀양육과 생계의 유지를 위해 수입을 소비하여 은퇴를 준비하기도 전에 무방비 상태에서 은퇴를 맞이함으로써 심리적인 부담감이 더욱 커진다. 따라서 사회가 고령화 추세에 발맞추어 은퇴 이후의 삶에 대한 준비, 즉 노인 재취업 기회의 확대, 다양한 여가프로그램 조성 등 노후 프로그램의 활성화와 관련된 정책 및 제도의 도입, 전문가의 양성 등 노인복지의 필요성이 요구된다고 할 수 있을 것이다.

2) 현대사회와 노인문제

현대사회에서 노인이 직면한 사회생활상의 문제는 매우 다양하다. 이러한 문제는 신체적인 변하에서 발생한 것이고, 또한 연령 차별로 지위하락, 역할상실, 사회적 가치 및 믿음 등과 관련되어 발생하고 있다. 따라서 노인문제와 관련한 4고(四苦), 즉 '빈곤문제', '질병문제', '역할상실문제', '고독문제' 등을 제시하고자 한다.

(1) 빈곤문제

노인들이 노후생활에서 가장 문제가 되는 것은 '소득의 상실'로 인한 경제적 궁핍이다. 노인들은 심신의 기능이 쇠퇴하게 되면 노동능력이 감퇴되어 사회의 일선에서 물러나게 되고, 이로 인해 소득상실과 연결되는 것이다. 노인의 소득상실문제는 노인연령층에서 가장 광범위하게 나타나는 사회문제로 지적되고 있다.

노인들의 정년퇴직제도는 인위적으로 직업의 일선에서 물러나게 함으로써 노후에 생계와 용돈부족 등의 경제적 어려움을 야기시키는 중요한 요소가 된다. 노인의 단독세대가 늘어나면서 여성 노인들의 수가 더 많은 상황을 감안할 때, 빈곤은 이들의 경우에 가장 심각한 문제이다.

(2) 질병문제

노인이 되면 건강은 하나의 중요한 문제로 대두된다. 기조의 연구결과를 보면, 노인들 중에는 건강이 좋지 못한 것이 가장 고통스러운 문제라는 비율이 높다. 노인은 신체적, 정신적으로 매우 쇠약해져 가는 과정에 있는 사람으로 심신의 장애가 발병하게 된다, 또한 노인은 질병에 쉽게 걸릴 뿐만 아니라, 만성적이어서 장기화되거나 다른 질병과 중복이 되어 나타나기가 쉽다.

그러므로 노인이 건강을 잃어버린다는 것은 자신의 문제에만 국한되는 것이 아니라, 그 가족에게도 커다란 고통을 수반하게 된다. 대개 노인들은 자신들에게 제공되는 의료서비스와 적절한 의료보호에 접근하기가 쉽지 않다. 즉 노인들이 의사를 찾는 비율이 일반인들보다 약 30% 정도 더 높은데, 이것은 의사의 분포도가 지역적으로 불균등하여 심각한 사회문제가 되고 있다. 더욱이 의사가 노인을 꺼리는 데도 문제가 있는 것으로 나타나고 있다.

(3) 역할상실문제

현대사회의 급격한 사회변천에 따른 세대 간의 의식 및 가치관의 격차가 노인의 지위를 격하시키고 있다. 노인들은 의료의 발달과 생활수준의 향상으로 수명이 날로 연장되어 긴 노년의 기간을 갖는 데 반해, 정년퇴직제도에 의해 가정과 사회에서 일정한 책임과 업무가 주어지지 않고 오히려 주류의 세력에서 제외되고 있다.

따라서 노인은 직업생활로부터 떠나 사회의 일선에서 후퇴하게 되면 역할상실과 함께 무위고의 노인으로 전락하게 되는 것이다.[3] 그러므로 노인은 사회의 잘못된 고정관념에 의해 편견의 대상으로 시달리게 되어, 이들을 사회일선에서 후퇴하게 하는 역할박탈의 심각한 문제에 직면하게 된다.

(4) 고독문제

노인들은 정년퇴직제도에 의해 자신의 정든 직장으로부터 박탈되어 사회의 일선에서 물러나게 되면 고독하고 할 일이 없는 노인으로 전락하게 된다. 정년퇴직은 노인으로서의 역할이 해방되어 인생의 가장 자유로운 시간을 가질 수 있는 시기로 간주하기보다는, 젊은 세대에서 밀려 자신의 인생목표를 잃어버린 배와 같이 허탈하고 소외감을 갖게 한다는 것이다. 이에 노인들은 고독감과 소외감이 점점 심화되고 사회적 의미를 상실하면서 스스로 삶의 의욕을 잃고 죽음을 재촉하는 경우가 있다.

3) 노인문제의 배경

노인문제에 관심을 가지게 되는 배경은 여러 가지 이유가 있을 수 있다. 즉 건강상의 문제, 경제적인 문제, 사회심리적인 문제 등인데, 그것은 노년이라는 이유만으로 당면하게 되는 노인 특유의 문제들이 직접, 간접적으로 노년생활을 불안케 하고 있다. 따라서 노인생활에 미치게 되는 몇 가지 특징으로 노인인구의 증가, 가족구조의 변화, 공업사회의 대두, 가치관의 변화 등을 제시하고자 한다.

(1) 노인인구의 증가

급속한 사회변화에 따라 인구학적 측면에서 노령인구의 증가속도가 매우 빠르다. 우리나라 노인의 수가 증가한다는 것만으로 사회적 문제가 되는 것은 아니지만, 최근 급격한 노인인구의 증가는 그 자체만으로도 중요한 사회문제로 인식되기에 이르렀다. 그것은 노인인구의 빠른 증가에도 불구하고 사회의 주요 제도들이 보조를 맞추지 못하고, 욕구를 적절히 수용하지 못하고 있어 더욱 노인문제를 야기시키고 있다. 예컨대, 노인인

3) 김만두, 「현대사회복지론」(서울 : 홍익재, 1982), p 254

구가 점차 증가하여 1997년에 전체 인구의 5.8%인 264만 명에서, 2000년에는 이미 약 337만 명으로 전체 인구의 7.1%가 되어 '고령화사회'에 진입하게 되었다. 그리고 2020년에는 약 690만 명에 이르러 전체의 14%가 됨으로써 '고령사회'가 되고, 2030년에는 노령인구가 약 1천만 명이 넘어 전체 인구의 20%가 되는 '초고령사회'의 시대가 도래할 전망이다.4)

따라서 통계청에 의하면, 경제적, 사회적 문제가 본격화되고 있음을 고령자 실태에서 밝히고 있다. 노인인구의 증가는 단지 수적인 면의 증가가 아니라 총인구에 대한 비율도 증가하고 있는 추세이다. 그러므로 노령인구에 대한 절대수의 증가는 노령과 관련된 노인문제를 가진 노인의 수를 증가시킬 것이며, 이에 노인문제의 심각성은 더하리라 본다.5)

(2) 가족구조의 변화

현대사회가 산업화, 도시화, 정보화 등으로 진전되면서 생산양식과 가족제도가 변하여 가족의 구조 및 기능에 커다란 변화를 초래하고 있다. 특히 사람들은 직장을 찾아 이동하기에 간편하도록 3세대 직계가족에서 2세대의 핵가족으로 변화되어 부부 중심의 가족으로 바뀌어 가고 있다. 이와 같은 현상은 가족의 구조적인 변화로서 가족기능의 약화, 가족관계의 문제, 노인의 위치와 역할 등의 문제가 일어난다. 그러므로 노인의 역할과 기능은 가족 속에서 약화되거나 노인부양을 기대하기는 더욱 어려워져 가는 실정이다.

서구사회에서는 노인부부세대 또는 독신노인이 60%를 상회하고 있으며, 동양사회에서는 노인들이 자녀들과 동거하는 비율이 비교적 높게 나타나고 있다. 우리나라 경우는 노인이 자녀들과 동거하는 비율이 어느 정도 높은 편이지만, 점차 핵가족화로 이행하고 있는 추세로서 노인문제를 야기시키고 있다.6)

보건사회연구원(1994)의 조사자료에 의하면, 우리나라 60세 이상 노인 중에서 독신으로 생활하는 노인이 11.9%이고, 부부가 함께 생활하는 노인이 21%로 나타나고 있다. 이것은 대부분의 노인들이 가까이서 자녀의 부양을 받지 못하고 있음을 지적해 주고 있다.7)

---

4) 보건복지부, 「노인보건복지 국고보조사업」(2001). 참조
5) 장인협, 최성제, 「노인복지학」(서울 : 서울대학교 출판부, 1989). pp. 8-9
6) 한국사회과학연구소 사회복지연구실, 「한국사회복지 현황과 쟁점」(1994), p 331
7) 김만두, 전개서, p 259

(3) 공업사회의 대두

산업사회는 사회구조의 급격한 변화로 인하여 노인들의 사회적 적응이 점차 어려워지고 있다. 특히 산업화 과정에서 새롭게 도입된 지식이나 기술혁신은 기존의 노인에게 유용했던 경험 등이 그 가치를 잃게 되었고, 이에 노인의 직업적 지위는 저하되었다. 오늘날 새로운 지식과 기술이 빠르게 개발되고, 능률의 원리가 지배하는 사회 속에서 노인들은 스스로 경제활동의 영역을 찾지 못하여 소득원친의 상실, 노후생활상의 역할 등을 잃고 물질적, 정신적 측면에서 소외당하고 있다.

그리고 공업화의 발달은 공업부문 취업자의 증대와 젊은 가족원의 도시집중을 낳게 했으며, 노인들은 그들 자신이 터득한 과거의 지식과 경험이 현대의 물질문명에 점차 밀려나고 있다. 이에 따라 노인들은 무력감을 갖게 되면서 자신들의 지위가 흔들리는 동시에, 노인들의 역할상실이 사회적 평가의 저하를 유도하게 된다. 그리고 작금에 개인주의적인 가치관이 팽배한 젊은 세대의 노인경시 현상은 노인들의 소외감을 더욱 심각하게 유도하고 있다.

(4) 가치관의 변화

경제성장과 소득수준의 향상에 따라 개인의 생활의식은 물질적 욕구로부터 생활의 여유를 향유하기 위한 문화적, 정신적 욕구로 그 중심을 옮겨가게 되었다. 이것은 신 중간계층이 확대되어 대중화 사회가 등장하고, 가정생활은 편리한 가전제품으로 주류를 이루면서 가공식품이 우리의 생활양식을 지배하고 있다. 그리고 교통과 통신망의 발달은 현대생활을 편리하게 하면서 생활권을 광역화하였다. 이와 같은 현상은 경제적, 사회적, 문화적인 생활의 모든 영역에 새로운 패턴을 형성하게 되었다.[8)]

따라서 우리의 정신문화의 근간을 이루고 있었던 효의 가치와 규정이 점차 감퇴되는 경향을 나타내고 있다. 즉 전통적인 가족제도뿐만 아니라, 부모·자식간의 관계에도 커다란 변화를 초래하게 되었다. 최근 젊은 세대사이에서 부모는 부모이고, 자신은 자신이라는 생각이 보편화되고 있는 현실을 바라보게 된다. 노부모와의 동거를 불평하고 귀찮게 여기는 자녀가 있는가 하면, 부모와의 동거를 결사적으로 반대하는 며느리들도 늘고 있다. 그러므로 노인은 직계가족 내에서도 흔히 고독감이나 소외감을 느끼며 생활하게 되었다. 특히 장남도 부모부양이 자신만의 책임이 아니라는 의식을 가지게끔 되어가고 있는 실정이다.

8) 전재일 외, 전게서, p 261

4) 노인복지 프로그램의 종류

현대사회는 노인들이 사회적 활동에 더욱 제약을 받을 수밖에 없게 되어 있다. 인간은 인간다운 최저한의 삶을 영위하기 위해 기본적으로 의식주의 욕구, 건강보호의 욕구, 문화적 욕구 등을 충족시킬 수 있는 장치들이 필요하다. 따라서 노인복지의 프로그램은 소득보장, 의료보장, 주택보장, 시설보호, 기타 서비스 등으로 구분할 수 있으며, 그 내용을 간략하게 제시하고자 한다.

(1) 소득보장

노인의 빈곤은 개인적 나태함과 도덕적 결함에 의한 것이라기보다는, 생물학적 노화와 사회적인 제약으로 빈곤에 빠지는 경우가 대부분이다. 이에 노인에 대한 소득보장의 대책은 사회적인 차원에서 필요하다. 따라서 정부는 노인들의 소득보장의 기반을 위한 각종 조처를 취하여 경제적으로 곤란을 겪고 있는 노인들의 경제적 기반을 위한 지원책을 다음과 같이 마련하고 있다.

첫째, 일반노인을 위한 제도는 연금제도, 퇴직금제도, 기타 제도 등이 있다. ① 연금제도는 공무원, 군인, 사립학교 교직원을 대상으로 하는 특수직 연금제도와 일반국민을 대상으로 하는 국민연금이 있다. ② 퇴직금제도는 일반근로자의 퇴직 후 생활안정을 위한 제도이다. ③ 기타 제도는 노인의 여가선용과 소득기회를 부여하기 위해 노인능력인력, 노인공동작업장 등이 있다.

둘째, 저소득층노인을 위한 제도는 생활보호법에 의한 생활보호와 노인복지법에 의한 노령수당이 있다. 전자에 해당되는 노인들은 연령이 65세 이상 자로서 부양자가 없거나 부양자가 있더라도 부양능력이 없고 재산이 정부가 정한 일정한도 이하인 자이다. 급여종류는 생계보호, 의료보호, 자활보호, 교육보호, 해산보호, 장제보호 등이 있으며, 저소득층 노인이 이에 해당되는 보호를 받게 된다. 후자에 속하는 노인들은 경제적으로 어려움을 겪는 자로서 실질적인 소득보장혜택을 부여하여 노후생활에 도움이 되게 한다.

(2) 의료보장

노인은 육체적, 정신적인 노화로 인하여 대부분 발병률이 높고 만성노인성 질환을 지니고 있다. 특히 노인들은 일정한 소득이 없기 때문에 의료비가 매우 큰 부담이 되고 있다. 현재 노인들의 의료보장제도로서는 의료보험과 의료보호가 있다. ① 의료보험의 경우에는 본인 부담이 높고, ② 의료보호는 여전히 차별적인 처우가 이루어지고 있는 실정이다.

따라서 정부는 노인건강보호사업으로서 노인질환을 조기에 발견하여 노인들의 건강을 도모하기 위해 국·공립병원이나 보건소, 기타 의료기관에서 무료로 건강진단을 실시하고 있다. 예컨대, 1983년부터 65세 이상의 저소득 노인대상으로 무료 노인건강진단을 실시하여 노인의 건강지도 및 보건교육을 시행하고 있고, 1992년부터는 당뇨병, 백내장 등의 노인성 질환 검사항목을 추가하여 실시하고 있다.

(3) 주택보장

주택은 인간의 욕구와 밀접한 관련이 있으며 생활안정의 필수적인 조건이 된다. 노인복지사업 중 주택서비스는 중요한 프로그램이다. 현재 우리나라 주택정책은 젊은 부부를 위한 아파트가족 위주의 정책에 대부분 투자를 하고 있다. 지금까지 주택건설사업은 어느 정도 성장해 왔지만, 노인들을 위한 임대아파트나 다세대 주택사업은 미흡한 상태에 있다. 따라서 자녀들이 노인들을 모시고 함께 살 수 있도록 3세대 가족중심의 특별한 아파트나 단독주택의 보급이 과감하게 이루어지는 노인복지정책의 방향이 요구된다.

(4) 시설보호

노인복지사업은 아직까지 시설보호사업 중심으로 실시되고 있는 실정이다. 노인들은 자신의 집에서 생활할 능력이 없거나, 부양할 자녀가 없거나, 건강상태가 좋지 않을 경우에 시설에서 보호를 받게 된다. 노인복지시설은 그 기능에 따라 노인주거복지시설, 노인의료복지시설, 노인여가복지시설, 재가노인복지시설 등으로 구분할 수 있다. 이러한 시설들은 각각 입소자의 건강상태에 따라 양로시설과 요양시설로 구분하고, 입소자의 부담 정도에 따라 무료시설, 실비시설, 유로시설로 구분할 수 있다.

따라서 '양로시설'은 입소노인에게 급식과 기타 일상생활에 필요한 편의를 제공하는 시설이며, '요양시설'은 양로시설에 치료기능을 추가한 시설이다. 그리고 '무료시설'은 노인을 입소시켜 무료로 다양한 서비스를 제공하는 시설이며, '실비시설'은 저렴한 요금으로 서비스를 제공하는 시설이고. '유로시설'은 서비스제공에 따른 일체의 비용을 입소자에게 부담하여 운영하는 시설을 말한다.[9]

제8장

장애인복지와 재가복지 사업

1. 장애인복지

1) 장애와 장애인복지의 개념

(1) 장애의 개념

한 나라에서 법적으로 규정하고 있는 장애개념은 그 나라에서 누구를 장애인으로 간주하고 있으며 장애인을 어떻게 바라보고 있는가를 알 수 있을 뿐만 아니라 이들이 사회에서 어떻게 생활하며 장애인복지와 관련하여 어떠한 서비스를 어느 정도로 받는가를 결정짓는 기본적인 시각이다. 그러므로 장애인의 개념은 그 나라의 사회적, 경제적, 정치적 수준 또는 그 시대에 따라서 달라질 수 있으므로 하나로 정의하기는 쉽지 않다.

1975년 UN의 '장애인권리선언'에서는 장애인을 '선천적이든 후천적이든 신체적 또는 정신적 능력의 결함으로 인하여 일상의 개인 또는 사회생활에 필요한 것을 확보하는데 스스로는 완전히 혹은 부분적으로 행할 수 없는 사람'으로 정의하고 있다.

세계보건기구(WHO)에서는 1980년 국제장애분류(ICIDH/International classification of Impairments, Disabilities and Handicaps)를 통하여 장애의 계층적 분화를 정의하고 있는데, 장애인에 대한 일반적 개념을 손상(impairments), 기능장애(disabilities), 사회적 불리

9) 한국사회복지연구소, 전게서, pp. 343-344

(handicaps)라는 개념을 포괄하는 동시에 장애의 형태와 범위를 정하고 있다.

① **손상(impairments)**: 신체구조학적 및 해부학적관점에서 신체조직의 기능의 일부 또는 전부를 상실한 상태를 말하는 것으로 미국의학협회의 정의에 의하면 손상은 전문가적 결정으로 이는 증후나 증상, 검사실 소견 또는 심리적 검사에 입각해서 평가된 해부학적 또는 기능적 이상이나 의미 있는 행동상의 변화를 말한다. 즉, 지체장애, 시각자애, 청각장애, 언어장애 등 인간의 신체조직과 신경계통의 일부가 결핍되어 있거나 비정상적으로 기능하는 상태를 의미한다.

② **능력장애(disability)**: 인간에게 정상적으로 간주되는 일상생활과 경제활동을 수행하는 능력이 하락 또는 결여된 상태를 말한다. 일반적으로 이러한 능력장애는 운동신경 및 정신적 인지능력의 장애로 이해서 지능의 발달이 지체되거나 정신적으로 이상이 발생하여 생활능력이 현저하게 저하된 상태에 놓이게 된다. 즉 능력장애는 정신적·신체적 손상의 결과만이 아닌 그 상태에 대한 그 개인의 적응의 결과를 의미하며, 이러한 장애개념을 장애범주로 보고 있는 대표적인 국가는 독일이다.

③ **사회적 불리(handicap)**: 손상이나 능력저하로 인하여 일상생활이나 사회생활을 하는데 제한을 받거나 지장을 초래하는 상태를 의미하는 것으로 장애인과 그를 둘러싼 주변환경과의 관계에서 발생되는 문제이다. 이것은 장애로 인하여 '정상적'으로 간주되는 사회적 규범과 역할에 적응하지 못하거나 수행할 수 없는 사람에게 사회적 불이익과 차별을 주는 것을 의미하며 이러한 사회적 불이익과 차별을 야기하는 상황을 의미한다. 그 결과 장애인은 교육적, 성적, 사회적, 경제적 및 문화적 차별을 수용하게 되고 그들의 능력과 개성을 발전하는 데 제약을 받는다.

한편 우리나라의 장애인복지법에서는 "장애인이란 신체적 정신적 장애로 인하여 장기간에 걸쳐 일상생활 또는 사회생활에 상당한 제약을 받는 자를 말한다."고 정의 하고 있다.

(2) 장애인복지의 개념

장애인복지는 장애로 인한 문제 또는 장애와 관련된 문제를 예방하고 해결하여 장애인들이 비장애인과 같이 그 사회의 일원으로서 사회참여를 실현하고 인간다운 생활을 영위할 수 있도록 하기 위한 제반 사회적 노력을 의미하는 것이다.

흔히 장애인복지는 복지사회의 척도라고도 한다. 즉 장애인복지의 수준이 어느 정도인지를 알면 그 사회의 복지수준을 알 수 있다는 말이다. 이처럼 장애인복지는 한 사회의 복지수준을 반영하며, 장애인 문제는 장애인만의 문제가 아니라 전체 사회구성원의 문제이다(박옥희, 1999: 37).

예컨대 한 장애인이 있다고 가정해 보았을 때 넓은 의미에서의 장애인복지의 대상은 그 장애인뿐만 아니라 그 장애인을 둘러싸고 직·간접적으로 그 장애인과 상호작용하고 있는 그 가족도 장애인복지의 대상이 될 수 있는 것이다. 이미 선진국에서는 오래 전부터 장애인복지를 광의적인 차원에서 접근하고 있으며 그 이념인 사회통합은 우리 사회 전체가 추구해야 하는 가장 큰 목표인 것이다.

한편, 세계보건기구는 장애인복지를 의료적, 사회적, 교육적, 직업적 서비스를 통합적으로 사용하여 개인을 훈련시키고 재훈련시켜 개인의 기능적 능력을 가능한 최고의 수준으로 높이는 것으로 정의하였고, 미국의 국립재활전문위원회는 장애인복지를 장애인의 신체적, 정신적, 사회적, 직업적, 경제적 가용능력을 최대한으로 회복시키는 것이라고 정의하고 있다.

2) 장애인복지의 기본이념

장애인복지의 기본이념은 인간으로서의 가치실현이다. 즉, 그들이 속한 사회에서 차별을 받지 않고 인간의 존엄성과 가치를 누리며 사회구성원이 받는 권리와 기회를 평등하게 받는 것을 의미하는 것이다. 이는 UN의 1971년 정신지체인 권리선언, 1975년 장애인의 권리선언 등과 1979년에 채택된 세계장애인의 해의 행동계획 및 1981년 세계장애인의 해의 주제인 “완전참여와 평등”에도 나타나고 있는 이념들이다.

이와 같은 다양한 선언들에서 나타나는 장애인복지의 이념을 종합해 볼 때 가장 대표적인 것을 정상화, 사회통합, 자립이라고 할 수 있는데 이를 살펴보면 다음과 같다.

(1) 정상화

정상화(normalization)는 1981년 세계장애인의 해를 기점으로 확산된 장애인복지의 이념 중의 하나로서 1959년 덴마크의 정신지체인부모회에서 처음으로 사용하게 된 용어이다. 즉 정신지체인을 대상으로 '정신지체인을 가능한 한 최대로 정상적인 생활조건에 가깝게 생존하도록 하는 것'이라고 정의한 정신지체인법에서 출발하였으며, 장애인의 시설보호에 대하여 반대하며 장애인의 생활방식과 내용도 비장애인의 생활과 같은 정상적인 생활을 하도록 강조하는 개념이다. 이렇게 스칸디나비아반도에서 시작된 정상화의 이념은 북미에 유행하여 1970년대와 1980년대 초반을 거치면서 장애인재활, 교육, 그리고 복지측면 등에서 중요성이 더욱 강조되었다.

정상화는 기존의 지배적인 서비스 이데올로기에 반대하고, 정상적이고 일상적인 생활의 리듬을 존중할 것을 강조한다. 이 사상의 제창자인 미켈센(B. Mikkelsen)은 이의 구현을 위해서 인간생활의 조건을 ① 주거조건, ② 일과, ③ 여가의 세 가지로 나누어서 그 각각의 국면이 어떠해야 하는가를 제시하고 있다. 즉, 주거조건에 있어서 장애아, 특히 정신지체아동의 생활을 정상화하기 위해서는 시설이 아닌 부모의 집에서 가족들과 함께 살도록 하는 것이며, 성인장애인의 경우는 다른 성인들과 함께 생활하도록 하고 가능한 한 자립할 수 있는 여건을 조성하는 것이다. 일과에 대해서는 장애아동의 경우에는 교육을 받을 권리가 다른 아동들과 동등하게 존중되어져야하며, 성인의 경우 능력에 맞는 노동을 할 수 있는 여건이 마련되어야 한다. 또한 여가에 있어서는 다른 사람과 똑같이 여가시설을 이용할 수 있는 기회와 권리가 확보될 필요가 있다.

이상과 같이 정상화란 장애인들도 사회의 다른 성원들과 함께 같은 교육을 받아야 하며, 비장애인과 동일한 작업환경 내에서 일할 수 있어야 하며, 사회성원들의 일반적인 활동에 속하는 종교, 여가, 체육활동 등에 적극적으로 참여할 수 있어야 한다는 것을 의미한다.

(2) 사회통합

장애인복지의 기본이념은 완전한 사회참여와 평등한 기회를 통한 장애인의 사회통합이다. 장애인의 사회통합(social integration)은 더불어 사는 사회이며 장애를 갖고 있는 사람이 차별 없이 모든 사회활동에 참여하는 복지사회구현을 의미한다. 사회통합이 더욱 기본적인 가치이념으로 간주되는 이유는 첫째, 장애를 가진 사람은 누구나 인간이라는 기본적인 사실과 둘째, 어느 누구도 장애로부터 자유롭지 않다는 철학에 근거하고 있기 때문이다. 따라서 장애인의 사회통합은 우리사회가 추구해야하는 사회가치의 정당성을 갖는 이외에도 장애인과 비장애인을 포함한 우리 사회의 모든 구성원이 공감하는 목표이기도 한 것이다.

이렇게 장애인복지의 이념에 있어서의 사회통합이란 장애를 가진 사람들이 가치있는 방법에 의해 정상적인 지역사회 안에서 인격적인 개인으로서 성공적으로 참여하게 하는 것을 의미한다. 즉 통합화의 과정은 장애인과 비장애인들이 모든 기회에 서로 공동·협력해 갈 가능성을 위한 조건추구를 지향하는 과정을 말한다.

그러므로 이러한 통합화의 과정이 성공적으로 이루어질 때 모두가 더불어 사는 정상화의 이념이 구현될 수 있는 것이다.

(3) 자 립

자립(自立, independence)이란 한자로 스스로 일어선다는 의미이며, 또한 자립(independence)은 영어로 의존(dependence)의 반의어(反意語)로서 타인에 대한 의존 또는 종속에서 벗어나는 것을 의미한다.

영국의 장애운동가 Brisenden은 "자립생활은 우리 삶의 목표를 취하기 위한 간단한 방법으로서 실천적으로 상식적인 방법이다. 자립적인 사람은 자신들의 생활전반을 조정하고 관리하는 것이며, 자신들의 모든 과업을 수행하는 것은 아니다. 자립이란 장애인들의 신체적인 것이나 지능적인 능력과 연관되는 것이 아니다. 자립이란 장애인 자신을 스스로 보호하고 관리하기 위하여 아무런 지원 없이 이룰 수 있는 것이 아니다. 장애인들이 스스로 필요한 원조와 지원을 다양한 지원체계를 통해 제공받음으로서 장애인의 자립생활이 이뤄지게 결국 이로 인해 자립이 가능하게 되는 것"이라고 자립을 정의하고 있다.

이렇게 장애인들에게 있어서 자립적인 생활은 장애인들이 자신의 삶을 스스로 선택하고 조정하고 자신의 삶의 전부를 관리하는 일로서 장애인들이 언제 어디서나 자신들이 영위할 수 있는 자유를 누릴 수 있음을 의미한다. 또한 장애인의 자립생활이란 장애인들이 스스로 자신의 삶을 선택하고 관리할 수 있도록 필요한 기술과 원조를 제공하는 일이 필수적으로 요구되는 것이다. 다시 말해 장애인의 자립이란 장애인 자신이 가지고 있는 능력을 최대한 활용하여 직업적, 경제적으로 자립적인 생활을 영위하는 것을 의미한다(오혜경, 1999: 25).

3) 장애인의 유형

(1) 지체장애

지체장애란 사지와 몸통의 운동기능장애를 의미한다. 즉 '사지'는 상지의 어깨관절에서 손가락 끝을 말하고, '하지'는 고관절에서 발가락 끝까지를 말한다. '몸통 은 척추를 중심으로 한 상반신과 목, 머리부분을 말한다. 그러나 지체장애에서 흉부와 복부의 내장기관은 포함되지 않는다.[10] 지체장애인의 운동기능장애는 운동기관의 중추신경계, 근육 및 뼈, 관절 등의 부상이나 질병으로 인하여 장기간 일상생활이나 학교생활에 적응하기 어렵고, 자기 스스로 보행하는 것이 곤란한 상태를 말한다.

지체장애의 원인은 발생시기에 따라 '선천적 원인'과 '후천적 원인'으로 구분할 수 있다. ① 선천적 원인은 장애가 출산 전에 이미 태아에서 발생한 것이고, ② 후천적 원인은 출산 후에 발생한 것을 의미한다. 대부분의 지체장애는 후천적 원인에 의해 나타나고 있는데, 특히 성인의 경우 사회활동 중에 장애가 발생한 것을 '중도장애'라고 한다. 우리나라의 경우 장애인복지법 시행령에는 지체장애인에 대한 기준을 6등급으로 나누어 규정하고 있다.

(2) 시각장애

시각장애란 눈의 다양한 기능장애를 포괄적으로 나타내는 의미이다. 눈의 본질적 기능은 물체의 존재와 그 형태를 인식하는 눈의 능력을 말한다. 이에 시력의 상실 또는 장애를 정도별로 구분해 보면, ① 시력이 전혀 없는 상태를 '전맹', ② 암실에서 장애인의 눈에 조명할 시 이를 인식하는 상태를 '광각', ③ 눈 앞에서 손을 좌우로 움직일 시 이를 볼 수 있는 정도를 '수동', ④ 1m 전방의 손가락 수를 알 수 있는 상태를 '지수', ⑤ 활자를 읽을 수 없으나 시력으로 일상생활이 가능한 상태를 '약시'라고 한다.[11]

따라서 시각장애인은 장애인복지법 시행령에 의해 다음과 같이 구분하고 있다. ① 두 눈의 시력이 0.1 이하인 자, ② 한 눈의 시력이 0.02 이하, 다른 눈의 시력이 0.6 이하인 자, ③ 두 눈의 시야가 각각 10도 이내인 자, ④ 두 눈의 시야 2분의 1 이상을 상실한 자 등으로 되어 있다.

---

10) 박옥희, 「장애인복지의 이론과 실제」(서울 : 학문사, 1998), p 39
11) 아산사회복지사업재단, 「장애인복지편람」(서울 : 아산사회복지사업재단, 1981), p 249

(3) 청각장애

청각장애란 소리를 듣는 구조와 들은 소리를 뜻 있는 소리로 인지하고 구별하는 중추의 인지구조에서 어떤 장애로 인하여 소리를 듣지 못하는 것을 의미한다. 미국 농학교 집행위원회(1974)에서는 청각장애를 정의한 바 있다.[12] 즉 '난청인'은 청각을 통한 언어적 정보의 성공적 소통과정이 가능한 잔존능력을 보유하여 보청기를 사용하는 자를 말하고, '농자'는 보청기를 사용하든 않든 간에 청력을 통한 언어적 정보의 상징적 소통과정이 불가능한 자를 말한다.

청각장애의 유형을 몇 가지 제시하면 다음과 같다. ① '난청'(hard of hearing)은 큰 소리로 전달해야만 들리는 경우로서 현저한 장애일 때 병적인 상태가 된다. ② '청력손실'(hearing loss)은 청각장애가 어느 정도인지를 나타낼 때 흔히 몇 데시벨(db) 청력손실이라고 한다. ③ '농'(deaf)은 일상생활에서 청각을 사용할 수 없는 상태를 말한다. ④ '청각장애'(hearing impairment)는 작은 소리가 안 들리든가 말의 판별이 어렵다든가 하는 일체의 비정상적인 청각상태를 말한다.

따라서 청각장애인은 장애인복지법 시행령에 의해 다음과 같이 구분하고 있다. ① 두 귀의 청력손실이 각각 60db 이상인 자, ② 한 귀의 청력손실이 80db 이상이고 다른 귀의 청력손실이 40db 이상인 자, ③ 두 귀의 들리는 말소리 명료도가 50% 이하인 자 등으로 되어 있다.

(4) 언어장애

언어장애란 연령이 7세에 이르러서도 언어발달이 완전하지 못한 경우를 의미한다. 어떤 개인의 의사소통이 방해되어 사회생활에서 정상적인 적응이 불가능할 경우에 언어장애가 있다고 말한다. 언어장애를 원인별로 분류하면 다음과 같다. ① 뇌성마비 등 언어중추손상을 입은 경우, ② 입천장이나 입술이 파열된 경우, ③ 말더듬에 의한 경우, ④ 농이나 난청에 의해 언어습득이 곤란한 경우, ⑤ 지능지체가 심해 언어능력에 장애를 갖는 경우이다.

따라서 언어장애인은 장애인복지법 시행령에 의해 음성을 상실한 자이고, 언어기능장애인은 음성기관 또는 언어기능을 상실한 자를 말한다. 그리고 언어장애인은 음성, 언어만으로 의사소통이 곤란하며 음성기능과 언어기능에 현저한 장애가 있는 자로 규정하고 있다.

---

12) 박옥희, 전게서, p 68

(5) 정신지체

정신지체란 정신발달의 지체로 인해 지적 기능이 평균 이하이며. 어느 정도 사회적 적응은 가능하나 완전히 독립적인 위치에서 사회활동을 하기에는 곤란한 자를 의미한다. 정신지체의 용어를 정신박약(mental deficiency)이란 말로 사용하며, 이것은 정신발달이 늦지만 계속 발달할 수 있다는 의미를 가지고 있다. 일반적으로 경도의 정신지체는 그 원인이 분명치 않은 경우가 많다. 중등도의 정신지체는 약 25%가, 중도 정신지체는 약 60% 이상이 유전적이거나 뇌손상과 관련되어 발생되고 있다.

따라서 정신지체의 원인을 두 가지로 구분할 수 있다. ① 사회심리적 요인으로는 사회경제적 요인과 부모에 의한 요인으로 볼 수 있고, ② 생물학적 요인으로는 유전적 요인, 출생전 요인, 출산후 신경학적 질환 등의 요인으로 볼 수 있다.

4) 현대사회와 장애인문제

장애인은 역사적으로 비정상적인 존재로서 사회적으로부터 거부당해 왔다. 일반적으로 장애인이라고 하면 즉각 반사회성과 결부시키려고 하는 경향도 있지만, 실제로는 장애로 인하여 심적 갈등이나 고뇌, 불안이 고조되거나 혹은 소극적이고, 무기력에 빠져서 올바른 생활이 제한되고 있는 사람들을 말한다.

따라서 장애인은 자신의 정신상태, 건강상태, 출생 시 외상의 유뮤, 출생 후의 신체적 질환이나 외상, 유아기 때의 가정적 환경이나 교육, 학교나 직장의 환경, 사춘기나 노년기의 생물학적 또는 사회학적인 변동의 영향, 현대사회의 분업화된 인간소외적 구조의 영향, 매스컴의 공격적 공해, 자신의 성장과정 시기와 전통적 습속 등이 이들의 정신발달에 크든 작든 관련되어 있다고 본다. 장애인과 관련한 몇 가지 문제영역을 제시하면 다음과 같다.

(1) 장애인구의 증가

우리나라 장애인의 실태조사(1998)에서 나타난 장애인 수는 425.064명으로 최근 3년간 매년 약 8만 명씩 증가하고 있다. 외국통계에 의하면 인구의 10%가 장애인이라고 할 때. 우리의 경우 장애인 출현율이 매우 낮은 것 같으나, 이미 제시했듯이 장애인구의 적용기준이 다르기 때문으로 해석할 수 있다. 선진국의 경우 내부장애, 만성질환 등이 포함되어 있기 때문에 우리나라의 경우 장애인구가 차지하는 비율이 결코 낮은 것이 아니다.

(2) 장애인의 교육문제

장애아동들은 헌법에 명시된 바와 같이 교육받을 권리가 있으며, 이들 장애인에게 특수교육을 시행토록 되어 있다. 그러나 장애에 따른 교육시설, 교육내용, 전문인력 등의 부족으로 인해 장애인들의 욕구 및 증상에 따른 교육의 필요를 실현시키는 데 많은 문제를 안고 있다. 최근 장애인에 대한 특수교육을 일반학교에서도 실시하게 된 것은 상당히 고무적인 것으로 받아들여질 수 있다.

(3) 장애인의 의료문제

의료는 장애인 재활의 기초가 되며, 장애에 대한 치료, 예방, 재활 등을 위한 의료서비스의 확대가 요구된다. 정부에서는 장애인들이 안고 있는 문제에 대한 의료재활을 위해서 재활전문의의 양성, 재활의료기관의 확대, 생활 곤란한 장애인의 의료비 지원 등과 같은 다각적인 의료재활서비스 시책을 어느 정도 실시하고 있다. 그러나 장애인의 다양한 의료문제들을 해결하기에는 현실적으로 아직 거리가 있는 것이 사실이다.

(4) 장애인의 직업재활문제

장애인복지의 궁극적 목표는 모든 장애인이 자기능력을 최대한으로 개발하여 직성에 맞는 직업을 가지고 사회적, 경제적 활동에 참여하여 자립을 도모하는 것이라 할 수 있다. 정부는 장애인 직업훈련을 대폭 강화하는 한편, 일반기업에 취업이 어려운 장애인들에게 적합한 직종의 기능을 습득시켜 자립할 수 있는 일터를 마련하자는 방안으로 「장애인고용촉진법」(1989)을 제정하였다.

이와 같은 법률을 근거로 장애인근로시설을 확충하여 장애인재활시설, 장애인종합복지관, 사회복지관 등에 장애인 보호작업장을 부설하여 운영하고 있다. 이를 통해 시설수용장애인은 물론 지역 내 재가장애인을 종사시켜 자립을 유도하고 있다. 그러나 장애인의 취업조건에는 여러 가지 장애적 요소들이 산적해 있으므로 장애인

재활을 더욱 어렵게 만들고 있다.

(5) 장애인의 가족문제

대부분의 장애인이 가정에서 생활하고 있는 점을 감안하여 이들의 가족 문제를 단계별로 제시하면 다음과 같다.

첫째, 출산육아기의 가족문제이다. 부모들은 어린이가 장애아가 되지 않도록 각종 예방에 노력하지만 장애가 고정되거나 영속되는 경우 당사자보다 부모의 충격이 크다. 이 때 부모들은 자녀들을 수용하지 못하고 모자관계, 부부관계 등에 갈등이 생기게 된다.

둘째, 교육기의 가족문제이다. 장애아동이 성장・발달하여 교육을 받게 됨으로써 부모의 보조부담이 커지게 된다. 특히 아이의 자아가 발달함에 따라 장애를 수용할 수 없게 되거나 차별과 소외감을 느껴 고민하거나 부모에게 반항함으로써 정신적 고통이 생기게 된다.

셋째, 아동자립기의 가족문제이다. 장애가 무거울수록 고등교육이나 경제적 자립의 기회가 거의 없기 때문에, 학교나 직장에 통합되기 어려운 장애아는 계속 가정에서 부모와 형제들의 보조를 받아야 한다. 그리고 가벼운 장애아의 경우도 경제적 자립이 어렵기 때문에 부모들은 성인이 된 자녀들까지도 가정에서 보호해야 한다는 어려움이 있다.

(6) 장애인의 편견문제

장애인의 편견문제로서 이들에 대한 장점을 이해하기보다는 약점에 대한 선입관적 이해가 많은 것이 현실이다. 장애인은 개인적, 사회적으로 열등하다고 간주해 버리면 그들은 자신을 열등한 존재로 보는 경향이 있고, 부정적 자아개념을 가지기 쉽다. 즉 장애인에 대한 사회적 편견, 차별 등이 우리의 의식구조 밑에 내면화되어 있기에, 그 외의 많은 것들이 더욱 중요하다는 것을 상실해 버리는 경우가 있다. 이러한 사회적 냉대의식이 그대로 있는 한 장애인의 문제들을 해결할 길은 묘연해질 수밖에 없다.

5) 장애인복지의 과제

장애인복지의 기본목표는 장애인의 완전한 사회참여와 평등을 보장하는데 있다. 이러한 기본목표를 달성하기 위해서는 생활능력이 없는 중증장애인에 대해서는 국가가 적극적인 보호를 실시하고, 자활자립이 가능한 장애인에 대하여 치료, 교육 취업 등 장애유형에 적합한 재활시책과 자립기반을 확충해 나가야 한다.

우리나라는 장애인복지 종합대책으로서 1989 '심신장애자복지법'을 '장애인복지법'으로 전면 개정·공포하였고, 「장애인고용촉진법」을 제정하여 장애인 의무고용제를 도입함으로써 사회복지증진시책을 추진하는 제도적 기틀을 마련하였다. 이에 따라 장애인복지의 과제를 몇 가지 제시하면 다음과 같다.

첫째, '의료재활서비스'로서 각 분야의 전문가들이 신뢰를 바탕으로 가족과 함께 환자의 사회복귀를 위해 노력하는 서비스이다. 의료재활서비스를 제공하기 위해서는, ① 의료비 부담이 과중한 장애인들이 저렴한 요금으로 의료재활서비스를 제공받을 수 있도록 국립전문재활의료센터를 건립해야 한다. ② 1990년부터 의료비부담이 과중하여 장애치료에 어려움을 겪고 있는 저소득 중증장애인에게 본인부담 의료비전액을 정부가 지원함으로써 생활이 어려운 장애인의 의료보장을 더욱 확대해야 한다. ③ 재활전문의와 물리치료사, 작업치료사 등의 장애인의료재활 전문인력의 양성을 확대함과 동시에 장애예방을 위한 다각적인 노력이 필요하다.

둘째, '직업재활서비스'로서 이는 장애인복지의 궁극적 목표가 되며, 모든 장애인이 자기능력을 최대한 개발하여 적성에 알맞은 직업을 가지고 사회적, 경제적 활동에 참여하여 재활자립을 도모케 하는 서비스이다. 직업 재활서비스를 위해서는, ① 장애유형별 장애 정도에 적절한 직업훈련의 실시와 취업직종의 개발이 선행되어야 한다. ② 정부는 1990년에 장애인고용촉진법을 제정하였지만 장애인의무고용제를 더욱 확대하여 시행해야 한다. ③ 장애 정도가 심하여 일반기업에 취업이 어려운 장애인들의 기능효력과 자립지원을 위해 장애인재활시설을 확충하고, 직업훈련장비와 시설을 강화하여 장애인들의 직업훈련기능을 강화해야 한다.

셋째, '장애인 소득보장'으로서 이들의 생활안정과 삶의 의욕을 고취시키게 하는 서비스이다. 장애인들이 일상생활에 필요한 소득을 보충시켜 주거나 금전적 지출을 감면해주기 위해서는, ① 저소득 중증장애인의 생계적 안정을 위해 일정한 생계보조수당을 지급해야 한다. ② 정부는 저소득 장애인의 중·고등학생 자녀에게 수업료, 입학금 전액을 보조해야 한다. ③ 공공기관이나 시설 내 매점, 자판기설치, 기타 전매품 판매점 등을 장애인에게 우선 허용하여 경제적 자립을 기하도록 배려해야 한다.

넷째, '재가장애인의 시설확충'으로서 가정생활과 함께 치료와 교육, 직업훈련서비스 등을 받도록 통원시설을 보다 다양하게 설치하여 이용시설의 기회를 확대하는 서비스이다.

장애인의 대표적인 이용시설은 장애인복지관으로서 재가장애인에 대한 상담, 치료 및 교육훈련 사회와의 교류촉진, 여가활용 등의 종합적인 사회복지서비스를 제공하고 있다. 이에 따라 장애인 문제를 더욱 계몽하고 홍보하며 조사연구를 통해 재가장애인의 자활자립과 복지증진을 위해 활발한 운영이 필요하다.

따라서 우리나라의 경우 장애인복지에 대한 국민적 의식이 어느 정도 개선되고 있는 추세이다. 현재 장애인을 위한 기본적인 법적 장치를 완비하여 장애인대책이 눈에 띄게 발전되고 있으나, 이를 뒷받침할 수 있는 국민들의 장애인에 대한 이해와 인식의 개선이 우선 이루어져야 한다. 특히 장애인복지에 대한 전문가의 양성은 물론 법적, 제도적으로 바람직한 장치가 확립되어야 한다.

2. 재가복지사업

인간에게 가정은 생활의 근간이 되고 기본이 되는 장이며 1차적인 보호를 받고 안정을 취하는 곳이기도 하다. 많은 사람들은 자신의 가정과 지역사회에서 일생을 보내기를 원한다. 특히 신체적·정신적으로 노화를 겪는 노인이나 심신이 부자유스러운 장애인에게 가족의 보호와 가정은 생명과 일상생활을 유지하는데 필수 불가결한 것이다.

재가복지사업의 의의는 클라이언트의 대인적·사회적 욕구를 해결하고 가족의 기능을 보완해 줄 수 있는 사회적 서비스의 일차적 대안으로서 클라이언트가 자신이 살아온 가정과 지역사회에 머물며 서비스를 제공받음으로써 시설 입소를 지양하고 가정 내 보호를 지향하자는 것이다.

다음에서는 재가복지사업의 개념과 필요성, 재가복지사업의 내용에 대해 살펴보고자 한다.

1) 재가복지사업의 개념

재가복지사업이란, 클라이언트가 이제까지 생활해 온 주거공간에서 1차적으로 생활을 유지하고 보호를 받는 것이 가장 바람직하겠으나 자립조건이 충분하지 못하여 타인과 사회의 원조를 필요로 하는 클라이언트를 위해 가능한 주택에서 생활을 유지할 수 있도록 각종 복지서비스를 제공하는 것을 의미한다. 즉, 도움이 필요한 클라이언트가 자기 집에서 거주하면서 필요한 서비스를 지원받거나 지역사회의 사회복지시설을 이용하여 정상적인 가정생활을 영위하도록 하는 사회적 지원형태를 의미한다.

재가복지사업에 대한 많은 학자들의 견해를 정리해보면, 카두신(Kadushin)은 재가복지사업이란, 교육이나 훈련을 받은 자들이 사회복지 기관에서 육체 · 정신적 장애아동의 보호나 클라이언트의 기능을 유지 · 강화 · 보호하기 위하여 도움을 주는 것이라고 했다. 이것은 도움이 필요한 자들이 가정에서 도움을 받을 수 있도록 한 것으로 가족의 약화된 부분을 보완하는 보충적 서비스(Supplementary Service)라고 정의하였다.

덱스터(Dexter)와 하버트(Harvert)도 이와 유사한 내용으로 재가복지서비스란, 충분한 자격을 갖춘 사람이 대상자의 가정에서 가족단위로 서비스를 제공하거나 또는 환자 능력이 없는 자, 편부모의 자녀, 노인, 그리고 사회적 건강상의 이유로 도움을 필요로 하는 개인들을 돕는 것이라고 주장했다. 우리나라 보건사회부가 발표한 재가복지센터 운영지침에서는 "지역사회 내에서 일정한 시설과 전문인력을 갖추고 필요한 재가복지서비스를 제공하는 것" 이라고 정의하고 있다.

이러한 견해들을 종합하면 재가복지사업이란, 도움이 필요한 아동, 장애인, 노인과 같은 사회적으로 취약계층의 보호에 있어 이들을 시설에 수용하지 않고 가정과 지역사회 내에서 생활할 수 있도록 하여 필요한 각종 복지 서비스를 제공하는 것을 의미한다.

2) 재가복지사업의 필요성

사회복지서비스는 사회적으로 취약한 계층의 보호를 위하여 주로 시설 중심으로 발전하여 왔다. 그러나 시설중심의 복지사업은 경제적으로나 사회적으로 한계가 있고, 시설 수용인들에 대한 열등처우의 원칙을 적용하여 항상 열악한 상태에 있음이 지적되어 왔다. 특히 시설보호는 입소자들을 가족과 지역사회로부터 격리시키고 있으며, 다수의 인원을 수용관리하기 위해서 단체생활의 엄격한 규율을 적용하므로 다분히 관료적이고 통제적인 생활을 실시하는 경우가 많다. 또한 시설에서는 개인의 특성에 맞는 서비스 제공이 어렵고, 입소된 장애인이나 노인들의 독립생활 능력을 유지하거나 향상시키지 못하고 있다는 점이 지적되어 왔다(고양곤, 1997: 김영모, 1985).

(1) 탈시설화와 대인 서비스에 대한 욕구증가

재가복지사업은 클라이언트의 시설 입소를 예방하거나 지연시킬 수 있기 때문에 필요하다. 클라이언트가 가정에서 보호를 받는다면 장애가 있다고 하더라도 가정이나 지역사회에서 생활 할 수 있기 때문에 시설에 입소할 필요가 없게 되거나 시설입소를 연기할 수 있게 된다는 점에서 필요성을 역설할 수 있다. 또한 재가보호가 시설보호에 비해 효율성과 효과성이 높은 경우가 많다는 점으로 시설보호는 다수의 클라이언트를 관리하기 때문에 클라이언트의 다양한 욕구에 개별적으로 대응하는 것이 어려울 뿐 아니라 개인의 독립적 생활을 보장하는데 한계가 있다. 따라서 시설 수용의 형태보다 클라이언트 삶의 터전인 가정에서 보호하는 것이 신체적 · 사회적 재활을 도모하고 독립성을 유지하며 삶의 질을 향상시키는데 용이하다.

(2) 정상화와 사회통합 도모

평생을 살아온 자신의 집에서 노후를 보내기를 바라는 노인의 욕구로서 재가노인복지의 필요성을 설명할 수 있다. 노인에게 재가복지서비스가 필요한 이유는 노인은 자기 집에서 생활하기를 원하고 있으며, 또 그렇게 하는 것이 바람직하다. 이는 장애인을 정상적인 환경 속에서 재활 시키는 것이 바람직하다는 정상화의 원칙에서 나온 개념이지만 노인을 정상적인 환경 속에서 물리적 및 사회적으로 재활 시키고 사회에 통합되도록 한다는 의미에서 정상화는 장애인은 물론, 노인과 아동의 보호에도 적용되는 것이다.

시설 중심의 사회복지 서비스와 같이 요보호 대상자들을 생활의 장으로부터 격리시켜 보호하지 않고 사회 통합에 목적을 둔 양질의 서비스와 요보호 대상자가 사회의 일원으로써 생활할 수 있도록 정상화의 이념에 입각하여 사회보호 서비스의 조직화 요구에 따라 재가복지사업의 필요성을 찾을 수 있다.

(3) 사회의 고령화와 노인인구의 증가

건강 · 보건 기술의 발달로 인한 평균수명의 연장은 노인인구의 증가 및 사회를 고령화시키고 또 다른 사회문제로서 노인문제의 발생과 노인복지욕구의 증가를 불러왔다.

우리나라는 짧은 기간 동안 고령화 사회에서 고령사회로 변하고 있으며, 2026년경에는 65세 이상 노인인구가 전체 인구의 23.1%에 이르는 초고령 사회로 돌입할 것이 예상되고 있다(통계청, 2003), 노인 인구는 신체적인 보호와 경제적인 보장을 필요로 하기 때문에 요보호 대상자로서 노인인구의 증가는 재가 복지사업의 필요성을 부각시킨다.

(4) 핵가족화로 인한 가족부양기능의 약화

오늘날 이혼율의 급증으로 인하여 한 부모가정의 증가와 교통사고 등으로 장애인, 또는 홀로 남은 유자녀의 발생, 핵가족화로 인한 독거 노인세대의 증가로 부양기능을 보강할 다른 서비스의 개발이 필요하게 되었다.

특히 노인문제에 있어서 산업화와 핵가족화로 인한 가족부양 기능의 약화는 노인들이 만성질환이나 기능장애로 도움이 필요할 때 어떻게 보호받을 것인가에 대한 문제를 야기한다.

통계청의 「가구구성 및 가구주의 연령별 가구」 조사에 의하면 2000년 65세 이상 노인 혼자서 살거나 또는 부부끼리 사는 가구는 1,770,455가구였으나 2003년에는 2,058,924가구로 무려 288,469가구나 증가하였는데, 이는 점차 가속화될 추세이다.

가족의 부양 기능의 약화는 여성의 활발한 사회참여에서도 찾아 볼 수 있는데 전통적으로 여성이 자녀의 양육과 노인의 부양을 담당했으며 가족 중에 환자나 장애인이 있을 경우 여성이 주된 역할을 담당했던 점으로 미루어 보았을 때 오늘날 여성의 경제활동의 증가는 재가복지서비스의 확충을 필요로 하게 되었다.

한편 재가복지서비스의 필요성을 부양가족의 복지 차원에서도 설명할 수 있는데 장애인이나 질환을 앓고 있는 노인과 동거하는 가족들 대부분은 만성피로와 고통을 호소하고 있다. 따라서 재가복지서비스는 낮 동안, 또는 단기간 요보호 대상자를 대신 보호함으로써 가족의 일시적인 외출 또는 휴식 시간을 제공해 줄 수 있게 되어 가족의 기능을 보완할 수 있다.

3) 재가복지사업의 내용

(1) 가정봉사원파견사업

가정봉사원파견사업이란, 훈련받은 가정봉사원이 혼자서 일상생활을 영위하기 어려운 노인이나 장애인의 가정에 방문하여 그들의 일상생활에 필요한 각종 서비스를 제공하고, 가족의 수발 부담을 덜어주고 그들이 지역사회 안에서 안정된 생활을 보낼 수 있도록 하는 것으로 재가복지사업의 중심적 사업이라 할 수 있다.

가정봉사원 파견사업의 내용으로 ① 가사지원 서비스, ② 개인활동 서비스, ③ 우애서비스, ④ 간병 서비스, ⑤ 상담 서비스, ⑥ 결연 사업으로 나눌 수 있으며 구체적인 내용은 [표 8-1]과 같다.

[표 8-1] 가정봉사원 파견사업의 내용

<table>
<tr><th>구 분</th><th>구 분</th><th>사 업 내 용</th></tr>
<tr><td rowspan="4">가정봉사에 관한 사항</td><td>가사지원 서비스</td><td>· 취사, 시장보기, 청소 · 주변정동, 생활필수품 구매 등 가사에 관한 서비스</td></tr>
<tr><td>개인활동 서비스</td><td>· 신체청결, 외출 시 부축 동행 등 개인활동에 관한 서비스</td></tr>
<tr><td>우 애 서비스</td><td>· 전화 및 방문 말벗, 편지 써주기, 생활상담 등에 관한 서비스</td></tr>
<tr><td>간 병 서비스</td><td>· 재가대상자 중 중증질환자를 대상으로 재가간병 및 병원간병을 지원</td></tr>
<tr><td colspan="2">상담 및 교육에 관한 사업</td><td>· 지역사회 내에서 재가대상자의 자립생활에 관한 상담
· 재가대상자 수발자를 위한 상담 및 교육
· 재가대상자 결연에 관한 사업</td></tr>
<tr><td colspan="2">결연에 관한 사업</td><td>· 무의탁 노인, 장애인 후원을 위한 결연사업</td></tr>
</table>

(2) 주간보호사업

주간보호사업이란, 부득이한 사유로 가족의 보호를 받을 수 없어 일시적으로 보호가 필요한 심신이 허약한 노인과 장애인을 낮 동안 입소시켜 보호하고 필요한 각종 서비스를 제공하며, 그들의 생활안정과 심신기능의 유지, 향상을 도모하고 부양가족의 신체적. 정신적 부담경감을 목적으로 한다. 기본 서비스로 중식제공, 간식제공, 물리치료 프로그램 등이 있고, 특별서비스로는 목욕, 용변 서비스가 있다.

주간보호사업은 1992년 정부 지원으로 시작되었으며 1993년 개정 노인복지법에 따라 재가복지사업으로 규정되어 무료 및 유료로 실시가 가능하며 영리를 목적으로 하는 개인이나 단체에서도 가능하다.

주간보호사업의 예산지원 기준은 인건비, 운영비 등 사업비 일부를 국가 및 지방자치단체에서 보조하고 각 시설의 이용노인 수, 제공서비스 등 운영실적을 평가하여 차등 지원한다.

주요 사업내용으로 생활지도 및 일상동작훈련 등 심신의 기능회복을 위한 서비스, 급식 및 목욕서비스, 취미, 오락, 운동 등 여가생활 서비스, 노인 결연에 관한 사항, 무의탁 노인 후원을 위한 결연 사업, 이용노인가족에 대한 상담 및 교육 등이 이루어진다.

국고지원 시설의 경우 국민기초생활보장 수급권자는 무료로 이용함을 원칙으로 하되, 저소득층(도시근로자 월평균소득 미만)은 식비 등 서비스 내용에 따라 실비의 징수가 가능하다. 운영원칙은 1일 낮 동안 13)을 원칙으로 하지만 융통성 있게 운영한다.

이용정원 5인 이상을 기준으로 하며 연면적 100㎡이상을 확보하여야 하되 5인 초과 시에는 1인당 5㎡이상의 거실을 확보해야 한다. 직원은 시설의 장과 사회복지사, 생활보조원, 물리치료사 또는 간호조무사, 사무원, 취사부, 보조원 또는 운전기사 등으로 구성된다.

[표 8-2] 주간보호사업의 내용

구분	프로그램 내용
건강	· 물리치료, 작업치료, 건강검진, 간호서비스, 수지침, 마사지, 건강체조, 단전호흡, 기능회복 훈련 등
교육	· 한글교실, 인지교육, 자기표현 프로그램, 이용자가족교육, 인지훈련 등
여가	· 나들이, 생일잔치, 민속놀이, 추억여행, 레크리에이션, 붓글씨, 종이접기, 영화감상, 노래교실, 체육대회, 명상, 음악, 미술, 실내놀이, 지점토 공예 등
기타	· 상담, 이·미용 서비스, 세탁서비스, 후원, 급식, 간식, 목욕, 송영 서비스, 중풍가족교실 등

* 자료: 정은수 (1999), 보건복지부 (2000) 재구성

(3) 단기보호사업

단기보호사업은 주간보호사업과 같은 목적을 가지고 운영되며 보호기간에 대해서는 서로 상이하지만 사업내용은 유사하다. 단기보호사업은 부득이한 사유로 가족의 보호를 받을 수 없어 일시적으로 보호가 필요한 심신이 허약한 노인과 장애인을 시설에 단기간 입소시켜 보호하고 필요한 각종 서비스를 제공하고 요보호대상자 및 부양가정의 생활안

13) 평일은 07 : 30-19 : 30으로 하고 토요일은 07 : 30-15 : 30으로 하되, 이용노인과 그 가정의 형편에 따라 신축성 있게 운영하도록 한다.

정 및 복지증진을 도모하는 것을 목적으로 한다.

국가의 예산 지원 기준은 인건비, 운영비 및 사업비 일부를 국가 및 지방자치단체에서 보조(국고 40%, 지방비 60%)하고 각 시설의 이용노인 수, 제공서비스 등 운영실적을 평가하여 차등 지원한다.

주요사업내용으로 생활지도 및 일상동작훈련 등 심신의 기능 회복을 위한 서비스, 급식 및 목욕서비스, 취미, 오락, 운동 등 여가생활 서비스, 노인 결연에 관한 사항, 무의탁 노인후원을 위한 결연 사업, 이용노인가족에 대한 상담 및 교육 등이며 국고 지원 시설의 경우 국민기초생활보장 수급권자는 무료로 이용함을 원칙으로 하되, 저소득층(도시근로자 월평균소득 미만)은 식비 등 서비스 내용에 따라 실비 징수 가능하다.

보호기간은 45일 이내로 하되, 연간 이용일수는 3개월을 초과 할 수 없다. 규모는 이용정원 5인 이상이어야 하며 시설의 장, 사회복지사, 생활보조원, 물리치료사, 간호사 또는 간호조무사, 취사부, 세탁부로 구성된다.

[표 8-3] 단기보호사업의 내용

구 분	프로그램 내용
생활지도 및 일상동작훈련 등 심신의 기능회복을 위한 서비스	· 물리치료, 작업치료, 건강검진, 간호서비스, 수지침, 마사지, 건강체조, 단전호흡, 기능회복 훈련 등
이용자 가족에 대한 상담 및 교육	· 자원봉사자교육, 건강강좌, 이용자가족교육 및 상담 등
취미 및 오락, 운동, 여가	· 나들이, 생일잔치, 민속놀이, 추억여행, 레크리에이션, 붓글씨, 종이접기, 영화 감상, 노래교실, 체육대회, 명상, 음악, 미술, 실내놀이, 지점토 공예 등
급식 및 목욕서비스	· 상담, 이·미용 서비스, 세탁서비스, 급식 서비스, 목욕서비스 등
결연에 관한 서비스	· 무의탁 노인, 장애인을 위한 결연사업

* 자료: 정기성 (1997), 보건복지부 (2000) 재구성

제9장

학교사회 사업과 교정복지

1. 학교사회사업

학교란, 학생의 잠재능력을 개발하며 전인적인 인재로 양성함을 목적으로 교육이 이루어지는 곳이나 최근 왕따, 학교 폭력, 학교 부적응 등 교내 문제가 심각해지고 있는 현실이다.

이러한 상황에 따라 교내 문제를 치료하거나 예방하려는 노력이 학교 내에서 이루어져야 한다는 필요성으로 학교사회사업이 운영되고 있다.

학교사회사업은 일부 학교에서 시범적으로 운영되고 있으며 점차 그 효과성과 효율성을 인정받아 대상 영역을 넓혀가고 있는 실정이다.

학생의 문제에 담임교사와 학교 행정가의 노력만으로는 역부족이라는데 인식을 같이 하여 교사, 학부모, 사회사업가, 지역사회가 팀워크를 이루어 학생의 문제를 해결하되 사회사업가가 주도적인 역할을 담당하는 것이 바람직한 형태가 될 것이다.

그러면 학교사회사업의 개념과 실천모델, 서비스를 살펴봄으로서 이해를 돕고자 한다.

1) 학교사회사업의 개념

학교사회사업이란, 학교라는 장(場)에서 청소년의 지적・사회적・정서적 욕구에 관심을 가지는 것이며 청소년 문제에 전문적으로 접근함으로서 학교적응력을 향상시키는 것으로 여기에는 가족, 교사, 지역사회가 포함된다. 즉, 학교를 실천 현장으로 하여 사회복지의 원리와 기술을 적용하여 청소년 문제를 예방하고 치료하는 것을 목적으로 하는 사회복지 실천 분야의 하나인 것이다.

학교사회사업의 목적은

① 모든 학생들을 대상으로 그들의 욕구와 문제에 능동적으로 대처하여 학교적응력을 높인다. 학생 개개인의 잠재력을 발휘하도록 하여 학교 내에서 원만한 생활을 해나갈 수 있도록 원조하는데 목적이 있다.

② 학교 부적응, 학교 폭력 등 요보호청소년을 대상으로 전문적인 치료활동을 통해 문제를 해소하려는데 있다고 볼 수 있을 것이다.

우리나라 학교사회사업은 1992년 국민복지기획단에서 학교 사회사업의 실시를 제안하여 공청회를 거친 다음 1996년 교육부에서 학교사회사업의 제도화를 추진하게 되었다.

이와 같은 노력으로 같은 해 영등포여상, 한가람고등학교, 연북중학교, 광신고등학교에서 학교사회사업이 시범적으로 운영하게 되었으며 시범사업을 거쳐 1997년 학교사회사업학회를 결성하게 되었다.

서울시 교육청에서는 2000년 송파공고, 당곡고등학교, 남강중학교, 은평공고, 동마중학교에서, 2001년에는 서울북공고, 삼성고등학교, 경성여실, 안천중학교, 성원중학교에서 각 1년씩 시범사업을 실시하였으며, 2002년에는 서초공고, 성덕여상, 도봉중학교, 연서중학교에서 2년간의 시범사업을 시행 중에 있다(김융일 외, 2003).

2) 학교사회복지의 필요성

학교교육은 학생의 능력과 잠재력을 개발하고 자아실현을 성취하여 지식과 인격을 겸비한 바람직한 사회구성원으로 성장할 수 있도록 교육하는 것을 목적으로 한다. 산업화, 핵가족화로 급격하게 변화하는 현대에 들어와서 학교교육이 보편화되고 대중화됨에 따라 학교교육의 역할과 기능이 더욱 중요하게 되었다. 그러므로 학교는 학생들이 보다 창의적이고 자율적이며 인간성이 풍부한 조화로운 발달을 통해 전인적으로 육성될 수 있도록 지식과 기술은 물론 사회적 · 정서적 기능향상 등 포괄적이고 통합적인 교육을 제공하여야 한다.

그러나 현행의 학교교육은 청소년의 자질이나 적성과는 관계없이 상급학교 진학을 위한 입시교육위주의 교과과정과 처벌위주의 생활지도나 제도로 시행되고 있다. 이로 인해 학교생활에 적응하지 못한 일부 학생들은 학습부진, 무단결석, 등교거부, 폭력행동 등과 같은 심각한 학교부적응 현상을 나타내고 있다. 그리고 이에 대한 일선학교의 대책은 매우 미흡하며 증가되고 있는 학생문제에 효과적으로 대처하지 못하고 있는 것이 사실이다. 이에 따라 다양한 원인을 가지고 있는 학교부적응학생들의 학업성취능력을 향상시키고 환경에 적응하도록 도와주기 위해서 학교, 가정, 지역사회환경과 관련하여 유용한 서비스를 개발하고 지원 체계 망을 형성하여 학생문제에 대해 전문적이고 통합적인 접근방법을 활용함으로써 학생들의 학교생활의 질을 높이고 자신들의 학업목표를 성취할 수 있도록 돕는 것이 필요하다.

그러기 위해서 기존의 진로상담교사로서는 과중한 업무분담, 전무적인 지식과 개입방법의 부족 등으로 그 역할에 한계가 있으므로 전문적인 지식과 기능을 갖춘 학교사회복지사가 학교부적응 학생의 사회환경적 변인들에 적절한 사회복지적 개입방법을 활용함으로써 보다 효과성을 높일 수 있다.

학교사회복지의 실시는 다음과 같은 이익을 가져다 줄 수 있다.

첫째, 학교사회복지사의 자질을 지속적으로 향상 및 발전시킨다.

둘째, 서비스 대상자에게 신뢰감을 줄 수 있다.

셋째, 학교사회복지를 체계적으로 양성할 수 있다.

넷째, 전문지식 및 기술 확립으로 학교사회복지의 효과성이 증대된다.

다섯째, 관련 전문직과의 협조체계가 구축되어 서비스 대상자에게 효과적인 서비스를 제공 할 수 있다.

여섯째, 새로운 학교사회복지 관련 정책을 상급기관에 제안하고 관철하기 위한 대표성을 가질 수 있다(손아련, 1999: 10).

3) 학교사회복지의 대상

(1) 학교부적응

학교부적응이란, 학교에서 정해진 규칙이나 규범을 준수하지 않으므로 학업성적의 부진, 수업태도 불량, 학습의욕저하, 학업불량, 대인관계의 문제, 등교거부, 잦은 거짓말 등 다양한 형태로 나타나게 된다. 학교부적응의 원인은 ① 개인적인 원인으로는 게으름, 나태, 성격상의 문제와 ② 가정적인 원인으로는 무관심, 폭력 가정, 과잉 보호를 받으며 자란 청소년의 경우, ③ 사회적 원인으로는 학교 내에서 잘못된 교우관계(폭력 서클 가입, 왕따 등)를 들 수 있을 것이다.

사춘기를 보내게 되는 청소년 시기에 누구나 일시적으로 정서적인 불안정을 보이기도 한다. 따라서 학교의 규정을 지키지 않는다고 하여 획일적으로 부적응 청소년으로만 볼 것이 아니라 교사와 학부모의 보다 세심한 주의와 관심이 요구된다고 본다. 특히, 학교 부적응 학생들에 대한 교사의 냉대와 무관심은 부적응 행동을 더욱 부추긴다는 연구 결과가 있다.

(2) 비행 및 반사회적 행동

비행이란, 형사법의 처벌에 해당되지 않는 청소년이 사회적인 규범을 어기는 행위로서 즉, 흡연, 음주, 약물남용, 학교 폭력, 미성년 성매매 등 불량행위를 함으로서 보호와 선도가 요구되는 행위를 의미하는 것으로 앞으로 범죄가 될 가능성이 있는 행위를 말한다.

비행이나 반사회적인 행동의 원인은, 어린 시절에 가정이나 사회에서 충분한 관심과 사랑을 받지 못하고 자란 학생은 주변의 관심과 지지를 받고자 비행을 저지르는 경우가 있을 것이다. 학교에서 비행과 반사회적인 행동은 다른 학생들이 피해를 입게 된다는 면에서 그 심각성이 있다고 본다.

(3) 장애인 학생

장애인 학생이란 신체적인 장애를 가진 학생(시각장애, 청각장애, 지체장애 등)과 정신적인 장애(우울, 소외, 공포, 불안, 자폐 등)로 나누어 볼 수 있을 것이다. 신체적인 장애를 가진 학생에게는 장애유형별 적절한 시설과 장비의 보강이 요구되며 또래집단에서 따돌림을 받거나 놀림감이 되는 일이 없도록 각별한 주의가 요구된다. 정신적인 장애를 가진 경우 지속적인 상담과 세심한 관심이 요구되며 다양한 프로그램을 통해 정신적인 문제를 치료해야 할 것이다.

(4) 요보호 학생

이혼가정, 재혼가정, 저소득 가정, 소년소녀가정, 한부모가정 등으로 상기 가정의 자녀들이 모두 보호의 대상이 되는 것은 아니나 환경적으로 보았을 때 이들이 문제에 노출

될 수 있는 가능성은 일반가정의 자녀보다 많다는 것에 전제를 두고 접근하려 한다.

이와 같이 학교사회사업은, 일차적으로 문제를 가졌거나 문제에 노출될 가능성이 있는 요보호 학생을 대상으로 이들이 학교생활에 잘 적응하고 학업에 열중할 수 있도록 상담 및 다양한 프로그램을 실시하는 것을 의미한다. 나아가 모든 학생의 학교적응력을 향상하고 학교생활이 즐거울 수 있도록 원조하는 전문적인 사회복지 활동인 것이다.

4) 학교사회사업의 과제

우리나라의 교육현장은 과밀학급, 열악한 환경, 획일화된 입시위주의 교육 등으로 인하여 학생 개인의 가치가 존중받지 못하고 있는 실정이다. 즉 학교생활에 적응하지 못한 일부 학생들은 학습부진, 일탈행동, 학업중단과 같은 심각한 학교부적응 현상을 나타내고 있다. 이에 대한 일선 학교의 대책은 매우 미흡하며 효과적이지 못한 것이 사실이다. 물론 여러 가지 사정이 있겠으나 가장 근본적인 문제는 기존 학생지도방법에 문제가 있다는 것이다.

오늘날 중고등학생들의 사회적, 심리적 환경은 많은 변화를 가져왔다. 과거에는 가정과 학교가 주요 활동영역이 되면서 단순한 생활을 영위해 왔으나, 작금에는 가정, 학교, 지역사회, 매스컴 등 다양한 영역이 활동무대가 되어 매우 복잡한 생활환경 속에서 생활하고 있다. 이에 따라 학교사회 사업은 다양한 원인을 가지고 있는 학교 부적응학생들에게 보다 효과적인 서비스를 제공할 수 있으며, 이를 통해 학교교육의 궁극적 목적을 극대화 할 수 있다고 본다.

우리나라 학교사회사업제도는 피교육자인 학교와 학생 중심이 아닌 교육자 중심의 발상과 제도 자체에 대한 이해 부족으로 올바른 학교사회사업의 첫발을 내딛지 못하고 있는 형편이다. 이에 따라 현실적으로 요구되는 학교사회사업의 과제를 몇 가지 제시하고자 한다.

첫째, 학교사회사업의 제도적 측면에서 학교사회사업의 정의가 정확히 내려져야 하고, 학교사회사업가의 신분과 자격이 명확히 규정되어야 한다. 그러므로 전문적 학교사회사업가를 통해 학생들이 양질의 서비스를 제공 받을 수 있으며. 또한 학교사회사업가는 학교사회사업의 팀의 일원으로 당연히 학교 내에서 업무를 수행할 수 있다고 본다.

둘째, 서비스 대상과 역할도 비행학생, 결손가정학생, 소년소녀가장, 장애학생 등을 학교차원에서 상담하고 취업을 알선하는 선에서 머물 것이 아니라 전학생을 대상으로 확대하여 학교생활 부적응의 원인을 발견하고 근본적인 해결을 모색해야 한다. 특히 잠재적 부적응의 가능성을 지니고 있는 학생들을 대상으로 예방하는 역할과 치료의 역할을 모두 담당할 수 있어야 한다.

셋째, 학교사회사업의 실천을 위하여 절대적으로 부족한 학교사회사업가의 양성이 필요하다. 이를 위해 사회복지계는 인원확보와 교육훈련에 총력을 기울여야 한다. 그리고 사회복지의 기본가치가 학교 내 사회복지에 적용되어 학교사회사업의 기본개념이 적용되는 올바른 제도가 단기간에 정착될 수 있도록 해야 한다.

따라서 학교 부적응학생들의 심각한 문제를 해결하기 위해서는 과거의 방법과는 달리, 통합적 관점에서 문제를 해결하고자 하는 학교사회사업이 가장 효과적이라고 본다. 그러므로 학교사회사업제도의 정신적 도입을 위하여 많은 조사연구와 함께 실천들이 이루어져야 할 것이며, 학교와 학생, 학부모들 그리고 사회적으로 폭넓은 이해가 선행되어야 하겠다.

2. 교정사회사업

1) 교정사회사업의 개념

교정사회사업이란, 범죄, 비행, 일탈행위 등으로 인해 타인과 사회에 피해를 준 사람들의 재범을 방지하며 사회복귀를 돕기 위한 전문 사회사업분야의 하나이다. 즉, 교정사회사업이란 교정시설에 구금된 재소자들을 대상으로 사회복지실천 지식과 기술을 활용하여 재범을 방지하고 하나의 인격체로 사회에서 독립할 수 있도록 제도적·정책적인 제반 활동이라고 불 수 있을 것이다.

교정사회사업의 이념은 ① 인도주의 지향으로 '죄는 미워하되 인간은 미워하지 말라'는 탈무드의 말처럼 비록 죄를 지었다하더라도 인격적인 처우를 행하여야 하며 신체적인 고문을 포함하여 비인도적인 행위를 금지하려는 이념이다. ② 사회복귀 이념으로 교정의 궁극적인 목적은 감금이나 격리가 아니라 사회환경에 적응하여 독립된 인간으로 살아가도록 하며 재범을 방지하려는데 있다는 것이다. ③ 과학주의 이념으로 철저한 수사와 범죄의 과학적 분석을 통하여 억울하게 누명을 쓰는 일이 없도록 해야 한다는 이념이다.

교정사회사업의 대상은 보호관찰 등에 관한 법률(법률 제5178호) 제3조(대상자)에 의거 ① 보호관찰을 받을 자(형법 제59조의 규정에 의하여 보호관찰을 조건으로 형의 선고유예를 받은 자, 보호관찰을 조건으로 형의 집행유예의 선고를 받은 자, 보호관찰을 조건으로 가석방 또는 가퇴원된 자, 소년법 제32조 제1항의 보호처분을 받은 자, 다른 법률에 의하여 이 법에 의한 보호관찰을 받도록 규정된 자), ② 사회봉사 또는 수강을 하여야 할 자(형법 제62조의 규정에 의하여 사회봉사 또는 수강을 조건으로 형의 집행유예의 선고를 받은 자, 소년법 제 32조의 규정에 의하여 사회봉사명령 또는 수강명령을 받은 자, 다른 법률에 의하여 이 법에 의한 사회봉사 또는 수강을 받도록 규정된 자), ③ 갱생보호를 받을 자로서 자립갱생을 위한 숙식제공, 여비지급, 생업도구・생업조성 금품의 지급 또는 대여, 직업훈련 및 취업알선 등 보호의 필요성이 인정되는 자로 규정하고 있다.

2) 교정사회사업의 주요 프로그램과 제도

(1) 시설중심 프로그램

범죄인이나 비행청소년을 수용하고 있는 시설은 교정시설, 보호시설, 민간시설로 구분할 수 있으며, 교정시설로는 교도소를 비롯하여 보호감호소와 구치소가 있고, 보호시설에는 소년원과 소년분류심사원이 해당된다. 민간시설로는 수탁시설과 갱생보호공단의 생활관을 들 수 있을 것이다.

① 교정시설

- 교육 프로그램
  - 범죄성을 제거하여 사회화시키는 것에 목적을 두고 있다.
  - 인간존중의 원리, 지기 인식의 원리, 자조 원리 등이 있다.
  - 생활지도교육, 정신교육, 학과 교육, 정서교육 등이 있다.
- 교회 프로그램
  - 재소자의 정신적 결함을 교정, 선도하여 정상적인 자아를 발견하고 사회적응을 도모한다.

-종교행사, 교리지도, 자매결연, 수양강좌 등이 있다.

- 직업훈련 프로그램
  -노동정신 함양, 출소 후 생활안정으로 재범 방지, 국가기능 인력을 양성한다.
  -잔여 형기 3년 이상인 사람을 대상으로 체력과 지능의 적합성에 따라 다양한 직업 훈련을 실시한다.
- 사회적 처우 프로그램
  -재소자를 사회와 교통하게 하여 석방 이후 사회적응을 도모한다.
  -귀휴, 사회견학, 외부 통근제, 교화, 재소자 복지담당관 제도 등이 있다.

② 보호시설

- 소년원 프로그램
  -입원자 교육 : 생활안내, 정신교육, 심성훈련, 체육훈련, 처우심사 등이 있다.
  -기본교육 : 학과 교육, 직업훈련, 생활지도, 특별활동 등이 있다.
  -사회복귀교육 : 진로상담, 현장학습, 정서지도 등이 있다.
  -사후지도 : 출석 및 방문지도를 행한다.
- 소년분류심사원 프로그램
  -분류심사 프로그램, 관호 프로그램을 실시한다.

③ 민간시설

- 수탁시설 프로그램
  -교육 프로그램, 기능훈련 프로그램, 외부인사 참여 프로그램이 있다.

(2) 지역사회중심 프로그램

- 예방 프로그램: 범죄나 비행이 예견되는 자를 직접 지도하거나 범죄 혹은 비행이 이루어질 가능성이 높은 지역사회의 환경을 개선하는 것이다.
- 치료 프로그램: 이미 범죄나 비행에 가담하여 법원, 경찰, 학교 등으로부터 처벌을 받은 자들의 재활을 위한 것이다.
- 시민운동 프로그램: 시민들에게 교정사회사업을 보다 정확하게 이해시키기 위하여 범죄예방과 범죄인의 재활활동을 지역사회 주민에게 알리고 이 활동에 참여시키는 것이다.

(3) 보호관찰제도[14)]

보호관찰제도란, 범죄인을 구금하는 대신 일정한 의무를 조건으로 자유로운 사회생활을 허용하면서 국가공무원인 보호관찰관이 직접 또는 민간자원 봉사자인 범죄예방위원의 협조를 받아 지도·감독·원호를 하거나, 사회봉사 수강명령을 집행함으로서 성행을 교정하여 건전한 사회복귀를 촉진하고 재범을 방지하는 선진형사제도이다.

사회봉사명령이란, 유죄가 인정된 범죄자에 대하여 교도소등에 구금하는 대신 자유로운 생활을 허용하면서 일정시간 무보수로 사회에 유익한 근로를 하도록 명하는 제도로서 사회에 대한 범죄 피해의 배상 및 속죄의 기회를 줄 뿐 아니라 근로정신을 함양시키고 자긍심을 회복시켜 건전한 사회복귀를 도모하려는데 목적이 있다.

수강명령이란, 유죄가 인정된 습관 중독성 범죄자를 교도소 등에 구금하는 대신 자유로운 생활을 허용하면서 일정시간 보호 관찰소 또는 지정 전문기관에서 교육을 받도록 명하는 제도로서 준법의식 고취, 범죄의 해악성 자각, 심성개발과 자아확립, 사회적응력 배양 등 효과를 목적으로 한다.

(4) 갱생보호제도

갱생보호제도란, 교도소나 소년원 등 교정시설에서 출소한자의 정신적·물질적 원조활동을 포함하여 가석방, 또는 가퇴원, 가출소되거나 집행유예 등을 선고받은 자들에 대한 강제적 보호관찰 활동을 말한다.

갱생보호제도의 목적은 출소범의 자립의식을 고취하고 경제적 자립기반을 조성하도록 지원하여 그들의 건전한 사회복귀를 촉진함으로써 재범을 방지하고 사회를 보호하는 데 있다.

보호관찰 등에 관한 법률(법률 제05453호) 제3조에서 규정하는 갱생보호의 대상자는 '형사처분 또는 보호처분을 받은 자로서 자립갱생을 위한 숙식제공, 여비지급, 생업도구·생업조성 금품의 지급 또는 대여, 직업훈련 및 취업알선 등 보호의 필요성이 인정되는 자'로 규정하고 있다. 따라서 형사처분 또는 보호처분을 받은 사람은 처분의 내용이나 종류에 관계없이 갱생보호의 대상이 될 수 있다.

14) 자료 출처 : 법무부

3) 교정사회사업 실천기술

(1) 교정분야의 개별사회사업

교정시설에 수용된 범죄자가 사회적으로 정상적인 기능을 수행하도록 하기 위하여 상담 및 사회사업적 기술을 통해 개별적으로 접근하는 실천 방법으로서 재범을 예방하며 사회에 적응할 수 있도록 원조하는 과정으로 볼 수 있을 것이다.

교정분야에 있어 개별사회사업적 기능은 범죄자의 잠재력을 개발하고 최대한 발휘할 수 있도록 원조하는 것이 가장 중요한 내용이라고 할 것이며 무엇보다 재범을 방지하고 사회에 복귀할 수 있도록 돕는 것이라고 본다.

(2) 교정분야의 집단사회사업

비슷한 문제를 가진 집단의 역동성을 이용해 문제의 해결과 기능의 회복을 도모하고자 하는 사회사업의 중요한 실천 방법으로 교정시설 내에 소집단을 형성하여 집단의 문제를 진단하고 사회사업가가 직접 개입하여 치료활동을 펼쳐나가는 것을 말한다.

(3) 교정분야의 지역사회사업

교정시설에서 출소한 후 지역사회에 적응할 수 있도록 원조하는 사회사업기술로서 직업훈련을 실시하거나 취업을 알선하여 사회인으로서 독립된 생활을 유지할 수 있도록 도와야 한다. 교정분야의 중요한 지역사회사업은 재소자를 바라보는 사회적 편견을 제거하는 것이며 재소자를 사회의 일원으로 따뜻하게 받아들이는 성숙한 시민의식이 요구된다고 본다.

4) 교정복지의 과제

교정복지는 비행청소년의 재활을 위한 한 방안으로써 보다 과학적인 범죄인의 재활방안이 요구되고 있는 추세이다. 향후 우리나라 교정복지를 전망해 볼 때 교정사업은 매우 희망적이라 할 수 있다. 이에 따라 교정복지의 발전을 위해 수행해야 할 몇 가지 과제를 제시하면 다음과 같다.

첫째, 교정사회복지사의 활동을 위한 제도적 개선이 필요하다. 사회복지를 전공한 전문인력이 교정현장에 근무할 수 있도록 제도적인 개선이 전제되어야 한다. 새로운 제도의 개선이나 마련은 국가적인 차원에서 결코 쉬운 일이 아니다. 현실적으로 볼 때 법무부의 교화직이나 분류심사직 공무원과 협력하면서 사회복지전공자를 투입할 수 있으며, 이들에게 사회복지와 관련한 전문지식을 교육시켜 활동케 할 수도 있다.

둘째, 교정복지에 대한 교육과 연구의 활성화가 필요하다. 현재 사회복지학과를 포함하여 사회사업학과를 설치한 대학의 대부분이 교정복지과목의 개설에 미온적이다. 이 분야가 다른 분야에 비해 큰 매력이 없다는 판단하에 무관심한 실정이며. 특히 이 분야의 현장활동이 소극적이다 보니 연구하는 인력이 극소수에 불과하다. 따라서 이 분야의 성실한 연구와 교육이 현장과 대학의 협력으로 이루어져야 한다.

셋째, 교정복지에 대한 시민에의 홍보가 필요하다. 교정복지의 발전을 위하여 지역사회의 참여가 요구되는 바, 교정당국에서 주창하는 '교정의 사회화'가 행동으로 옮겨져 시민이 참여할 수 있도록 유도해야 한다. 이를 위해 교정복지에 대한 시민강좌, 시민운동 등과 같은 것이 실시되어야 한다. 그리고 비행청소년의 가족도 함께 참여시켜 이들의 사기앙양과 활동에 동참하도록 유도해야 한다. 따라서 교정현장의 개방을 통해 청소년 범죄에 대한 사회적 관심을 높여주고, 이들의 재활에 우리 모두가 일조해야 한다.

제10장

산업복지와 군(軍)사회복지

1. 산업복지

1) 산업복지의 개념

산업복지(industrial welfare)란 산업의 장(setting)을 배경으로 이루어지는 사회복지를 의미한다. 즉 전문적 사회복지의 지식과 기술을 적용하여 산업이라는 장에서 발생하는 심리적, 제도적, 사회적 문제에 효과적으로 대처함으로써 근로자와 그 가족의 복지를 추구하는 노력인 것이다.

이소베(磯邊實一)에 의하면, 산업복지란 '개별기업이 행하는 기업복지, 노동조합이 행하는 노동자복지, 국가가 행하는 공공복지 등을 포함하여 노동자, 종업원의 생활수준 향상, 생활복지의 증진 등을 도모하여 생화의 안정을 위해 전개되는 활동'이라고 정의 하였다.[15] 즉 산업복지는 기업, 노동자, 국가 등을 중심체로 한 포괄적인 제도체계를 포함하고 있다.

우재현 교수는 산업복지란 '국가 또는 지방공공단체, 기업, 노동조합, 협동조합 등이 주체가 되어 근로자와 그 가족의 생활안정, 생활수준의 향상 등 생활복지의 증진을 목적으로 실시하는 제 시설서비스 활동의 종합적이고 통일적인 체계'라고 정의하였다.[16]

바커(R. Barker)에 의하면, 산업사회복지란 '통상 고용조직이나 노동조합 또는 이 양

15) 磯邊實一, 「사회복지학개론」(동경 : 중앙법규, 1981), p 268
16) 우재현 편저, 「산업복지론」(서울 : 경진사, 1990), p 29

자의 후원 아래 직장내외에서 근로자의 전체적인 삶의 질을 향상시키기 위해 실시되는 전문 사회복지실천'이라고 정의 하였다.[17] 쿠르즈만(P. Kurzman)은 역시 비슷한 정의로서, 산업사회복지란 '경영이나 노동의 후원 아래 피고용자나 노동조합원을 돕기 위하여, 노동조직이나 산업조직의 적법한 사회복지욕구를 충족시키기 위하여 전문 사회복지사를 활용하여 실시되는 프로그램이나 서비스'라고 규정하였다.[18]

따라서 산업복지는 산업사회복지를 포괄하는 개념으로서 다음과 같은 특징을 지니고 있다. ① 산업복지는 경영이나 노동의 후원 아래 이루어진다. ② 산업복지는 직장 내·외의 근로자 전체적인 삶의 질에 관심을 가진다. ③ 산업복지는 전문사회목지사의 전문적인 사회복지의 실천활동이다. ④ 산업복지는 경영이나 노동, 이들 양자의 연합적 후원으로 근로자와 그 가족의 욕구충족을 돕는다. ⑤ 산업복지는 근로자 삶의 질을 향상시키기 위하여 사회사업의 지식과 기술을 활용하여 실시되는 전문 사회복지실천이며 사회복지의 한 분야라 할 수 있다.

2) 산업사회와 산업복지

(1) 산업화의 출현

산업화란 전통사회로부터 산업주의(industrialism)로 이행해 가는 노선을 말한다. 산업화는 두 가지 관점에서 볼 수 있는데, 즉 협의의 산업화는 기계화된 공업생산의 출현과 고도화, 농업기술의 진보에 의해 농업생산으로부터 공업생산으로 산업구조가 이행된 것으로 설명하고, 광의의 산업화는 생산활동의 고도화와 양적 증대로 인한 사회적, 문화적 영향 등을 포함하는 총괄적 개념으로 설명하고 있다.[19]

산업화 과정이 진행되면서 근로자가 수적으로 증가하고, 이에 따라 이전 사회에서 경험할 수 없었던 많은 문제들이 나타나게 되었다. 산업체의 근로자들이 겪고 있는 문제들을 국한시킨다면 빈곤, 청소년비행, 범죄, 미혼모, 정신질환, 신체장애, 산업재해, 스트레스로 인한 신체적·정신적 역기능 등으로 열거할 수 있다. 특히 산업재해는 비록 이에 대한 예방대책을 실시하고 있지만 계속 증가추세에 있으며, 직업병 환자의 증가현상

17) R. Barker, "Industrial Social Work", *The Social Work Dictionary*(NASW, 1987), 참조
18) P. Kurzman, "Industrial Social Work", *Eneyclopedia of Social Work(18th)*(New York : NASW, 1977), vol. 1 참조
19) 富永健一, 「산업사회동태」(동경 : 동야경제신보사, 1974), p 5

도 중요한 산업체 문제로 대두되고 있다.

1962년부터 시작된 경제개발계획이 4차에 걸쳐서 지속적인 시행과정을 밟아오는 동안, 우리나라도 경제·사회구조면에서 많은 변동이 있어 왔다. 경제구조면에는 산업화의 영향이, 사회면에는 도시화의 현상이, 문화면에는 대중화의 경향 등이 나타나고 있음은 주지의 사실이다. 전통적인 농업중심의 자급자족적 경제체제가 산업화 과정의 급속한 진전에 따라 대량생산, 대량소비의 시장경제체제로 변화되었다. 따라서 산업사회의 출현은 어떤 면에서 물질적 풍요와 생활의 안정과 편익을 제공해 주었지만, 다른 한편으로는 많은 새로운 문제와 딜레마를 야기시켰다. 이에 대한 사회복지적 대응책이 새로운 요청으로 등장할 수밖에 없다는 것이다.

(2) 산업화의 논쟁

산업화가 우리에게 무엇을 가져다주었는가라는 물음에 응답하기 위해서는 산업사회에 대한 전통적인 고발과 변론의 논쟁을 검토해 보는 것이 타당하다고 본다.[20]

(1) **산업화의 고발**: 산업의 발달은 그에 상응하는 사회생활을 수반하지 못했고, 노동은 노동자들에게 만족스러운 것이 되지 못하여 불만을 유발하였다. 산업화는 계급 간의 간격과 갈등을 심화시켰고, 지역사회생활의 해체와 분열을 초래해 왔다. 특히 산업화는 새로운 사회계급을 형성케 했으며, 기업주들은 노동의 착취와 부정한 방법으로 치부하였고, 노동자들은 노동으로부터의 만족을 상실한 대신 실직할 수 있는 짐을 지게 되었다. 이로 인해 정신질환과 범죄의 급속한 증가 취미의 통속화, 도시생활에 대한 심리적 긴장감의 출현 등은 경제성장의 대가로서는 너무나 값비싼 것이었다.

(2) **산업화의 변론**: 산업의 기계화와 기술의 발달은 상품가격을 저하시켰으며, 이전에 사치품으로 간주되었던 물건이 생활필수품으로 널리 사용될 만큼 물질의 풍요를 가져다 주었다. 그리고 정치적으로 자유라는 유산을 남겨 주면서 평등주의와 개인의 발전이념을 강화케 하는 계기를 마련해 주었다.

따라서 산업화에 대한 이상의 상반되는 견해들을 통해서 우리는 다음과 같은 입장에 서게 된다. 즉 국가발전에서 산업화가 불가피한 요소라면 고발의 제 요인에 대한 해결책도 아울러 모색되지 않으면 안 된다는 점을 강조하고 있다.

---

20) H. Wilensky & C. Lebeaux, Industrial Society and Social Welfare(New York : Collier Macmillan Publishers, 1965), pp. 2-6

(3) 산업복지의 요청

산업화의 영향으로 파생된 제 문제를 해결하기 위해서는 사회복지제도의 확립과 사회복지프로그램의 시행이 필수적인 것으로 받아들여져야 한다. 대부분의 자본주의 국가들은 사회복지제도나 프로그램을 적절히 실시함으로써 그 존립을 유지하고 있다. 그들은 복지국가라는 개념을 인식하며 정부는 사회복지사업의 주체로서 공적 복지의 경비를 과감히 할당하여 지출해 왔고 민간에 의한 사회복지활동에 대해 적극적인 지원을 해 온 것이 사실이다.

따라서 현실적인 산업복지사업을 위한 방안으로서 전문인력의 활용제도를 수립하여 대상자들의 문제해결과 그들의 진정한 욕구충족에 이바지할 과제가 요청되고 있다. 우리나라의 산업화 과정에서 파생되는 제 문제를 해결하기 위해서는 무엇보다도 토착적인 산업복지프로그램의 개발과 적극적인 대응책에 관심이 고조되어야 한다.

3) 산업복지의 체계

(1) 산업복지의 주체

산업복지의 주체는 국가, 지방공공단체, 기업, 노동조합, 협동조합, 종교단체, 민간단체, 가족 등 다양하게 열거할 수 있으나 대표적인 네 주체는 '노・사・정・민', 즉 노동조합, 기업주, 정부, 민간단체 등을 들 수 있다. 그러나 민간단체의 역할이 다소 부진하여 일반적으로 '노・사・정' 삼자를 산업복지의 3주체로 하고 있다. 제네바에 있는 국제노동기구(ILO) 사무국 건물의 주춧돌이 세 개로 되어 있는 것은 '노・사・정' 삼자를 지칭하는 것으로서 산업복지의 세 주체를 의미하고 있다. 따라서 우리나라 산업복지의 주체를 세 가지로 구분하여 그 내용을 제시하면 다음과 같다.[21)]

첫째, '공공산업복지'는 1960년대 이후 생성・발전되어 왔다. 공공산업복지의 중추가 되는 사회보장제도가 실시된 것은 1960년대 공무원연금법의 제정을 효시로 하여 1963년에는 산업재해보상보험법이 제정되었고, 1977년에는 산재근로자의 사회복지증진을 위하여 근로복지공사가 발족되었다. 또한 1963년에 제정된 의료보험법은 1977년 강제보험화로 실시되었고, 1977년 말에는 공무원과 사립학교 교직원연금법이 제정되었다. 근로자

21) 곽효문, 「산업복지론」(서울 : 제일법규, 1997), pp. 312-314

와 일반국민의 노후생활보장을 위한 국민복지연금법도 1973년에 제정되어 1988년에 비로소 실시되었다.

둘째, '기업복지'는 1920년대 대표적인 민족자본이었던 경성방직에서 그 원형을 찾아볼 수 있으며, 1960년대까지는 크게 진전을 보지 못했다. 1970년대에 들어서면서 근로자 욕구의 분출과 노동시장의 변화에 따라 기업의 자주적인 노력에 현저한 진전을 보였다. 특히 1973년 이후 공장새마을운동의 본격화가 기업복지의 증대에 큰 영향을 미쳤으며, 1977년부터는 법령에 의해 시행된 산업체부설학교와 야간특별학급의 운영이 특징적인 것이라 할 수 있다.

셋째, '자주복지사업'은 1920년대 조선노동공제회의 활동에서 그 기원을 찾을 수 있다. 이 공제회는, ① 지식계발, ② 품위향상, ③ 저축장려, ④ 위생장려, ⑤ 환난구제, ⑥ 직업소개, ⑦ 기타 일반노동상황의 조사연구 등을 사업목적으로 활동하였다. 1921년에는 조선노동공제회가 한국 최초의 소비조합을 설립하였다. 특히 1929년에 일어난 원산 대파업은 자주복지활동을 배경으로 장기간 지탱할 수 있었다는 점에서 교훈적이었다. 1946년에는 대한독립촉성 노동연맹의 소비조합을 결성하였으나 별로 성과를 거두지 못했다. 1960년대 이후 노동조합은 노동조합 자체로 조직의 확장과 임금 등 기본적인 근로조건의 확보에 주력하여 어는 정도 자주복지활동을 실시해 왔다.

따라서 1970년대에 한국노총은 신용협동조합과 장학활동, 근로회관의 운영 등 사회복지사업을 정착하기 시작했다. 노동조합의 자주복지활동이 활성화되기 시작한 것은 1980년 노동조합법의 개정에 의해 법적으로 조합비의 일정액을 사회복지활동에 투입한 이후로 볼 수 있다.

(2) 산업복지의 대상

산업복지의 대상은 근로자와 그의 가족이다. 근로자는 통상 1차산업, 2차산업, 3차산업을 불문하지만, 산업사회에 있어서는 2차산업 근로자가 중심이 되고 있다. 근로자는 현재 근로를 하고 있는 사람은 물론, 취업할 의사를 가진 예비근로자 혹은 실업자를 포괄한 개념이다. 그러나 근로자는 사업장에서 근로의 대가로서 임금, 급료를 목적으로 근로를 제공하는 자를 말한다.

최초의 임금근로자는 산업혁명을 전후하여 형성되었는데, 그 창출원천은, ① 봉건적 가신국의 몰락과 궁핍 현상으로 무사계급의 임금근로자화이고, ② 중세 길드의 해체와 더불어 대부분 임금근로자화이며, ③ 요구호적 빈민의 방출에 의한 임금근로자의 창출이며, ④ 종획운동(enclosure movement)에 의한 농민층의 분열과 난민현상 등을 들 수 있다.[22)]

우리나라의 경우 근대적 임금근로자의 창출은 19세기 말 광산채광권을 외국인에게 넘겨준 뒤 생겨난 광산근로자를 필두로 부두근로자, 운수근로자, 제조업부문근로자 등의 순으로 파급되었다. 특히 1910년대의 토지조사사업 등은 이른바 한국형 종획운동으로서 토지를 수탈당한 농민들의 이농현상을 두드러지게 하여 임금근로자화를 촉진한 바 있다.

따라서 근로자라도 산업복지의 주체에 따라 보는 각도가 다르다. 즉 국가는 근로자를 국민으로 보며, 기업의 입장에서는 종업원이고, 노동조합의 입장에서 보면 조합원이 되며, 협동조합의 입장에서는 소비자가 된다.

(3) 산업복지의 기능

산업복지는 근로자와 그 가족을 도와서 직장 내외에서 발생하는 그들의 제 문제를 해결하고, 산업복지의 기능을 통해 만족스러운 근로자로서의 생활을 영위할 수 있도록 지원하는 데 있다. 산업복지의 기능은 산업조직의 목표달성에도 기여하게 되는 바, 전통적으로 산업복지가 산업에서 수행해온 기능은 다음의 몇 가지로 제시할 수 있다.[23)]

(1) **비용절감의 기능**: 근로자에게 미치는 자연적 또는 산업적 위험에 대비하여 지출되어야 할 비용을 절감하고 기업의 이윤증대에 기여하게 된다. 즉 복지투자의 생산적인 측면이 강조되는 기능이다.

(2) **노동력 안정의 기능**: 산업복지의 서비스나 부가급여를 통해 근로자의 전직의사를 약화시키고 노동력의 안정을 도모하는 기능이다.

(3) **박애전달의 기능**: 산업조직에서 근로자의 비인간화 요소를 인간화하는 노력이며, 노동에 대한 비화폐적 보상으로 충분한 책임을 완수하도록 하는 기능이다.

(4) **노동력 표준화의 기능**: 산업복지는 근로자의 독특한 욕구들을 수렴하여 노동력의 장애요소를 경감시키고, 효율적인 노동력 활용을 용이케 하는 기능이다.

(5) **사회적 책임의 기능**: 기업체는 이윤추구와 함께 지역사회와의 상호협조관계가 불가피하다. 즉 개방체계로서 지역사회로부터의 기대와 관심을 받고 이에 부응하는 노력의 기능이다.

22) 곽효문, 상게서, p 315
23) 현외성 외, 「사회복지의 이해」(서울 : 유중출판사), p 331 재인용

4) 산업복지의 과제

산업복지는 선진국의 경우에 있어서 복지사회건설의 핵심적 전략변수로 전개해 왔다. 다시 말해서 산업복지는 국민의 대다수를 차지하는 노동자와 그의 가족의 복지증진을 통하여 궁극에 가서는 복지사회, 복지국가의 실현이라는 원대한 목표를 향해 가고 있다고 볼 수 있다. 그러나 우리의 현실은 이러한 원대한 목표에 비추어 볼 때, 너무 초라한 수준에 머물고 있다는 것을 직감하게 된다.

우리나라 산업분야의 문제 중 가장 심각하다고 할 수 있는 것은 근로자의 생계비충족문제, 임금격차문제, 장시간노동문제, 산업재해문제, 직업병문제, 공해문제 등의 노동문제이다. 이것은 제도나 기술면에서 아직 태동기에 머물고 있는 산업복지의 문제로서 분명히 복지사회에의 길을 가로막고 있는 커다란 장애요인이라 할 수 있다.

따라서 산업복지의 주체인 '노 · 사 · 정' 삼자가 과연 어떻게 대처해야 할 것인가 하는 문제는 현실적으로 커다란 관심사가 아닐 수 없다. 이에 따라 몇 가지 과제를 제시하면 다음과 같다.

첫째, 국가는 본래 균형과 조화가 이루어진 수준에서 노사 간에 중립을 지키며 사회정의를 구현하는 데 그 본질이 있다. 그러므로 국가는 공공산업복지 내지는 산업복지정책을 통하여 저임금개선, 최저임금제도의 확립, 임금격차의 시정, 임금의 물가연동제 등을 통하여 노동자가 최저생활을 유지할 수 있는 안전판을 구축해 가야 할 것이다.

둘째, 기업의 사업주는 인도주의적 신념을 갖고 기업의 사회적 책임을 인식하고 장기적 안목으로 사회복지투자에 대한 확신을 갖도록 노력해야 한다. 특히 현실적인 여건 위에서 기업복지의 장기계획을 노동조합과 더불어 수립하는 것이 하나의 과제가 된다. 다시 말하면 사업주는 현재 기업 내 사회복지시설이 부족함을 인식하고, 그 운영이 합리적으로 이루어지고 있지 않다는 사실을 발견하여 시설의 확충과 합리화에 노력하고 장기적 비전을 제시해야 할 것이다.

셋째, 노동조합은 정부나 기업에 대한 교섭과 참여 등을 통해 자주복지운동을 전개하는 동시에, 신용조합, 노동금고, 소비조합, 책임조합, 공제회, 병원 등과 같은 자주복지사업을 적극적으로 전개해야 한다. 우리나라의 노동운동은 주로 근로조건, 임금분쟁 등이 중심이었으나, 앞으로는 법적 · 권리적 분쟁. 근로생활의 질 분쟁 등의 근로복지운동을 병행해 나가야 할 것이다.

2. 군(軍)사회복지

1) 군사회복지의 개념

군사회복지(military social welfare)란 군인과 그 가족이 지닌 기본적인 욕구를 충족시키기 위한 사회복지적 노력의 일환으로 정의할 수 있다. 다른 측면에서는 군 조직이나 군제도가 가진 고유의 목적이 잘 성취될 수 있도록 돕는 활동을 의미하기도 한다.

현대사회에서 군사회복지의 목적은 군 조직 혹은 군사회의 어려운 상황을 인식하고, 군인 및 그 가족이 다른 조직에 속한 사람들과는 달리 특별히 겪게 되는 여러 가지 생활상의 어려움을 해소하는 데 의미를 두고 있다. 그것은 군 조직이 지닌 특수한 성격과 군인과 그 가족이 경험하는 생활상의 어려움이 다른 집단에 비하여 독특한 특성을 지닌 것을 전제로 하고 있기 때문이다. 이러한 특수한 상황과 성격이 군사회복지의 필요성을 높이며, 이에 사회복지전문가의 개입이 요청되고 있는 것이다.[24]

군 조직은 민주사회에서 다양한 갈등적인 요소를 가질 수밖에 없는 특성을 지니고 있다. 그것은 군 조직의 속성과 그 바탕으로 하고 있는 철학으로부터 연유한다. 즉 군 조직이 지니는 특성으로 인하여 군 조직이 놓여 있는 사회환경과는 갈등적인 요소가 언제나 존재할 수 있다는 것이다. 그러므로 문제발생의 가능성을 예방하고 조화로운 조직기능을 유지함은 물론, 안정적이고 보다 높은 생활의 질적 향상을 도모키 위한 목적으로 군사회복지가 전개되는 것이다. 또한 군 조직 측면에서 뿐만 아니라 그 조직 내에서 생활하고 있거나 직접적, 간접적으로 그 조직의 영향을 받게 되는 군인가족의 생활을 원조하는 것이 필요하다.

따라서 군사회복지가 요구되는 근거는 군인 및 그 가족의 수적 크기와 증대, 그리고 국방예산이 차지하는 비중과 국방목적의 중대성이다. 어느 국가를 막론하고 군인 및 가족의 수는 국민 중의 상당수가 포함되기 마련이며 국방예산의 비중 역시 마찬가지이다. 특히 국방목적은 그 어떤 국가목적보다 우선적인 위치를 점하고 있다고 볼 수 있다. 이런 점들이 군사회복지의 필요성을 증대시켜 준다. 즉 군사회복지를 통해서 군민 및 그 가족의 복지증

24) 현외성 외, 「사회복지학의 이해」(서울 : 유중출판사, 1993), p 366

진은 물론, 군사기증진과 권력증진을 배양하며 국방력을 높이고 평화를 유지하며 수호하는 기능에까지 연결된다.

2) 군사회복지의 필요성

오늘날 급격한 과학적 진보와 사회변화의 물결로 인하여 사회전반에 걸친 구조와 제도는 전문화되어 가고 있다. 사회복지의 영역에 있어서도 사회변화의 욕구에 부응하여 각각의 고유한 영역에 대한 전문화뿐만 아니라, 활동의 영역을 확대하여 그 전문성을 확립시켜 나가고 있는 추세이다. 특히 미국의 경우 군(military) 영역에 있어서 전문사회복지의 지식과 기술을 바탕으로 한 '군사회복지'는 괄목할 만한 활동을 하고 있다.

우리나라의 경우 군사회복지는 그 필요성을 아주 절감하면서도 아직 발전시키지 못하고 있는 실정이다. 군 조직에서 발생하고 있는 각종의 사고, 군생활을 통해서 발생되는 적응문제, 인간관계에서 오는 갈등문제, 개인의 가족이 겪는 문제 등과 같은 상황은 전통적으로 위기가 고통에 처해 있는 사람을 돕는 전문직으로서의 사회사업실천이 요청되고 있다.

일반적으로 군사회복지는 사회보장의 성격을 띤 것으로서 거시적, 제도적 측면에서 연금, 의료보험 등을 통하여 실시하고 있다. 즉 소득보장에서부터 의료보험 및 각종 생활상의 사고를 예방하고 치료하는 전반 대책이 이루어지고 있다. 특히 군의 사회보장제도는 기존의 어느 직업집단보다도 먼저 제도화되어 혜택을 제공하고 있다. 그것은 국방이 국가목표의 최상위에 놓여 있을 수밖에 없는 현실적인 특성에서 연유하고 있다.

최근에는 제도적인 측면에서의 상대적 이점에도 불구하고 사회 전반적인 흐름의 반영으로 인하여 군의 사회적 역할과 기능이 점차 약화되고 있다. 즉 군이 국가발전에서 차지했던 역할이 약화됨은 물론 군사회와 일반사회와의 괴리감이 점차 높아가며, 군사회 내의 내부적인 사기가 저하되고 있음을 알 수 있다.

따라서 현존 군사회의 추세를 볼 때, 군사회복지는 어느 때보다도 필요하고 중요하다고 본다. 특히 군 조직에서 정신전력이 더욱 요구되고 군의 사기진작이 필요한 만큼 군사회복지를 통하여 사기진작과 정신전력을 높여서 군전략을 강화하는 일이 시급한 과제로 생각된다. 그러므로 군사회복지는 규범적이고 물리적인 훈육과 훈련 못지않게 실질적인 서비스를 통해 그들이 필요로 하는 문제해결과 군의 사기 및 정신전력이 증진될 수 있어야 한다. 이에 국방목표로서 국가를 보위하고 평화통일에 기여하는 데 충분한 역할을 감당할 수 있다고 본다.

3) 현대사회와 군사회복지

(1) 국방비의 문제

현재 국방비가 GNP나 정부예산에서 차지하는 비율로 볼 때, 군사회복지의 필요성과 중요성을 가늠할 수 있다. 매년 국방비가 GNP에서 차지하는 비율은 지속적으로 증가하는 추세이고, 전체 총예산에서도 막대한 비중을 차지하고 있다.

우리나라의 경우 국방비가 효율적으로 사용되고 그 목적을 효과적으로 수행하려면 반드시 군사회복지를 통해서만 가능하다고 본다. 그 목적은 국방비의 사용을 통해서 군전력을 보강하고 국토를 방위하며 궁극적으로 평화통일에 기여하는 데 큰 의미를 두고 있다. 즉 군 조직의 목적에 부합하는 사회복지가 실행될 때 그 목적도 수행된다고 본다. 따라서 어려운 국가재정의 실정에서 부담이 되고 있는 국방비의 효율성과 효과성을 강화하기 위해서는 군사회복지의 필요성이 절실하다고 본다.

(2) 특정사병의 문제

군 내의 안전사고 및 사제사고는 군의 인적, 물적 손실과 사기저하, 군의 신뢰도를 추락시키는 온상이 되고 있다. 이러한 사고는 군대라는 특수집단으로 환경이 변모되면서 발생하는 심리적, 사회적, 환경적 측면의 부적응에 그 원인이 있다고 본다. 즉 부적응한 사병이 문제를 유발하고 문제를 갖고 있는 사병들이 비행이나 이탈행위 등의 문제사병으로 변모한다고 본다.

군 조직은 독특한 특징을 지니고 있으며, 이 특수조직 구성원은 대부분 사병들이 차지하고 있다. 사병들은 가정을 떠나 심리적, 정신적으로 불안한 요인을 지니게 되고 엄격한 지휘계통하에서 욕구불만과 좌절을 자주 느끼며, 본인의 의사와는 관계없이 의무사병으로서 피동적으로 특수집단에 참여하게 된다. 예컨대, 이들의 출생과 입대하기 전까지 각기 다양한 생활환경에서 서로 다른 가치를 추구하여 행동해 온 개별적인 특성을 지니게 되는 것이다.

따라서 군 조직 내 문제사병이 발생할 경우, 이에 대처하고 선도하고 예방하는 전문지식을 갖춘 전문가의 필요성이 요구된다. 현재 이와 같은 문제나 문제사병을 전담하고 있는 관련요원은 목사, 법사, 헌병대 담당관 등인데, 문제사병의 선도와 예방차원에서 전문 기술적인 지식과 실무경험을 지닌 사회복지사의 전담이 필요하다고 본다.

(3) 직업군인의 문제

군 조직의 특성은 군인들이 일사불란한 명령체제로 인해 근무지가 수시로 변동되고 불안정한 생활조건에서 복무하게 된다. 대개 군인들의 가정은 고정되어질 수 없고 다방향적이며, 근무지의 특수한 환경으로 인해서 자녀들의 성장, 발달을 위한 교육의 문제, 문화시설의 혜택을 받지 못하는 문제 등을 지니고 있다. 특히 직업군인은 전보발령으로 자주 이주하게 되고, 이에 이중생활비 추가지출에서 오는 과다한 경비지출 등의 문제들을 현실적으로 경험하게 되는 어려움이다.[25)]

따라서 직업군인들과 그 가족들은 각자의 기대, 생활방편, 재정적·사회적 지원, 정신적·신체적 건강, 대처능력 등에 있어서 상이하며 독특함을 지닌 존재이기 때문에, 다양한 문제나 욕구에 필요한 사회적 서비스를 보장해 줄 필요성이 절실히 요청된다.

4) 군사회복지의 프로그램

군사회복지의 프로그램이 적절하게 실천되고 있는 곳은 미 육군이다. 사회복지의 제도적, 정책적 활동을 제외한 이른바 전문 사회복지활동 프로그램이 다양하고 복잡하게 실천되면서 그 영역이 확대되고 있다. 미 육군에 소속된 사회복지사들이 제공하는 사회복지서비스와 활동은 매우 다양한 프로그램으로 구성되어 있다.[26)] 즉 직접적 서비스, 임상적 서비스, 군인환자 퇴원계획조정, 위기개입서비스(crisis intervention service), 정보제공과 의뢰서비스, 위험성이 높은 집단(high-risk groups)의 원외원조서비스(outreach service). 지역사회조직망의 개발, 가족 간의 폭력, 약물 및 알코올 대처서비스, 기회균등서비스, 조직의 효과성제고, 지역사회서비스, 기타 권고와 교육, 군대 내의 학술모임 등이 있다. 따라서 미 육군 내에 실시하고 있는 군사회복지 프로그램의 내용을 몇 가지 제시하고자 한다.

---

25) 상게서, pp. 373-374
26) Ibid, pp. 143-148

(1) 전문사회복지서비스

1963년 이후 모든 육군의료센터 및 소규모의 육군병원내에 사회복지서비스 부처를 설치하여 군인환자 및 그 가족에 대해서 개별사회사업(casework)서비스를 중심으로 제공하고 있다. 이와 같은 사회복지서비스는 사회복지사와 다른 병원요인들과 서로 협력하여 팀워크(team-work) 중심의 서비스를 제공하고 있다.

(2) 정신위생자문서비스

지역사회정신건강서비스(CMH)는 대규모의 육군부대가 주둔하고 있는 시설에서 제공되고 있다. 이 프로그램은 군인 및 그 가족에게 보다 나은 정신건강의 상태를 보존하기 위해 돕는 서비스이다. 군사회복지사는 지휘관에게 문제를 지닌 군인의 인적사항에 대해 의뢰해 주고, 전체부대원의 정신건강에 부정적인 영향을 미칠 수 있는 부대의 문제와 문제의 제 조건에 대해 자문해 준다.

(3) 군감화원서비스

미 육군 내에서 범죄자들을 취급하는 군감화원서비스는 전통적으로 군사회사업가의 역할로서 인식되어 왔다. 1967년에 범죄자들을 위한 새로운 갱생프로그램이 도입되었는데, 이것이 바로 미 육군 재훈련단(the US Army Retraining Brigade: USARB)이다. 이 프로그램은 군대 내에서의 범죄자들을 재사회화시키는 데 목적을 두고 있다. 궁극적으로 이 프로그램은 군범죄자들이 보다 개선된 태도와 동기를 가지고 임무에 충실하도록 하는 데 있으며 자기직책에 원대복귀시키는 데 목표를 두고 서비스를 제공하는 갱생적 프로그램이다.

(4) 군사회서비스

군사회서비스(the army community service: ACS)의 프로그램은 1965년에 시작되어 군사회서비스센터를 통하여 각종의 사회복지서비스가 제공되고 있다. 특히 이 군사회서비스센터는 군인 및 그 가족의 문제를 해결하고 치료하기 위해서 필요한 모든 가용

자원을 통합시키는 조직적 역할을 수행하고 있다.

(5) 인력자원개발서비스

인력자원개발서비스의 프로그램은 1973년에 전투개발활동(combat development activity: CPA)의 프로그램이 확대됨에 따라 다양한 서비스가 제공되고 있다. 이 프로그램의 목적은 지휘력은 물론, 개인인사관리와 연관되는 조사자료를 수집하고 경험을 축적시켜 유능한 인적 자원을 개발하는데 있다. 이 프로그램은 그 자료와 경험을 군대의 개선과 발전에 연결시키고자 하는 개발서비스이다.

(6) 알코올중독의 재활서비스

군생활에 있어서 군인들은 알코올과 밀접하게 연관되어 있다. 일반적으로 군생활의 의례적인 행사나 오락에 알코올이 필수적인 요소가 되고 있다. 최근 군생활에서의 알코올중독은 심각하게 야기된 문제인데, 특히 베트남 전쟁 때 헤로인이 만연된 문제와 같이 이해할 수 있다. 군사회복지사는 군 내에서 알코올문제의 수준을 파악하여 이들의 현존 문제를 갱생시키려는 재활서비스를 실시하고 있다. 특히 현대사회의 복잡한 상황에서 군생활 속에 알코올 및 약물중독자를 발견, 치료, 재활, 예방하는 프로그램을 새롭게 수립하여 대처하는 프로그램이 요청되고 있다.

5) 군사회복지의 과제

군 조직은 사회적, 경제적 배경을 달리하는 이질적인 사람들이 집합된 곳이다. 군사회는 지휘관을 중심으로 피라미드형의 계급구조를 이루고 있는 특수 조직사회인 계급사회이다. 군생활은 사회생활과 구별되는 형식적이고 융통성이 없으며 개인의 자유와 자율성이 제한되어 있다. 특히 기존의 습관화된 생활로서 상명하복관계가 엄격한 군생활에 적응하는 데는 많은 어려움을 갖게 된다. 이러한 상황은 전통적으로 위기나 고통에 처해 있는 사람을 돕는 사회복지의 가장 적절한 대상이 될 수 있다.

군사회복지의 실현을 위해서는 군사회복지정책의 개선이 우선적으로 이루어져야 한다. 사회적 존재로서 모든 인간은 최저생활의 욕구를 가지고 있다. 사회구성원이 기본적 생활욕구를 충족하기 위해서는 별개의 독립된 전문분업적 기관이나 시설을 이용함으로써 충족되어질 수 있다. 이에 군인들과 그 가족들에 현실적인 욕구를 충족해 줄 수 있는 사회제도적 장치나 서비스시설을 정비하고 강화하는 사회적 시책이 강조되고 있다. 또한 군사회복지 프로그램으로서 의료복지, 소득보장, 주택보장, 교육복지 등을 통하여 군인들의 생활 전체에 질을 높여주는 것이 현실적 과제이다.

따라서 군 조직 내의 전문적인 연구를 위한 요원이 상주할 수 있는 제도적 장치와 최소한 사단단위나 연대단위에 문제사병을 담당하는 사회복지전문요원이 필요하다. 즉 이들을 위한 선도책자나 교육의 프로그램을 개발하고 연구할 수 있는 선도요원 또는 전문적인 군사회복지사가 상주할 필요가 있다. 그리고 군사회복지의 강화를 위한 지역사회활동이나 소집단을 수단으로 하는 지도프로그램이 이루어져야 한다. 이를 위해서 군사회복지의 시정을 도입시키고, 기존의 지역사회복지서비스 등과 서로 협력하고 연결할 수 있는 프로그램을 개발할 수 있는 방안이 적극 검토되어야 한다. 특히 우리의 사회구조를 볼 때, 사회관계의 양상은 상·하관계가 극히 가족관계적이다. 이와 같은 군 조직의 특성과 사회의 근본적인 구조적 틀을 잘 분석하여 현존 사회구조에 조화를 이룰 수 있는 군사회복지서비스의 개발이 실행되어야 하겠다.

제11장

의료사회사업과 정신보건사회복지

1. 의료사회사업

과학문명의 발달로 인간의 평균수명은 증가하였으나 산업화와 도시화를 거치면서 새로운 질병의 발생과 비인간화 현상, 스트레스와 무력감 증가, 불안과 우울 등 신경증적 증세에 시달리는 사람이 증가하고 있다. 이러한 추세에 따라 인간의 심리적·정서적·사회적 문제에 전인적으로 접근하여 사회적응력 향상을 도모하기 위한 사회복지사의 역할은 커지고 있다고 본다. 특히 병원에서 신체적 질환으로 고통 받고 있는 환자들의 심리적 안정감을 제공하고 퇴원 후 사회복귀를 돕기 위한 의료사회사업의 중요성을 이미 많은 의료현장에서 인정받고 있다. 이 장에서는 의료사회사업의 개념과 실천현장, 의료사회사업 서비스에 대하여 살펴봄으로서 이해를 돕고자 한다.

1) 의료사회사업의 개념

사회사업의 한 분야인 의료사회사업은 병원 세팅(setting)에서 의사, 간호사, 심리전문가와 함께 임상 의료팀(clinical medical team)을 형성하여 정신적인 문제를 가진 환자에게 전인적으로 접근하는 실천분야이다. 정신과 의사는 약물치료를 행하여 심리학자는 각종 심리검사를 통해 문제의 원인을 분석한다면 의료사회사업가는 사회복지 실천기술인 개별사회사업, 집단사회사업. 지역사회사업을 활용하여 환자와 그의 가족 및 지역사회를 대상으로 치료와 회복, 사회복귀를 유도하는 역할을 담당하게 된다.

대한의료사회복지사협회[27]에서는 국민의 보건・의료에 관련된 사회문제에 대한 접근방법에 따라 ① 정책적 관점과 ② 전문적(기술적) 관점 및 ③ 통합적 관점으로 구별하여 살펴볼 수 있을 것이다.

(1) 정책적 관점에서의 정의

정책적 관점에서 의료사회사업은 질병의 예방과 건강증진 및 향상을 지향하는 의료복지를 목적으로 보건 및 의료영역에서 사회복지조사, 사회복지정책 및 행정 등의 광범위한 방법을 통하여 보건의료의 욕구측정과 의료서비스 전달체계를 평가하여 개선과 활용을 용이하게 하고 의료보호와 의료부조의 확대와 질적 향상을 기여하는데 참여하는 사회사업의 한 과정이라 할 수 있다.

(2) 기술적 관점(전문적 접근)에서의 정의

사회복지의 전문적 접근은 사회복지를 인간관계의 조정기술로 보는 견해로서 인간의 욕구를 위기 또는 문제상황으로 규정하며, 문제 해결에 있어서는 환경조건의 개선과 성격의 개발을 목적으로 한다.

따라서 기술적 관점에서 의료사회사업은 심리요법이나 사회요법(환경조정)에 의하여 개인의 성격을 치료하려고 하는 것이며, 그 원조의 내용은 사회 심리적 서비스를 특징으로 한다.

즉, 의료기관에서 치료팀의 일원으로서 전문적인 사회사업방법을 활용하여 환자의 질병치료와 회복 및 사회복귀기능을 돕는 목적을 가지고 질병으로 인하여 파생되는 환자의 심리적, 사회적 및 경제적 문제가 질병치료 회복에 악영향을 주지 않도록 문제를 해결해 주거나 조정하여 환자 및 그 가족을 돕는 전문적인 활동이라 할 수 있을 것이다.

27) 자료출처 : 대한의료사회복지사협회 http://www.kamsw.org/

(3) 통합적 관점에서의 정의

통합적 접근은 중간적 의미의 사회복지로서, 사회해체(가족해체, 지역사회해체)의 결과로 생긴 사회문제를 예방, 치료하기 위한 것이다. 이러한 사회문제는 정책적 접근방법이나 전문적 접근방법 중 한 가지에 의해서 해결될 수 있는 것이 아니고, 두 가지의 방법이 동시에 적용되어야 가능한 것이다.

사회복지의 정책적 접근방법은 국민을 대상으로 하고, 전문적 접근방법은 개인을 강조하며, 통합적 접근방법은 사회(개인과 집단)를 중요시하고 있다. 그러므로 사회의 기본 단위인 가족을 비롯하여 지역사회, 직장 등의 복지를 위한 방법(제도)에 관심이 많은 것이다.

따라서, 통합적 관점에서 의료사회사업이란, 질병에 대한 다각적인 접근방법을 바탕으로 질병을 가진 개인과 환경과의 상호작용관계에 초점을 두고 의료팀의 일원으로서 환자 및 가족의 사회기능 향상을 위해 전문적 실천방법을 활용하여 질병의 예방, 치료 및 재활에 이르기까지 다양한 활동을 수행하는 사회사업의 한 전문분야라고 정의할 수 있을 것이다.

2) 의료사회사업의 실천현장

의료사회사업의 실천분야는 종합병원의 정신과 또는 정신과 낮 병원(병 · 의원급), 보건소 등에서 이루어지며 의료사회복지사의 역할과 임무에 따라 일반의료사회사업과 정신의료사회사업, 재활의료사회사업으로 나누어 볼 수 있을 것이다.

(1) 일반의료사회사업

일반의료사회사업이란, 병원 내에서 환자의 국민건강보험 요양급여기준 및 진료수가 책정, 약제비 산정 등 행정적인 역할을 담당하며 특히, 환자의 가정이 빈곤하여 치료비를 지출하지 못하는 경우 지역사회자원을 개발하여 연결시켜주거나 자원봉사서비스를 제공하는 등 광범위한 사회복지활동의 하나이다. 입원 · 수술 · 진료 등 모든 환자가 의료사회사업의 대상이 되며 이들이 진료를 받는 동안 심리적 · 경제적 · 사회적인 어려움이 없도록 원조하게 된다.

(2) 정신의료사회사업

정신의료사회사업은 주로 병·의원급 정신과의 낮 병원에서 이루어지며 환자와 가족의 상담은 물론 각종 집단지도 프로그램을 활용하여 치료를 돕게 된다. 의사와 간호사, 심리학자 등과 의료팀을 이루어 환자의 문제에 접근하게 되며, 낮 병원에서 의료사회복지사의 주요 업무는 환자의 정신적인 문제를 경감하기 위한 각종 상담, 집단치료, 레크리에이션 활동, 사회교육 프로그램, 취미활동 지원, 가족환경 조사, 건강보험·장애인 등록 등 사회복지 정보의 제공, 퇴원 후 지역사회 서비스의 연결, 재활과 사회복귀를 위한 훈련, 취업 교육 및 알선 등을 담당하게 된다.

(3) 재활의료사회사업

재활의료사회사업이란, 재활병원이나 장애인복지관, 장애인생활시설 등에서 의료적 재활과 관련한 제반 사회복지활동을 의미하는 것으로 장애인의 원만한 사회복귀를 목표로 한다. 여기서 의료사회복지사의 주요 역할은 장애인의 잠재능력을 최대한 개발할 수 있도록 도우며 장애인 취업훈련, 장애인 심리 상담, 장애인 사회적응훈련 등 장애인이 사회에서 독립적인 삶을 살아 갈 수 있도록 원조하는 활동이다.

3) 의료사회사업 서비스

의료사회복지사는 의료팀의 일원으로서 활동하게 되며 전문의료활동과 응급의학에 대한 지식을 가지고 있어야 한다. 그러나 의료사회복지사가 환자의 진료나 투약에 직접 관여하는 것은 아니며 환자의 경제적 문제나 심리적 문제, 재활과 관련된 분야에서 주도적인 역할을 담당하게 된다.

(1) 환자와 가족의 정보 수집

의료사회복지사는 환자의 가정방문과 가족력 조사, 지역사회 조사 등을 통해 알게 된 정보를 종합하여 진료팀과 공유하여야 한다. 환자에 대한 종합적인 정보는 치료에 활용되며 궁극적으로 환자의 문제 해결을 전제로 한다.

- **가정방문**: 가족관계와 경제적 상황 등을 조사한다.
- **가족력 조사**: 가족 내 비슷한 병력을 가진 사람이 있었는지를 조사한다.
- **사회 조사**: 지역사회조사를 통해 정신장애인을 위한 사회복지 사업의 제도화 기틀을 마련한다.

(2) 환자와 가족의 상담

환자와 그의 가족에게 증상에 대해하여 상세하고 이해하기 쉽게 설명하여 충격이나 불안, 치료에 대한 저항 등을 줄일 수 있도록 원조해야 하며 특히 말기암 환자나 임종을 앞둔 환자의 경우 호스피스활동을 지원하여 환자와 가족을 돕게 된다.

- **심리적 문제**: 충격, 불안, 혼돈, 저항, 갈등, 분노 등에 대한 개별 및 집단사회사업을 행한다.
- **경제적 문제**: 의료비용에 대한 불안감을 감소한다.
- **사회적 문제**: 사회복귀 문제, 사회적응 문제에 대한 상담활동 등이 있다.

(3) 지역사회활동

환자 가운데 경제적인 어려움이 있는 경우 보험혜택을 받을 수 있는 것인지 복지정보를 제공하게 되며 지역사회복지단체에 의뢰하여 결연 후원을 연결시켜주는 등의 조직적인 활동을 하게 된다, 특히 임종환자의 호스피스 지원이나 자원봉사자 연결은 의료사회복지사의 중요한 임무가 될 것이며 환자가 퇴원해서도 지역사회에 잘 적응할 수 있도록 지속적인 사후관리를 담당하게 된다.

- **지역사회 자원연결**: 결연 후원 연결, 물품 제공, 지역사회복지관이나 동사무소에 의뢰한다.
- **자원봉사활동**: 자원봉사자의 모집과 교육, 훈련, 연결한다.
- **사후 관리**: 지속적인 상담, 경제적인 지원, 정기적인 가정방문활동 등이 있다.

2. 정신보건사회복지

1) 정신보건사회복지의 의의

정신보건사회복지는 종래에는 주로 정신병원을 중심으로 한 정신의료기관에서 행해지던 사회사업실천을 의미하였다. 그러나 1960년대 이후 미국에서 시작된 지역사회정신건강운동으로 인해 정신의료기관에서 인정되던 정신장애인의 치료가 지역사회로까지 확대되고 정신장애인의 예방과 재활 및 사회복귀에 대한 사회적 관심이 높아지게 되면서 정신보건사회복지영역은 다양한 변화에 직면하게 되었다.

한편, 우리나라의 경우에는, 1980년대 초반까지 정부는 국민의 정신건강문제에 대해 아무런 대책이 없었다. 그 결과, 무허가 시설에서의 정신장애인들은 아무런 법적지원을 받지 못하는 등 정신장애인의 인권이 침해되는 경우가 많았고, 치료가 가능한 정신장애인들 조차도 적절한 치료시기를 놓치게 되어 결국 장기간 수용되게 되는 등 많은 문제점을 낳게 되었다. 이러한 문제점들은 우리사회의 정신장애인에 대한 편견과 이해의 부족에서 기인하는 것이라고 할 수 있다(서동우, 2001).

뿐만 아니라 이러한 정신장애인의 인권침해의 사례들이 방송매체를 통해서 소개되면서 사회 각계각층의 사람들이 문제의 심각성을 인식하고, 제도적인 장치를 통하여 이러한 문제들을 극복하고자 하는 다양한 시도들이 이어지게 되었다. 정신보건법은 이런 시대적 배경과 맥을 같이하는 가운데 여러 시행착오를 거쳐 1995년에 드디어 탄생하게 되었던 것이다.

1995년 '정신보건법'의 제정은 사회복지영역에도 상당히 큰 영향을 미치게 되는데, 그 이유가 바로 이 법의 제정으로 말미암아 정신보건전문요원의 자격제도가 신설되게 되었고, 정신보건영역에서 사회복지사의 활동이 보다 활발하게 되는 계기를 마련할 수 있게 된 것이다.

정신보건사회복지가 정신보건영역에서 이루어지는 사회사업활동이라고 볼 때, 본질적인 특성상 정신의학영역과 사회사업영역이 공존한다고 볼 수 있다. 그러므로 정신보건사회복지의 의의는 다음의 3가지로 구분할 수 있다.

(1) 전인격적인 치료환경 조성에 이바지

고프만(Goffman, 1996)은 정신병원에 입원하여 있는 사람들에 대한 비인간적인 처우는 자아정체감과 인간으로서의 존엄성을 박탈하는 것이라고 비판하였던 바 있다. (Sands, 1991: 113). 그리고 윙(Wing, 1962: 38~51)은 정신병원이 정신장애인에게 더 많은 의존성을 조장하고 있다고 주장하였으며, 장기간의 입원은 퇴원에 대한 환자들의 부정적인 태도를 양산시킨다고 말하면서 정신장애인에 대한 최소한의 제한적인 환경을 제공되어야 한다고 주장한 바 있다.

이런 견지에서 보면, 정신보건사회복지는 정신의학과 관련을 맺고 있는 제반 영역들과는 달리 사회과학적 시각에서, 전인격적인 치료환경을 조성하는데 이바지 할 수 있다. 또한 오늘날의 의료시설이 직면하고 있는 제반 사회적 환경을 살펴보면, 정신과 의사는 환자를 전인격적으로 진료하기란 그리 쉬운 일은 아닌 것으로 보인다. 건강보험의 확대로 인하여 의료수요가 급증하고 의사 1인당 환자를 진료할 수 있는 절대적인 시간이 부족하게 되어 환자를 전인격적으로 이해하여야 할 정신보건의학이 단순히 약물치료를 시행하는 데에만 급급하게 되는 경우들이 대표적인 예가 될 것이다. 이러한 현실 속에서 정신보건사회복지사는 다른 전문직들과 함께 전통적으로 정신과 의사들이 담당하고 있던 역할과 책임을 분담하여 수행함으로써, 정신보건세팅에서 전인격적인 치료환경을 조성하는데 큰 역할을 담당하고 있다.

(2) 정신장애인의 성공적인 사회적응 원조

정신장애는 회복이 더디며, 만성화의 경향을 가지고 있는 특성을 지니고 있다. 그러므로 정신장애의 성공적인 치료를 위해서는 무엇보다 환자의 증상을 완화시키는 것도 중요하지만 정신과 치료를 받은 환자가 성공적으로 사회에 재적응할 수 있도록 지속적인 원조를 제공하는 노력들이 뒤따라야 한다. 그런데 정신장애인의 사회복귀를 성공적으로 이끌어 내기 위해서는 무엇보다, 가족들의 도움이 없이는 불가능하다. 또한 정신장애인이 사회복귀를 함에 있어서 지역사회의 자원을 적절하게 활용하는 것도 매우 중요하다. 이런 측면에서 볼 때, 정신보건사회복지지사는 정신장애인의 가족을 위해 효과적으로 개입할 수 있는 이론적 지식과 실천기술을 지니고 있으며. 지역사회의 자원동원과 연계에 관하여서도 탁월한 능력을 발휘할 수 있다.

(3) 정신장애인의 정신사회재활 도모

최근 정신장애의 증상중심의 치료에서 정신장애인의 지역사회로의 적응과 대처기제의 향상을 위한 다양한 정신사회재활기법들이 국내에 소개되고 있고, 많은 실천가들이 이러한 정신사회재활서비스를 제공하고 있다. 이러한 재활에 대한 욕구는 점점 증가할 것으로 보이며, 그 필요성 또한 점점 증가할 것으로 보인다. 따라서 정신보건사회복지는 정신장애인들이 최소한의 제한적인 환경(least restrictive environment)속에서 사회적으로 가치있는 역할(socially valued role)을 다할 수 있도록 정신장애인의 재활을 효과적으로 도울 수 있을 것이다(Wolfensberger, 19972: 28)

2) 정신보건사회복지의 대상

오늘날 '정신보건'이란 용어는 병리적인 것만을 내포하지 않고 정신장애인의 정서적 안녕(emotional well-being)을 확보하고, 정신장애인의 불안과 정신과적 증상(psychotic symptom)들로부터 자유롭게 만들고, 정신장애인이 사회에서 정상적으로 생활이 가능토록 돕는 의미로 받아들여지고 있다(Dybwad, 1982: 66). 또한 정신보건이란 용어에는 정신장애인이 건강한 인간관계를 형성할 수 있도록 도와줌으로써, 정신장애인이 일상생활에서 직면하게 되는 스트레스와 일반적인 요구사항들에 대한 대처능력을 향상할 수 있도록 도와주는 의미도 포함되어 있다(Goldenson, 1986: 451).

따라서 정신보건사회복지도 전체 국민의 정신건강을 증진하고 정신장애의 유병률을 감소시키기 위해 제공되는 예방적 기능을 지니고 있다(Alice, 1995: 1705). 따라서 넓은 의미에서의 정신보건사회복지의 대상은 넓게는 전체 국민을 대상으로 하는 것으로서 예방적 관점을 지향한다. 반면, 좁은 의미에서의 정신보건사회복지의 대상은 정신장애인을 대상으로 국한하는 것으로서 치료적 관점을 지향한다. 그러나 좁은 의미에서의 정신장애의 개념을 정의하기란 그리 쉽지 않다. 왜냐하면 정신장애가 단순히 병리학적인 용어로 규정되는 것이 아니라 사회·문화적 배경과 역사적 진행과정에 따라 그 의미가 변할 수 있는 사회·역사적 개념으로 파악해야 하기 때문이다(문인숙·양옥경, 1999: 33~36).

일반적으로 정신장애를 이해하기 위해서는 정신장애와 유사한 용어를 구분하여 이해하는 것이 필요하다. '정신장애(mental handicap)'란 용어와 비슷한 의미로 쓰이는 용어로는 '정신질환(mental illness)'과 '정신병(psychosis)'이 있다.

첫째, '정신병(psychosis)'은 일반인들이 가장 널리 사용하는 용어로서 정신적으로 이상이 있다고 생각되는 모든 것을 자칭하는 등 포괄적인 의미를 가지지만, 사실상은 특수한 증상을 가리키는 것으로 기질적이거나 기능적인 증상을 일컫는 제한적인 의미를 지닌다.

둘째, '정신질환(mental illness)'은 질병의 개념을 강화시킨 용어로서 정신병적(psychotic)이고, 신경증적(neurotic)인 것 모두를 포함하고 있다.

마지막으로 '정신장애(mental handicap)'는 정신병과 정신질환의 개념을 포괄하는 용어로서 개인이 어떤 특정한 사고능력을 개발할 수 없는 것을 의미한다. 즉, 정신장애는 정서나 행동이 병리학적으로 손상되고, 특정한 행동을 수행함에 있어서 사회적으로도 불리한 위치에 처한 상태를 의미한다. 또한 정신장애는 질병의 증상이 없어진 후에도 그 후유증으로 인하여 질병 이전의 상태로 원상복귀가 되지 못하는 경우에도 해당되는데 만성정신장애가 여기에 해당된다(Butler & Pritchard, 1992: 6).

정신적 장애는 크게 '정신장애(mental disorder)'와 '정신지체(mental retardation)'로 구분된다. 장애인복지법에 규정된 '정신적 장애'란 통상 만성정신장애를 자칭하는 것으로 만성적인 정신장애(발달장애 포함)와 정신지체 모두를 포함한다. 즉, 정신장애인이란 단어가 담고 있는 의미는 정신질환자 일반으로서 '정신보건법'의 대상자를 의미함과 동시에, 만성정신질환자의 경우에는 '장애인'이라는 개념도 내포하고 있어 '장애인복지법'의 적용대상도 된다는 얘기이다.

이런 정신보건서비스 대상에 대한 개념을 법제도적인 측면에서 고찰하여 보면, 만성정신장애인의 경우에는 '장애인복지법'의 일차대상자로 규정되고, 그 외의 정신질환자는 '정신보건법'의 대상자로서 규정되므로, 넓은 의미에서는 전체 국민을 대상으로 하는 정신보건정책의 일환으로서 정신보건서비스의 대상이 됨을 알 수 있다. 그런 면에서 볼 때, 정신장애는 신체장애와 깊은 연관성을 가진다. 그 연관성은 다음 세 가지로 요약할 수 있다.

첫째, 정신장애는 만성적 특성을 가진다. 정신장애인을 위한 적절한 제도적 보완장치가 없는 사회적 현실은 정신장애인의 장기적인 입원, 수용화나 지역사회격리를 야기시키고 일상생활의 기능적·경제적 장애를 심화시켜 만성정신장애를 초래할 수 있다(강경혜 외, 1995: 79). 둘째, 재활서비스체계의 방향이 동일하다. 사회통합과 정상화라는 지역사회중심의 재활관점에서 볼 때, 정신장애와 신체장애 사이에 차이가 있을 수 없다는 것이다. 셋째, 국제보건기구(WHO)에서 제시한 장애분류안[28]에 따른 여섯 가지 장애인의 범주를 생각해 볼 때 정신장애인은 신체장애인과 더불어 동질적인 성격을 지닌다고 볼 수 있다.

3) 정신보건사회복지의 기능과 역할

정신보건사회복지의 기능과 개입방향은 한 마디로 정신장애인의 정상화와 사회통합을 위한 회복과 재활 그리고 정신장애인들에게 보다 질 높은 포괄적이며 지역 사회로의 통합적인 서비스를 제공하는데 있을 것이다(Manning, 1998; Rapp, 1998; Taylor and Bentley, 2000). 이는 궁극적으로 정신장애인의 삶의 질의 향상에 이바지 할 수 있을 것이라는 기본적인 가정에서 출발한다(이용표, 2000; 배성우・김이영, 2005).

이러한 정신보건사회복지의 목적을 달성하기 위하여, 그간 정신보건사회복지사들은 스스로의 전문화와 자질 향상을 위하여 부단한 노력을 기울여 왔다. 이러한 노력들은 1993년 '한국정신의료사회사업학회'의 창립과 더불어 1996년 '정신보건사회복지사' 자격제도의 신설로 이어지고, 정신보건사회복지의 제도적 정착과 상시적인 슈퍼비전 체계의 확립 및 정신보건사회복지사 수련제도의 확립과 정신보건사회복지사 보수교육제도의 정착 등 가시적인 성과로 이어가고 있다.

아울러 최근에 들어서는, 정신보건사회복지사의 활동도 초기의 정신병원중심의 활동에서 지역사회 중심의 활동 등 다양한 형태로 전개되고 있다. 그리하여 2006년 현재 전국적으로 1,500여명 이상의 정신보건사회복지사가 활동하고 있는 등 정신보건사회복지는 다양한 세팅에서 자신의 전문성을 바탕으로 하여 적극적인 활동을 벌이고 있고, 양적으로 지속적인 성장을 해왔다고 말할 수 있다(유수현, 2003; 보건복지부, 2005; 한국정신보건사회복지사협회, 2006; 권구영, 2006). 이처럼 정신보건사회복지사는 다양한 세팅에서 자신들의 역할을 수행하면서 많은 기술들을 사용하고 있는데, 그 역할들을 정리하면 다음과 같다(Popple and Leighninger, 1996: 393~395).

① 치료자(상담가)의 역할

28) 이 분류안에 따르면 장애인의 대상으로 ① 운동 및 감각장애(motor or sensory disability) ② 정신지체(mental retardation) ③ 정신질환(mental illness) ④ 만성 알코올 및 약물남용(chronic alcohol and drug abuse) ⑤ 만성 심혈관 및 폐질환, 만성 위장 손상, 피부질환, 암, 만성통증(chronic cardiovascular and pulmonary diseases, chronic gastrointestinal impairments, skin disease, cancer, and chronic pain) ⑥ 노인(elderly)을 포함시킬 것을 권장한다.

일반적으로 정신보건사회복지사가 가장 많이 수행하는 역할이라고 말할 수 있으며, 전통적인 정신보건사회복지의 개입모형에 의하여 개별사회사업가(case worker) 혹은 집단사회사업가(group worker)의 역할이 이에 해당된다.

② 사례관리자 역할

정신보건사회복지사는 클라이언트의 욕구(needs)와 문제(problem) 그리고 신경정신과적 증상(neuro-psychotic symptom)을 사정하고, 클라이언트의 욕구와 문제에 부합하는 서비스와 프로그램에 조정하며, 필요시에는 타 기관과 연계하고 클라이언트의 문제에 적절하게 개입하고 있는 기관에 클라이언트를 의뢰할 수 있으며, 클라이언트가 적당힌 자원이나 도움을 받을 수 있도록 사후관리를 하는 것 등 포괄적인 역할을 수행할 수 있다.

③ 계획, 행정, 지도감독자의 역할

정신보건사회복지사들은 클라이언트의 권리를 보장하고 서비스를 개선하기 위하여 입법과 프로그램 변화를 위해 옹호하며, 다른 사회복지사들을 지도감독하고, 프로그램을 시행하고, 기관의 선두에 서서 활동한다.

정신보건사회복지사의 기능과 역할은 크게 기관의 종류와 유형에 따라 다르다고 볼 수 있다. 즉, 정신의료기관의 경우에는 입원환자를 중심으로 그들의 정신과적 증상과 질환을 단기적으로 치료하여 퇴원시키는데 초점을 두는 반면, 사회복귀시설 및 지역사회정신보건센터의 기능은 정신장애인이 정신의료기관에 입원을 하지 아니한 상태에서도 정신장애인의 정상화(normalization)와 사회통합(social integration)을 실현하기 위한 재활과 사회복귀를 촉진시키는데 초점을 둔다. 반면 정신요양시설은 저렴한 비용으로 만성정신장애인을 입소시켜 그들의 요양과 사회복귀촉진을 위한 생활 훈련을 제공하는 등의 보호기능을 담당한다. 이에 관한 보다 자세한 내용을 소개하면, <표 11-1>과 같다.

[표 11-1] 정신보건사회복지사의 기능과 역할

종류	내 용	
정신의료 기관	입원 평가 과정	입원사정 및 계획, 심리사회적 사정(개인력, 가족력, 사회력 조사) 사회조사 및 사회사업지도, 가족상담 및 교육, 사례회의 (case conference) 등
	치료 과정	개별면담, 집단활동요법, 일반집단치료, 건강보험 청구, 재활요법(사회 기술훈련, 인지행동치료 등), 프로그램 개발과 평가, 가족상담 및 가족 교육, 사이코드라마, 환경치료, 현실치료, 생활훈련, 가정방문, 지역사회자원 동원 및 후원자연결, 자원연계, 자원봉사자 모집 및 교육, 실습지도 등
	퇴원 과정	퇴원계획 및 재활계획 상담 및 지도, 환자의 욕구 및 사회적응평가, 사회복귀와 재활을 위한 지역사회기관 연결, 사후지도 등
사회 복귀 시설	재활계획상담, 사회복귀촉진을 위한 상담과 원조, 사회기술 및 적응훈련, 직업훈련과 취업에 관한 지도, 가족교육・상담, 정신장애인 가족모임 운영, 가정방문지도, 위기개입, 지역사회자원동원과 후원조직 개발, 정신건강교육, 의료기관 및 지역사회기관과의 연계 등	
정신 보건 센터	지역주민의 정신건강증진을 위한 계몽활동, 정신보건에 관한 조사연구활동, 정신보건에 관한 자문과 교육, 지역사회 관련기관들과의 연락 및 협조, 지역 사회 자원의 개발 및 활용, 의료기관이나 상담기관으로의 의뢰 및 알선, 가정 방문지도 및 상담사업, 정신장애인의 조기발견과 예방사업 등	
정신요양 시설	생활훈련, 개별 상담, 집단활동 프로그램 운영, 생활훈련, 가족상담 및 가정방문, 무연고자를 위한 후원자 연결, 지역사회 자원동원과 연결, 대인관계기술훈련, 작업능력의 강화, 기초생활수급자의 권리옹호 등	

4) 정신보건사회복지의 구성요소

펄만(Perlman, 1975)는 사회복지 실천의 구성요소를 다음과 같은 4P를 제시한 바 있다. 정신보건사회복지는 앞서 설명한 사회복지 실천의 전통적인 구성요소에 목적을 덧 붙여서 다음과 같이 5P로 구성된다고 말할 수 있다(김기태 외 2004; 이영호 외, 2006).

(1) 사람(Person)

정신보건사회복지의 전통적인 대상은 흔히 정신질환자 혹은 정신장애인이라고 표현할 수 있는데, 이들은 대개 자신의 삶의 영역에서 정신적으로, 정서적으로, 사회적으로 여러 가지 측면에서 전문적인 원조가 필요한 사람들이라고 말할 수 있다. 생태 체계적인 관점에서 보면, 이들은 자신을 둘러싼 사회체계에 적응하는데 상당한 어려움을 가지고 있는 경우가 많다고 말할 수 있으며, 스트레스에도 다소 취약한 존재라고 말할 수 있다. 정신보건사회복지의 대상은 이러한 생활상의 어려움들로 인하여 스스로 전문적인 원조를 받을 필요가 있다고 하여 스스로 정신보건기관을 찾거나 그럴 필요가 있다고 발견되어 정신보건기관을 찾아오는 정신장애인이라고 할 수 있다. 이들을 우리는 소위 클라이언트(client)라고 부르고 있으며, 최근에는 의료소비자의 권익을 강조하는 경향으로 인하여 고객(customer)이라고 부르기도 한다.

(2) 문제(problem)

정신보건사회복지의 대상자들이 가지고 있는 문제들은 대표적으로 신체적 문제와 신경・정신적 문제, 심리적 문제, 사회적 문제 등으로 대별된다. 즉, 정신보건사회복지의 대상자들은 그들이 가지고 있는 정신과적 증상으로 인하여, 각종 다양한 신체적 질환을 동반하고 있는 경우가 많고, 언제든지 재발의 우려가 있는 정신과적 증상(psychotic symptom)과 관련한 신경・정신적 문제, 다른 일반인에 비해 스트레스에 상대적으로 취약해서 자신을 둘러싼 환경의 압력으로 인해 성격적으로도 왜곡되고 건강하지 못하여 나타나는 심리적인 문제, 사회적으로 건강한 인간관계를 형성하는데 어려움을 가지는 등의 사회적 문제 등이 대표적으로 정신장애인이 가지고 있는 문제의 유형이라고 말할 수 있다.

(3) 장소(place)

과거에는 정신보건사회복지의 실천은 대부분 정신병(의)원에만 국한되어 이루어져 왔으나, 1995년 '정신보건법'이 제정된 이후로 최근에는 지역사회중심의 정신보건사회복지가 활성화되면서 실천기관의 유형과 장소도 다양해졌다. 즉, 현재 우리나라의 정신보건사회복지의 실천영역은 정신병(의)원과 정신요양원을 중심으로 하는 전통적인 형태의 정신보건기관과 지역사회중심형의 정신보건기관 등에 걸쳐서 다양하게 전개되고 있다.

(4) 과정(process)

정신보건사회복지의 실천과정은 대개 초기-중기-종결단계를 걸쳐서 진행된다. 초기단계에서는 심리사회적 사정을 통하여 클라이언트의 주요문제(chief complaint)와 개인력, 가족력, 클라이언트의 강점과 약점 등을 파악하여 클라이언트의 증상에 맞는 치료계획을 세우는 것이 중시된다. 그러는 과정에서 클라이언트와의 신뢰관계를 형성하는 것이 중시된다. 중기과정에서는 클라이언트를 위해서 애초에 세웠던 치료계획을 실행하는 단계로서, 클라이언트의 심리사회적 문제와 정신과적 증상의 회복, 재활 그리고 사회복귀를 도모할 수 있도록 하는 등 전문적인 원조의 과정이 이루어진다. 마지막으로 종결단계에서는 클라이언트가 전문가의 도움이 없이도 증상관리를 잘하고 사회적응을 잘 할 수 있다고 판단될 때 클라이언트와의 아름다운 이별을 준비하는 단계이다. 이 때 사회복지사는 클라이언트가 갑작스러운 사례종결로 인하여 상실감을 갖지 않도록 사례종결에 대하여 미리 알려 주어야 하며, 필요하다면 언제든지 사후지도가 가능함을 인식시켜 주는 것이 중요하다.

(5) 목적(purpose)

정신보건사회복지는 환청이나 망상, 알코올 중독 등의 증상으로 인하여 정신적으로 고통을 받고 있는 정신장애인의 정신건강을 회복하고 이들이 정상적으로 사회생활을 영위하는데 불이익을 당하지 않고, 사회에 잘 적응할 수 있도록 도우며, 이들의 정신건강을 촉진시키기 위하여 지역사회 내에서 다양한 참여를 보장하는 것은 물론이고 정신장애인의 삶의 질을 향상시키는 데 그 목적을 두고 있다.

제12장

지역사회복지와 자원봉사

1. 지역사회복지

1) 지역사회복지의 개념

린드먼(Eduard C. Lindeman)은 그의 저서 『지역사회(*The Community*)』에서 이상적인 지역 사회의 조건으로 ① 생명과 재산의 안전을 도모하기 위한 질서 확립, ② 효율적인 생산체계를 통한 소득보장, ③ 보건과 위생의 보장, ④ 조직적이고 체계적인 시설을 활용한 문화생활 및 여가선용의 기회제공, ⑤ 지역사회 도덕체계의 확립, ⑥ 지식의 보급을 위한 교육기회의 제공, ⑦ 의사표현의 수단을 제공, ⑧ 민주적 형태의 조직을 제공, ⑨ 신앙적 동기의 제공 등을 들고 있다. 지역사회복지는 이러한 이상적인 지역사회를 실현하기 위한 일체의 사회적 노력인 것이다.

미국에서 지역사회조직은 케이스워크, 그룹워크와 함께 사회복지의 중요한 방법의 하나이다. 지난 1921년에서 1955년까지 제시된 지역사회조직에 대한 정의들 중에서 대표적인 정의들을 모아 이들을 유형화시켜보면 다음과 같다(Harper & Dunham, 1959).

① 협력, 협동, 통합의 사상이다.

② 욕구충족 및 욕구와 자원 사이의 균형을 강조한다는 사상이다.

③ 지역사회조작사업은 케이스워크. 그룹워크가 직접적인 서비스에 관심을 갖는

것과는 달리 프로그램 관계에 관심을 둔다는 사상이다.

④ 민주적 과정과 전문가주의 사이의 실무적 관계를 제공한다는 철학적 관점을 가지고 있다.

이러한 지역사회복지의 개념 중에서 대부분의 학자들은 첫째와 둘째를 지적하고 있다, 대표적인 정의를 몇 가지만 살펴보면 다음과 같다.

로스(Ross)는 『지역사회조직: 이론과 원칙』이라는 그의 저서에서 지역사회조직사업이란 지역사회가 ① 불충족된 욕구나 달성하고자 하는 목표를 찾아내고, ② 이러한 욕구 및 목표의 우선순위를 설정하고, ③ 그 욕구 및 목표를 달성하고자 하는 자신감과 의지를 발전시키고, ④ 그 욕구 및 목표를 달성하는 데 필요한 자원들을 발견하고, ⑤ 그 욕구 및 목표를 달성하기 위한 활동을 하며, ⑥ 그러한 실천활동을 통하여 지역사회 내에 협력적인 태도와 실천력을 증대시키고 발전시키는 과정으로 정의하고 있다.

미국 지역사회복지의 이론적인 발전에 이정표적인 것으로 평가되고 있는 「레인위원회보고서(the Lane Committee Report to the National Conference of Social Work)」에서는 지역사회조직사업은 ① 욕구를 발견하고 정의하며, ② 가능한 한 사회적 욕구와 결함을 제거하고 예방하며, ③ 자원과 욕구를 분명히 해서 변화하는 욕구를 보다 잘 충족시키기 위해 자원을 계속적으로 재조정하는 데 관심을 갖는다고 기술하고 있다.

한편, 정무성은 지역사회복지를 지역사회에의 조직적이고 체계적인 개입을 통해 주민들의 삶의 질을 향상시키기 위한 사회복지적 지식과 기술을 활용하는 전문 실천방법으로 정의하고 있다. 이는 지역사회는 변화될 수 있으며 변화를 통해 주민들의 삶의 질이 향상될 수 있다는 신념에 근거한다. 그러나 변화는 자동적으로 쉽게 주어지는 것은 아니며 전문가의 개입에 의한 체계적인 계획과 노력에 의해 달성될 수 있다는 가정에서 출발한다. 지역사회복지는 계획된 지역사회 변화 목표를 달성하기 위한 의도적이고 합리적인 과정이다.

또한 최일섭은 “지역사회복지란 전문 혹은 비전문 인력이 지역사회 수준에 개입하여 지역사회에 존재하는 각종 제도에 영향을 주고, 지역사회의 문제를 예방하고 해결하고자 하는 일체의 사회적 노력이다”라고 기술하고 있으며, 김영모는 지역사회조직이란 “지역사회 성원의 공통된 욕구를 해결하기 위하여 그 지역사회가 지니고 있는 인적·물적·내적·외적 자원을 동원하여 조정하여 주는 과정”으로 정의하고 있다.

이러한 여러 가지의 견해를 종합해 볼 때 지역사회복지란 “지역사회의 문제해결 및 욕구충족을 위하여 지역사회자원을 효과적으로 동원하고 조정하여 주는 사회복지적 실천과정"으로 정의할 수 있다.

2) 지역사회복지의 모형

로스만(Rothman)은 지역사회조직(Community Organization)의 세 가지 모형(models)으로서 지역사회개발(Community development). 사회계획(social planning), 사회행동(social action)을 제시하고 있으며, 이러한 방법을 통하여 지역사회의 문제해결 및 복지향상을 도모한다고 보고 있다(최일섭 · 류진석, 2002). 그 내용은 다음과 같다.

(1) 지역사회개발

지역사회개발은 "지역사회주민의 적극적인 참여와 주민들이 가능한 한 최대의 주도권(initiative)을 가지고 지역사회의 경제적 · 사회적 조건을 향상시키기 위한 과정"으로 정의된다. 따라서 지역사회개발은 지역사회의 변화를 가장 효과적으로 이룩하기 위해서는 광범위한 주민들을 변화를 위한 목표결정과 실천행동에 참여시켜야 한다는 전제에서 나온 지역사회조직사업의 한 형태이다.

지역사회개발사업에서의 사회복지사는 주로 안내자(guide)와 조력자(enabler)의 역할을 감당하게 되며, 지역사회개발 과정에서 민주적인 절차, 자발적인 협동, 토착적인 지도자의 개발, 교육 등이 특히 강조된다.

(2) 사회계획

사회계획모델은 사회문제를 해결하기 위하여 합리적인 계획을 수립하고 통제된 변화를 도모하는 기술적인 과정이다. 따라서 지역사회주민의 참여정도는 문제의 성격 및 관련기관의 문제해결 방향에 따라 달라질 수 있다.

사회계획은 다양하고 복잡한 문제를 가지고 있는 현대사회에서 문제해결을 위한 전문가가 필요하다고 보고 있다. 따라서 사회복지사는 주로 계획가(planner) 및 분석가(analyst)의 기술을 행사할 수 있는 전문적인 역할을 담당하게 된다.

(3) 사회행동

사회행동은 지역사회의 불우계층에 처한 주민들이 사회정의와 민주주의에 입각해서 보다 많은 자원과 향상된 처우를 받을 수 있도록 그 지역사회에 요구하는 행동을 말한다. 따라서 사회행동에 참여하는 사회복지사는 지역사회의 기존 제도와 현실에 대한 근본적인 변화를 추구하며, 권력, 자원, 지역사회 정책결정에 있어서의 역할 등의 재분배를 추구한다.

사회행동모델의 사회복지사는 사회적 불이익집단에 대한 옹호자(advocate)와 근본적인 변화를 추구하기 위한 행동가(activist) 등의 역할을 수행하게 된다.

3) 지역사회복지의 문제해결 과정

지역사회복지의 문제해결과정은 지역사회의 욕구 및 문제해결을 위하여 효과적인 대응책을 수립하고, 이를 실천에 옮기는 일련의 과정이라고 할 수 있다.

학자들마다 지역사회복지의 문제해결과정이 다르지만 일반적으로 문제발견 및 분석, 정책 및 프로그램의 개발, 프로그램의 실천, 평가의 네 가지 단계로 이루어져 있으며 이를 구체적으로 살펴보면 다음과 같다.

(1) 문제발견 및 분석

지역사회 문제해결의 과정에서 문제발견 및 분석단계는 지역사회의 충족되지 않은 욕구나 해결을 필요로 하는 문제를 찾아내는 과정이다. 이러한 문제를 어떻게 규정하느냐에 따라 정책수립의 구상이 달라지며, 그에 따른 구체적인 해결방안 및 실천전략이 달라지게 된다. 따라서 이 단계에서 관심을 갖는 사회문제는 구체적인 해결방안을 찾아 실제적인 조치를 취하기 위한 분석단계이므로 사회문제는 가능한 구체화되어야 한다.

(2) 정책 및 프로그램 개발

해결을 필요로 하는 문제가 분석되고 조작적으로 정의된 다음에는 실천하기 위한 프로그램 및 정책을 개발하는 일이다. 이러한 정책 및 프로그램 개발은 목표를 달성하기 위한 여러 가지 해결방안 중에서 가장 효과적이고 효율적인 정책을 선택하는 것이다.

정책수립이 목표지향적인 광범위한 내용을 설정하는 것이라면, 프로그램 개발은 정책을 실천하기 위한 구체적인 조치들을 명시하는 것이다. 여기에서 중요시되는 것은 경과를 추구함에 있어서의 효과성과 효율성으로서, 펄만과 거린 (Perlman & Gurin)은 프로그램 개발과정에서 업무의 내용, 자원, 가능성 등을 고려해야 한다고 보고 있다.

(3) 프로그램의 실천

프로그램의 실천은 정책목표를 달성하기 위해서 행하게 되는 일련의 활동을 말한다. 활동의 내용과 형태는 문제의 성격에 따라 무한정한 것이기 때문에 일률적으로 논할 수는 없으나 크게 두 가지 범주, 즉 '체제유지적(과정중심) 활동'과 '과업중심적인 활동'으로 나눌 수 있다. 체제유지적인 활동이란 클라이언트 집단이 문제를 스스로 해결할 수 있도록 능력을 배양해 주는 활동을 말하며, 과업중심적 활동이란 클라이언트 집단이 필요로 하는 서비스를 직접적으로 제공해 주는 활동을 말한다.

프로그램이 실천되는 과정에서 새로운 문제가 발생될 수 있으며, 이 경우 원래의 계획을 수정해야 할 필요가 생긴다. 따라서 사회복지사는 계획의 단계에서 변화를 예측할 수 있는 통찰력이 있어야 되고, 변화가 발생했을 때 즉각적으로 대처할 수 있는 능력과 기술이 있어야 한다.

(4) 평 가

문제해결과정의 마지막 단계인 평가는 두 가지 목적을 갖는다. 하나는 프로그램의 실천과정에서 수집된 정보를 입수해서 실천에 반영하여 실천방향을 수정하는 경우이다. 이때의 평가는 문제해결과정의 마지막 단계라 볼 수 없고 문제설정, 목표수립, 프로그램의 개발, 프로그램의 실천이라는 전 과정에 영향을 주는 계속적 활동이라고 보는 것이 타당하다. 이를 위해서 흔히 사용하는 방법은 행동체계를 구성하는 사람들의 대표로 위원회를 구성하여 정기·비정기적인 평가회의를 개최하여 프로그램의 추진상황을 면밀히 검토하는 일이다.

평가의 두 번째 목적은 문제해결 전 과정의 결과와 최종산출을 평가하는 것이다. 이러한 평가는 일반적으로 프로그램을 통해 성취하고자 하는 목표가 어느 정도 달성되었는지, 전략과 전술의 효과는 어떠했는지 등 프로그램의 효과성과 영향을 측정하는 것이다. 따라서 이러한 평가결과는 새롭게 실시될 정책과 프로그램에 중요한 피드백 자료가 되며, 지역사회복지의 문제해결과정은 이렇게 순환적인 형태를 유지하게 된다.

4) 지역사회복지 실천현장

(1) 사회복지관

○ 사회복지관의 개념

사회복지관은 사회복지활동을 좀더 체계적이고, 계획적으로 추진해 나가고자 하는 종합적인 사회복지센터로서의 역할과 기능을 수행하고자 설치한 시설을 의미하며, 특히 지역사회의 충족되지 않은 욕구와 문제를 발견하여 주민들에게 필요한 서비스를 제공하는 가장 대표적인 직접 서비스기관이다. 또한 사회복지관이라 함은 지역사회 내에서 일정한 시설과 전문인력 및 자원봉사자를 갖추고 주민들의 복지수요에 부응하여 종합적인 사회복지사업을 수행하는 사회복지시설을 말한다.

○ 사회복지관의 기능

사회복지관의 기능은 그 기관이 존재하고 있는 지역의 성격과 문제에 따라 다양할 수 있겠지만 일반적인 사회복지관의 기능을 제시하면 다음과 같다.

첫째, 서비스를 주민의 욕구와 문제에 맞추어 조정하고 통합하여 효과적 서비스 체제를 수립하는 사회서비스센터의 기능을 가진다.

둘째, 주민이 모여 집단활동을 하거나 토론을 할 수 있는 공동이용센터의 기능을 가진다.

셋째, 직업훈련과 부업의 알선 및 중개를 하는 매개체로서의 직업안정센터로서의 기능을 가진다.

넷째, 주민이 필요로 하는 정보와 평생교육을 위한 프로그램을 계획하고 실천하는 사회교육센터의 기능을 가진다.

다섯째, 지역사회에 살고 있는 지적・경제적・문화적 배경이 다른 다양한 주민의 생활향상과 지역사회발전을 위한 국민총화의 장으로서의 기능을 가진다. 그 외에도 지역사회자원의 동원, 지역사회조사 및 평가 등의 기능을 수행한다.

○ 사회복지관의 현황

우리나라에서 미국의 감리교선교사 놀즈(Knowles)는 1906년에 최초로 원산에 반열방(班列房)이라는 인보관을 설치하여 여성을 위한 계몽사업을 시작하였으며, 이후 미국 감리교선교부는 1921년 서울에 '태화여자관'을 설립하였고, 그 후 대학, 종교단체, 민간기관에서 많은 사회복지관을 설립하였다.

1980년대에 이르러 우리나라의 사회복지관사업은 양적, 질적 확대의 시기를 맞이하였다. 1988년부터 주택건설촉진법에 따라 저소득층을 위한 영구임대주택을 건설 하면서 의무적으로 사회복지관을 건립하도록 하였고, 1988년에 24개의 사회복지관은 1993년에 188개로 증가하였다.

지역사회의 직접적 복지서비스 실천기관으로서 우리나라의 사회복지관은 2006년도 현재 전국에 395개가 설치・운영되고 있다. 시설규모별로 보면 가형(건평 2,000㎡이상)은 151개소, 나형(건평 1,000㎡~2,000㎡)은 202개소, 다형(건평 1,000㎡ 미만)은 42개소가 운영되고 있다.

(2) 사회복지협의회

○ 사회복지협의회의 개념

던햄(A. Dunham)은 "사회복지협의회란 지역사회 안의 각종 사회복지시설, 사회복지에 관심을 갖고 있는 민간단체나 개인의 연합체라고 할 수 있다. 또한 지역사회가 요구하는 사회복지의 욕구를 효과적으로 달성하기 위하여 모든 활동에 있어서 상호 협력 및 조정하는 단체이다"라고 언급하고 있다.

이오카는 "사회복지협의회는 관청이 아니며 민간단체이다. 또한 사회복지의 각종 서비스를 경영하는 사업체가 아니라 각종 서비스를 개발 전개하여 나가려고 하는 주민주체의 운동단체이다. 즉, 주민이야말로 지역의 주인공으로서 권리주체에 대하여 주민의 입장을 관철해 나갈 수 있도록 그 운동을 전개하는 민간 자주 조직이다"라고 정의하고 있다.

o 사회복지협의회의 기능

사회복지협의회는 지역복지 추진의 중심조직으로서 다음과 같은 기능을 수행한다.

① 주민욕구・복지과제의 명확화 및 주민활동의 추진기능

② 공사사회복지사업 등의 조직화・연락조정 기능

③ 복지활동 · 사업의 기획 및 실시기능
④ 조사연구 · 개발기능
⑤ 계획수립 및 제언 · 개선운동 기능
⑥ 홍보 · 계발기능
⑦ 복지활동 · 사업의 지원기능

한편 던햄(A. Dunham)은 사회복지협의회의 기능으로서 다음의 9가지를 제시하고 있다.

첫째, 사회복지에 관한 기초 자료수집, 연구, 조사, 타 기관에 대한 독려 및 공동연구를 수행한다.

둘째, 사회복지에 관한 정보교환, 자원봉사자 관리 등 지역사회복지의 중추기관으로서의 역할을 한다.

셋째, 기관들 간의 연합회나 회의 주체, 공동위원회 개최 등의 활동을 통해 그들 간의 협조와 협력증진을 원조한다.

넷째, 정보제공 및 위탁서비스, 사회봉사교환소 역할을 함으로써 공통의 복지서비스 기능을 수행한다.

다섯째, 집단적 혹은 개별적인 접근방법을 통해 사회복지기관들이 수행하는 업무의 질적 수준을 높이는 기능을 한다.

여섯째, 사회복지에 관한 공동계획 수립과 실천을 담당한다.

일곱째, 사회복지에 관한 정보를 제공한다.

여덟째, 전체 사회복지 분야의 재정상태를 개선하기 위한 활동을 전개한다.

아홉째, 사회행동, 즉 현안에 대한 견해를 밝힌다거나 특수층(심신장애인, 노인, 저소득층)의 복지를 위한 입법대안을 제시한다.

o 사회복지협의회의 현황

사회복지협의회는 1952년 민간사회기관들의 모임인 '한국사회사업연합회'로 창립 하여, 1954년 사단법인 '한국사회사업연합회'로 법인허가를 받았고, 1961년 6월에 사단법인 '한국사회복지사업연합회'로 명칭을 변경하였으며, 1970년 사회복지법인 '한국사회복지협의회'로 개칭하여 현재에 이르고 있다.

또한 1998년 사회복지사업법의 개정과 함께 광역단체 사회복지협의회가 사회복지법인으로 인정됨에 따라 한국사회복지협의회의 지원 없이 지방 사회복지협의회로 독립되어 운영하는 체제로 변화되었다.

사회복지협의회의 조직체계는 중앙의 한국사회복지협의회와 16개 시도에 시·도 사회복지협의회가 구성되어 있으며, 2004년 현재 74개의 시·군·구 사회복지협의회가 구성되어 있다.

(3) 공동모금회

○ 공동모금의 개념

사회복지공동모금회법 제2조에 보면 공동모금이란 사회복지사업의 지원에 필요한 재원을 조성하기 위하여 전국 또는 지역을 단위로 제도권 내에서 기부금품을 널리 모집하는 것을 말한다.

따라서 공동모금회는 지역사회의 복지욕구를 충족시키기 위해 노력하는 인간봉사조직들을 원조하기 위해 자발적 기금조성 노력들을 체계화하고 조정하며, 자발적 기부금에 의해 원조를 받는 지역사회의 기금조성, 기획 및 기금배분 조직으로서 시민들과 복지기관들과의 협동적 조직이라고 할 수 있다.

○ 공동모금회의 기능

공동모금의 기능은 다양하겠지만 일반적인 기능을 제시해 보면 다음과 같다.

첫째, 공동모금은 사회단체, 기업 그리고 일반주민이 적극적으로 참여함으로써 정부가 감당할 수 없는 복지 분야의 투자부족 부분을 민간 차원에서 보완할 수 있는 자금조성에 기여한다.

둘째, 공동모금은 지역사회 내에 공동체의식과 함께 나누는 삶을 증진시키고, 지역사회 내 문제를 주민 스스로 해결하는데 크게 기여할 수 있다.

셋째, 공동모금이 활성화되면 모든 기관들에게 복지재원 분배의 기회가 제공될 것이며 사회복지계의 전반적인 서비스수준 향상에 도움이 될 것이다.

넷째, 공동모금은 사회복지발전을 위한 정부와 민간의 동반자관계를 형성하는 기능을 가진다. 정부의 일방적인 복지정책의 수립과 집행 나아가서는 민간사회복지사업에 대한 통제 및 개입을 벗어나 일정 정도의 자율성을 지니고 민간부문 스스로의 방향성과 재원을 통하여 궁극적으로는 사회복지의 지평을 확대하며 정부부문과 민간부문이 상호보완적인 역할을 수행할 수 있다.

○ 공동모금의 현황

사회복지사업법에 공동모금 조항이 1970년 삽입되어, 1971년에 설립허가를 받아 1972년에 처음으로 모금을 실시하였다. 그러나 여러 가지 이유로 인해 1983년에 공동모금 조항이 사회복지사업법에서 삭제되었다가 다시 1997년 3월 사회복지공동모금법이 제정되어, 1998년 7월 1일부터 시행하게 되었다. 1998년 11월 사회복지법인 사회복지공동모금회가 설립되었다.

한편 공동모금회의 조직체계는 전국단위의 공동모금사업을 관장하기 위하여 1개소의 전국 공동모금회와 16개소의 특별시・광역시・도에 지회가 있다.

<공동모금의 유래>

1873년 영국 리버풀 시에서 지역의 유력인사들이 기부금 모집의 중복과 강제적인 권유를 피하기 위하여 스스로 기부금을 적립하여 자선단체를 구성한 것이 유래이다. 흥미로운 점은 공동모금제도가 사회복지기관이나 전문가들에 의해 시작된 것이 아니고, 돈을 가진 자선가들에 의해서 시작되었다는 점이다. 자선가들은 그들이 지원하는 지원금이 효율적으로 사용되기를 원했고, 계속되는 모금단체의 지원 요청으로부터 벗어나기를 원했기 때문에 공동호송제(united appeals) 설립을 주도하였다.

이후 공동모금제도를 발전시킨 나라는 미국인데, 19세기 후반 미국은 급속한 산업화와 도시화로 빈곤 등의 사회문제가 등장하자 민간 사회복지기관도 늘어났으며 이로 인해 민간 사회복지기관들이 상호 경쟁적으로 보다 더 많은 액수의 모금을 자선가로부터 얻어내려 경쟁하였다. 이러한 상황이 발생하자 민간 사회복지기관들에 기부를 하는 자선가들을 좀 더 효율적인 모금과 배분에 관심을 가지게 되었다.

그래서 복지기관들이 모여서 공동으로 모금을 한다든지, 복지기관 연합단체에서 모금을 하는 사례가 발생하게 되었는데, 1913년 클리블랜드 상공회의소에서 기부자, 모금 활동자, 그리고 기금을 배분받는 기관의 자원봉사자로 구성된 자선박애연맹(Cleveland Federation for Charity and Philanthropy)을 구성하고 모금캠페인을 전개한 것이 오늘날과 같은 공동모금의 본격적인 시작이라고 할 수 있다.

(http://www.chest.or.kr)

2. 자원봉사활동

최근 자원봉사활동은 다양한 분야에서 이루어지고 있으며 특히 예측하기 어려운 재해와 재난이 빈번한 오늘날에 자원봉사활동의 필요성은 증가하고 있다. 자원봉사활동의 개념과 특성, 자원봉사활동 영역을 살펴봄으로서 자원봉사활동의 이해를 돕고자 한다.

1) 자원봉사활동의 개념

자원봉사활동의 어원은 라틴어로는 '자유의지(볼런타스, Voluntas)' 영어로는 '자원자(볼런티어, Volunteer)' 라는 의미를 갖고 있다. 따라서 자원봉사활동이란, 타인의 권유나 강제가 아닌 자발적인 동기에 의해 지역사회의 환경 개선활동에 참여하는 자원 활동이며, 자아실현이나 여가 선용을 목적으로 여러 가지 사회문제를 해결하기 위한 무보수의 활동으로 정리할 수 있을 것이다.

김범수(2002)는, 자원봉사활동의 필요성에 대하여 다음의 세 가지로 요약하였다.

첫째, 산업화 사회로 들어오면서 사람과 환경, 즉 생태계를 중심으로 많은 사회문제가 발생하고 있다는 점이다. 이러한 사회문제를 해결해 나가는데 결국 공공부문의 힘만으로는 해결하여 나가기가 어려워졌다는 것이다. 선진국의 예를 보면 이러한 사회 문제를 해결하는데 많은 자원봉사자들과 시민단체들이 자발적으로 참여하는 모습들이 소개되고 있는 것을 알 수 있다.

둘째, 지역사회에서 생활하는 사람 중에서 낙오되고 소외된 자들의 문제를 해결하기 위하여 설립된 사회복지기관 · 시설 · 사회단체에 인력과 재정이 매우 부족하다는 점이다. 인가된 사회복지시설은 최소의 인건비와 운영비가 정부보조금으로 지원되지만 비인가시설은 정부보조금을 전혀 받지 못하고 있으므로 자원봉사자의 손길이 절대적으로 필요하다는 것이다.

셋째, 자원봉사활동에 참여를 원하는 사람들에게 기회를 제공하여 우리 사회에 상부상조의 정신과 연대감을 이룩해나갈 수 있다는 점이다. 많은 사람들이 자원봉사활동에 참여하면서 어려운 이웃과 사회문제에 관심을 가지게 되면 도움을 받는 사람은 사회에 감사하는 사랑의 감정을 가질 수 있다는 점이다.

이와 같이 자원봉사활동은 인간이 공존하기 위한 삶의 가치이며 도덕적인 의무라고 볼 수 있을 것이다. 최근 지방자치제도의 시행으로 지역사회의 중요성은 더욱 커졌으며 지역주민의 자발적인 참여를 통하여 지역문제의 해결은 지방자치시대의 새로운 과제로 대두되고 있다고 본다. 이러한 시대적인 요구에 따라 조직적·체계적·전문적인 자원봉사활동의 필요성과 중요성은 증가되고 있는 추세이다.

2) 자원봉사활동의 특성

자원봉사활동은 자발적인 의지로 행하여져야 하며 다른 사람을 사랑하고 존중하는 사회연대감에서 비롯되어야 한다. 또한 자원봉사활동을 하면서 대가를 바라거나 이득을 취하여서는 안 되며 일회성이 아닌 지속적이고 장기적인 활동이 요구된다고 할 것이다. 단순한 동정심이나 자선심에 의한 자원봉사활동은 일회적일 가능성이 있으므로 교육과 훈련을 통한 체계적인 자원봉사활동이 필요하다고 본다.

(1) 자발성

자원봉사활동은 강요에 의하여 강제로 이루어지는 활동이 아니라 순수한 동기에서 실천되어야 할 것이다. 주변의 어려운 이웃을 도우려고 하는 자발적인 동기에 의해 활동이 이루어져야 하며 자발성은 자아실현의 차원에서 자연스럽게 발생되어야 할 것이다.

계획 없는 자발성을 요구할 것이 아니라 체계적인 교육이나 관리를 통하여 자발적인 의지가 손상되지 않도록 할 것이며 지속적인 자원봉사활동을 유도할 수 있어야 할 것이다.

(2) 사회연대성

사회연대성이란, 사적인 이익에 얽매이지 않고 사회 전반적인 삶의 질 향상을 위한 공존의 활동을 말한다. 즉, 자원봉사활동이란 우리 모두가 더불어 살아가기 위한 공동체 의식의 발단이며 상호공존을 위한 이타적인 활동인 것이다.

(3) 무보수성

자원봉사활동의 대표적인 성격은 무보수성일 것이다. 그러나 최근 자원봉사활동의 전문성을 향상하며 지속성을 갖게 하기 위한 방법으로 유급자원봉사자 제도를 도입하여 실시하고 있다. 자원봉사활동을 무급과 유급으로 나누어 활용하고 있으며 특히, 치매노인이나 장애인과 같이 돌보기 힘든 대상자의 경우 유급화 하여 자원봉사활동의 활성화를 시도하고 있다.

대표적인 예로 서울시 가정도우미 제도는 본격적인 유급자원 봉사활동 시대를 예고하고 있다고 볼 수 있을 것이다. 서울시 가정도우미 제도란, 가정도우미를 모집하여 노인이나 장애인 등 욕구가 있는 가정에 연결해주며 급여는 서울시에서 지급이 되는 것을 말한다. 노인이나 장애인을 돌보는 것은 육체적・정신적 에너지가 많이 소요되는 활동이므로 자원봉사자들이 기피하는 분야이기도 하다. 이에 따라 서울시에서는 가정도우미 제도를 도입하여 자원봉사활동을 활성화함은 물론 노인과 장애인 등 요보호 대상자의 복지 욕구를 충족하며 여성의 일자리를 창출하려는데 목적이 있다.

(4) 지속성

자원봉사활동은 일시적인 동정심이나 기분에 따라 일회적으로 이루어질 가능성이 매우 높다고 볼 것이다. 그러나 자원봉사활동의 특성상 보수가 없이 이루어지며 시간과 에너지를 많이 요구하는 일이므로 자원봉사자들이 꾸준하게 활동을 펼쳐나가기란 쉽지 않다고 본다. 자원봉사활동의 질적 향상과 계속성을 유지하기 위해서는 자원봉사자들을 격려하고 지지하며 다양한 프로그램을 마련하여 소진되는 것을 예방하고 주기적인 교육을 실시하는 것이라고 본다.

3) 자원봉사활동의 영역

자원봉사활동은 사회복지 영역(nonprofit sector)과 시민단체 (non-government sector), 지역사회(community society) 등 다양한 분야에서 필요로 하고 있다. 특히 아동, 노인, 장애인, 소년소녀가정, 청소년 한부모가정 등 사회복지 영역에서 자원봉사자는 필수적이라고 볼 수 있을 것이다.

(1) 사회복지

① 아동과 청소년

- 보육원이나 청소년 시설에 수용된 아동과 청소년을 위한 자원봉사활동
  - 학습지도, 예능(피아노, 미술 등) 지도, 생활지도, 의형제 맺기, 캠핑 활동 등
- 문제가 있는 아동과 청소년을 위한 자원봉사활동
  - 약물남용·가출 청소년 보호와 선도, 지역사회 내 청소년 유해환경 감시 활동 등
- 결손 가정의 아동과 청소년을 위한 자원봉사활동
  - 한부모가정·이혼가정·소년소녀가정의 생활지도, 학습지도, 정서적 지원 등

② 노 인

- 시설에 수용된 노인을 위한 자원봉사활동
  - 취미활동 지도, 그룹활동 지도, 야외나들이 보조, 말벗 등
- 가정에서 보호를 요하는 재가노인을 위한 가정봉사활동
  - 가사지원 (세탁, 청소 등), 정서지원 (말벗, 외출동행 등), 신체청결 (목욕, 세수 등) 등
- 치매 노인, 장애 노인을 위한 자원봉사활동
  - 외출할 때 신변 안전 보호, 병원 동행 등

③ 장애인

- 시설에 수용된 장애인을 위한 자원봉사활동
  - 식사보조, 목욕 보조, 생활지도, 정서지원 등
- 가정에서 보호를 요하는 재가장애인을 위한 가정봉사활동
  - 가사지원(세탁, 청소 등), 정서지원(말벗, 외출동행 등), 의료 지원(투약 지도, 병원동행) 등
- 장애인에 대한 사회적 편견 제거를 위한 캠페인 등
  - 장애인 먼저 캠페인, 장애인 편의시설 설치 캠페인, 장애인 권익보장을 위한 캠페인 참여

(2) 지역사회

① 보건과 의료

- 보건소 봉사활동, 농어촌과 산간벽지의 의료봉사활동, 임종 환자를 위한 호스피스 활동 등

② 환 경

- 환경보호 캠페인 참여, 환경정화활동 및 자연보호 활동 참여, 재활용 분리수거 활동 등

③ 문화 및 예술

- 문화재 보존 활동, 외국인 관광 통역 활동 등

④ 스포츠

- 올림픽, 국제체육대회, 친선축구대회 등의 경기 진행 보조 활동 등

⑤ 재난 구호

- 수해 복구 활동, 사고 현장 지원 활동 등

4) 국제 관계

① 난민 구호

- 북한, 아프리카, 아프가니스탄, 방글라데시 등에서 구호활동

② 전후 복구

- 이라크 등 전쟁 직후 재건과 전쟁난민의 구호활동 등

③ 의료 지원

- 아프리카 오지의 의료봉사활동 등

第13장
사회복지법의 개념과 이념

사회복지법은 사회복지와 법규를 합한 합성어로서 사회복지에 관계되는 법규이다. 즉, 사회복지를 시행하기 위한 제도와 수혜자의 권리·의무관계를 법으로서 규정한 것이다. 사회복지법은 최근에 형성되어 가고 있는 법으로서 사회변화에 따라 역동적으로 변화하고 있다.

1. 개 념

법이 사람의 사회생활에 있어서 행위의 준칙으로서 국가권력에 의해 강행되는 사회규범이라고 한다면, 사회복지법은 사회복지에 관한 행위의 준칙을 정한 것이다. 이런 사회복지법의 개념정립이 필요한 이유는 사회복지법의 체제를 확립하고, 사회복지법의 정체성을 규명함으로써 다른 법과의 경계의 구분을 확실히 하여 사회복지법의 독자성을 확보하기 위한 것이다.

사회복지법의 개념정리가 어려운 것은 사회복지법의 제정이 다른 법과 달리 최근에 이루어졌으며 국가, 시대, 이념에 따라서 사회복지법의 개념이 다양하게 나타나고 있기 때문이다. 이런 사정들은 사회복지법의 개념파악의 기준이 되는 개념요소들과 그 개념을 끊임없이 변화하게 하여 결국 사회복지법의 개념정립을 불확실하게 만들고 있다. 이와 같은 상황에서도 사회복지법이 계속 형성되고 있고 그 중요성이 한층 강조되고 있으며, 사회복지법에 대한 체계적인 연구와 실천이 요구되므로 사회복지법의 개념정의가 필요하다. 여기서는 일반적인 분류방법에 따라서 사회복지법을 형식적 의미의 사회복지법과 실질적 의미의 사회복지법으로 분류하여 개념 정의하고자 한다.

1) 형식적 의미의 사회복지법

형식적 의미의 사회복지법이란 사회복지법이라는 외적 형식을 가진 제반 법규를 말하는데, 보통 사회복지와 연관된 각국의 실정법인 사회복지법전 형태를 취하고 있다. 사회복지법은 단편적으로 생성되었고 자주 변화하고 있는 법으로 다른 법처럼 통일적인 법전 형태를 갖추지는 못했지만 일본의 복지 8법[29]과 같이 점차 고유한 법전의 형태로 되어 가고 있어 통일된 법전 형태를 갖추었을 때는 사회복지법의 범위와 고유성을 분명히 하는 방법이 될 수 있다. 그러나 변화하고 있는 단계에서 사회복지법에 대한 개념정의는 오히려 사회복지법의 개념을 경직시킬 위험성이 있고, 분명하지 않는 모호한 기준에 의거 사회복지법을 개념 규정할 때 사회복지법에서 누락되거나 불필요하게 포함될 위험성까지도 있다. 이러한 형식적 의미의 사회복지법의 범위에는 사회보험관련법, 공공부조관련법, 사회복지서비스관련법이 해당된다.

2) 실질적 의미의 사회복지법

실질적 의미의 사회복지법이란 법의 존재형식과 명칭에 관계없이 실질적으로 법의 내용이 사회복지에 관한 사항을 규정하고 있으면 실질적 의미의 사회복지법이라고 개념 정의하는 것을 말한다. 실질적 의미의 사회복지법은 포괄하는 범위에 따라 넓은 의미의 사회복지법과 좁은 의미의 사회복지법으로 나눌 수 있다.

29) 일본은 과거에는 사회복지 6법(생활보호법, 아동복지법, 신체장애자복지법, 정신박약자복지법, 노인복지법, 모자 및 과부복지법)을 사회복지법이라 했으나, 현재는 사회복지 8법(사회복지사업법, 노인복지법, 아동복지법, 신체장애자복지법, 정신장애자복지법, 모자 및 과부복지법, 노인보건법, 사회복지·의료사업단법)을 사회복지법으로 보고 있다.

(1) 넓은 의미의 사회복지법

넓은 의미의 사회복지법은 사회복지정책 또는 사회정책의 실현과 관련된 제반 법률을 의미한다. 이는 전 국민의 물질적・정신적・사회적 기본욕구를 해결함으로써 인간다운 생활을 영위케 하는 공・사의 모든 사회적 서비스와 관련된 법률을 의미한다. 즉, 넓은 의미의 사회복지법은 사회서비스의 공급주체는 국가이며 사회복지의 대상범위가 전 국민이라는 것이다. 이러한 의미에서 넓은 의미의 사회복지법이란 현대사회에서 인간다운 생활을 유지하기 위해 필요한 물질적・비물질적인 사회복지서비스를 제공하는 공・사 노력의 총화를 규율하는 법규정이라고 할 수 있다.

넓은 의미의 사회복지는 각종의 사회적 사고 또는 위험과 욕구가 충족되지 않은 개인, 가정, 집단에 대하여 보건의료, 교육, 여가, 소득, 노동 주택, 안전, 주거, 환경 등의 사회적 서비스를 체계적으로 조직화하고 총체화한 개념이다. 이런 서비스의 추상적 정책이나 지침과 기준에 대한 구체적인 표현이 사회복지법이다. 따라서 사회복지법의 내용은 이들을 포함하는 사회보장과 제반 사회적 서비스가 포함된다.

(2) 좁은 의미의 사회복지법

좁은 의미의 사회복지법이란 스스로 자신의 생활을 영위하지 못하는 사회적 약자들에 대해서 제한적으로 도움을 제공하는 것과 관련된 법규범이다. 좁은 의미의 사회복지란 현실생활에서 어려움을 겪는 사회적 약자 혹은 요보호대상자를 위한 제한 적인 제반 사회복지정책 및 사회정책을 의미한다. 이 경우 사회복지의 대상과 문제의 의미가 매우 제한적인데 그것은 거시적인 사회구조적 측면과는 관계없이 주로 개인적인 측면에서 문제의 발생원인과 대상을 선별하는 특징을 지닌다. 따라서 이때의 사회복지는 임시적이고 다른 사회제도의 기능을 보완하는 것으로 이해된다. 여기서는 사회문제에 대한 사회성과 보편성이라는 의미와는 무관한 입장이다. 윌렌스키와 르보(Wilensky & Lebeaux)는 잔여적 복지와 제도적 복지를 주장하였는데 이에 따르면 좁은 의미의 사회복지는 잔여적(보충적) 복지개념이 될 것이고 넓은 의미의 사회복지는 제도적 복지개념이 될 것이다.

3) 본 서의 입장

우리나라의 경우 사회복지법의 개념을 실정법상으로는 좁은 의미의 사회복지법으로 규정되어 있지만 학문적 개념으로는 넓은 의미의 사회복지법을 선호하는 것이 일반적이다. 현대복지국가는 전 국민을 대상으로 하는 넓은 의미의 사회복지를 실천할 의지를 가지고 있으며 제도적 복지개념을 수용하려는 태도를 취하고 있다. 따라서 본 서에서는 실질적 의미의 사회복지법에서 넓은 의미의 사회복지법의 개념을 수용 하는 사회복지법의 연구와 분석의 방법을 취하고자 한다.

2. 사회복지법의 이념으로서 생존권

사회복지법의 이념이란 사회복지법이 추구하고자 하는 가치 또는 사회복지법이 구현하고자 하는 목표를 말한다. 오늘날 복지국가에서 사회복지법의 이념은 생존권적 기본권의 보장이며 이는 모든 국가에서 공통적으로 인정하고 있다.

종래에는 자유권적 기본권에 무게가 있었으나 현대에는 생존권적 기본권을 중시하고 있다. 사회복지법의 존재 의의를 생존권에서 찾는 것은 의미 있는 것으로 먼저 생존권의 의의를 살펴보고, 생존권의 형성과정, 생존권의 국제적 확산, 실정법상 생존권의 규정을 고찰하고자 한다.

1) 생존권의 의의

근대국가의 탄생은 시민들을 왕과 귀족의 억압으로부터 해방시켜 자유와 평등을 주었다. 이를 기반으로 자본주의 경제는 고도로 발전되어 인류의 번영과 발전을 가져왔다. 그러나 발달된 자본주의는 빈부의 격차, 노사갈등, 독점자본가의 출현, 실업의 급증 등 많은 사회문제를 야기하여 불평등을 초래하였다.

이와 같이 국민의 기본적인 생활을 위협하는 자유권적 기반은 수정될 수밖에 없었다. 형식적이고 추상적인 자유권은 실질적이고 구체적인 자유와 평등을 요구하게 되었다.

따라서 국가의 적극적 개입에 의해 실질적 자유를 보장하기에 이르렀다. 이러한 이념에서 생긴 것이 생존권이다(장동일, 2003: 38-39).

생존권이라 함은 국민이 생활에 필요한 여러 가지 조건을 국가권력이 적극적으로 관여하여 확보해 줄 것을 요구하는 권리이다. 생활에 필요한 여러 조건이란 생존하는 데 필요한 기본적인 조건으로 의·식·주와 그 밖의 생활에 필요한 용품을 말한다. 생존권을 달리 복지권, 사회권, 생활권적 기본권이라고도 한다.

생존권이 최초로 헌법에 규정된 것은 1919년에 제정된 독일의 바이마르 헌법이다. 동 헌법은 제151조 제1항 전단에서 "경제생활의 질서는 모든 사람들에게 인간다운 생활을 보장하는 목적을 갖는 정의의 원칙에 적합하지 않으면 안 된다"는 규정과 "소유권은 의무를 수반한다"는 규정 및 "노동력에 대한 국가의 보존"의 규정 등에 의하여 생존권을 보장하고 있다. 이 규정은 자유권에 대한 제한으로 생존의 위협에 대한 국가의 적극적인 생존보장을 의미한다. 그 후 대부분의 국가들이 헌법에 생존권에 관한 규정을 두고 있다.

국가의 책임으로 인간다운 생활을 보장할 생존권은 다음과 같은 특징이 있다(신섭중 외, 1995: 55, 장동일, 2003: 39). 첫째, 생존권은 사회적 약자에 대한 국가의 온정주의적 은혜가 아니라 사회에서 삶을 영위하는 자의 당연한 권리이다. 둘째, 생존권은 단순히 생존을 의미하는 것이 아니라 문화적 생존을 의미하는 권리이다. 셋째, 생존권은 소득과 의료의 보장뿐만 아니라 사회복지서비스의 제공까지 포함하는 권리이다.

2) 생존권의 형성과정

(1) 시민법과 생존권

생존권의 형성은 자본주의 발전과 모순에서 생겨난 산물이다. 자본주의 발전과정을 법제도적인 측면에서 살펴보면 일반적으로 시민법 체계의 확립 및 발전과 그 모순의 확대과정으로 파악할 수 있다. 시민법 체계는 시민사회의 정치적 지도원리가 될 뿐만 아니라 자본주의 경제질서를 규율하는 규범체계였다. 시민법의 형성이념은 자유권이므로 결국 자본주의 사회의 법질서는 자유권의 법체계를 중심으로 유지되고 발전되었다(신섭중 외, 1999: 46-47). 이러한 자유권 사상에 의해 제정된 시민법은 개인의 자유와 평등의 이념을 구현하고, 자본주의의 원활한 발전을 도모하기 위하여 다음의 시민법의 3대 기본원리를 근간으로 하고 있다. 첫째, 소유권 절대의 원칙은 개인의 사유재산권에 대하여 절대적 보장을 인정하여 국가나 다른 개인의 간섭을 배제하는 것이 시민사회에서 개인생활의 안전을 보장한다는 것이다. 둘째, 계약자유의 원칙은 개인의 자유의사에 의한 계약을 인정하여 자유롭게 교환관계가 형성되어 시민사회가 발전한다는 것이다. 이를 '사적 자치의 원칙'이라고 하는데, 본인 스스로에 의하여 법률관계를 형성하고 책임진다는 원칙이다. 셋째, 과실책임의 원칙은 개인이 타인에게 준 손해에 대하여 그 행위가 고의나 과실이 있는 경우에만 손해배상책임을 지고, 고의나 과실이 없는 경우에는 어떠한 책임도 지지 않는다는 것이다. 이러한 시민법의 3대 원칙에 의하여 근대 시민사회의 구성원인 각 개인은 법 앞에 평등을 실현시켰고, 근대 자본주의 경제를 발전시키는 원동력이 되었다. 또한 이 원칙은 생존과 인권을 동시에 확보할 수 있을 것이라고 예상하였다.

그러나 고도로 자본주의가 발전함에 따라 그 자체의 여러 모순과 그 폐해로 인하여 자본의 독점과 빈부의 심한 격차, 노동자와 사용자의 갈등 등 적대감과 대립이 고조되었다. 이와 같은 시민법 질서에서 자본주의의 경제질서가 많은 사회문제를 초래함에 따라 시민법의 3대 원칙에 비판이 전개되고 이를 시정하기 위한 투쟁이 활발하게 진행되었다. 이에 따라 자본주의 경제의 구조적 폐해로부터 국민을 구제하기 위해서는 국가가 개입하여야 한다는 인식을 갖게 되었다.

시민법 원리의 수정은 구체적 개인생활에 대한 국가개입이라는 새로운 관념을 만들어 생존권의 이념을 형성시켰다(장동일, 2003: 41).

(2) 사회법과 생존권

생존권의 이념은 가장 먼저 근로자의 생존권을 보장하기 위하여 노동법의 발전으로 이어졌다. 노동법은 경제법, 사회보장법과 함께 사회법에 속한다. 그리고 사회법은 노동법, 경제법, 사회보장법의 순으로 발전되어 왔다.

근로자는 산업현장에서 질병과 각종 사고에 의하여 노동을 중단했을 때 본인과 가족의 생계가 곤란하다. 이런 문제를 해결하기 위하여 노동법은 근로자의 근로조건 유지와 향상 및 보호를 위하여 노동3권을 보장하는 입법과 노동조합법 등을 제정하였다. 그러나 노동법만으로는 근로자의 생계가 보장될 수가 없었다. 왜냐하면 자본주의 사회에서 근로자는 생활형태에 있어서 이중성을 갖기 때문이다. 근로자는 근로자로서의 인간과 생활인으로서 인간이라는 이중성을 갖고 있는데, 노동법은 근로자로서 직면하는 사회적 사고나 생활문제를 해결하는 데 국한되어 있기 때문에 생활인으로서 직면하는 생존권의 문제는 노동법으로 해결할 수가 없다. 따라서 노동법의 한계를 극복하고 생활인으로서 생존권을 확보하기 위하여 출현된 법이 사회보장법이다.

사회보장법에는 사회보험법과 공공부조법 및 사회복지서비스법, 사회복지관련법이 있으며 인간다운 생활을 보장하기 위한 생존권의 형성은 공공부조법, 사회보험법 및 사회복지서비스법, 사회복지관련법 등으로 발전되어 왔다.

3) 생존권 보장을 위한 국제적 활동

각국의 헌법에 규정된 생존권의 이념은 제1차, 제2차 세계대전을 거치면서 국제기구 조직의 결성과 그 조직의 활발한 활동에 의하여 국제사회에 커다란 영향을 미쳤다. 특히 제2차 세계대전 이후 여러 국제기구에서 생존권 보장을 위한 노력을 전개함으로써 생존권의 보장은 국제적 차원으로 발전하였다. 생존권 보장을 위하여 활동한 국제기구에는 국제연합과 국제노동기구, 세계노동조합 등이 있다.

(1) 국제연합

국제연합(UN)은 1948년 제3차 총회에서 '세계인권선언'을 발표하였는데, 그 내용에 생존권 관련 규정을 두고 있다. 세계인권선언 제22조에서 "인간은 누구나 사회의 일원으로서 사회보장을 받을 권리를 가지며, 또한 국가적 노력 및 국제적 협력을 통하여 나아가서 각국의 조직 및 자원에 따라 자기의 존엄성과 인격의 자유로운 발전을 위해 없어서는 안 될 경제적·사회적 및 문화적 권리를 실현할 권리가 있다"고 규정하고 있다. 또한 제23조 제3항에는 "노동하는 사람은 누구나 인간의 존엄에 상응한 생활을 본인과 그 가족에 대해서 보장하고 필요한 경우에는 다른 시회적 보장수단에 의해서 공정하고 유리한 보수를 받을 권리를 갖는다"고 규정하여 근로자와 그 가족의 사회보장을 명시하였고, 제25조에서는 "① 모든 사람은 자기 및 가족의 건강과 복지를 위하여 의식주, 의료 및 필요한 사회복지시설을 포함한 충분한 생활수준을 유지할 권리가 있으며, 또한 실업, 질병, 장해, 배우자의 상실, 노령 또는 불가항력에 의한 생활불능의 경우에 보장을 받을 권리가 있다. ② 모와 자는 특별한 보호와 원조를 받을 권리가 있다. 모든 아동은 적출의 여부를 불문하고 동일한 사회적 보호를 받는다"고 규정하여 모든 사람의 사회보장권을 인정하고 있다(장동일, 2003: 49-50).

국제연합은 1966년 제21차 총회에서 세계인권선언을 구체화시킨 국제인권규약을 제정하였다. 이 인권규약 A는 경제적 · 사회적 · 문화적 권리에 규정하고, 인권규약B는 시민적 · 정치적 권리, 즉 자유권 보장, 사회복지 · 사회보장에 관련된 구체적 규정을 많이 포함하고 있다. B규약 제6조에서 제8조까지는 노동에 관한 권리를 규정하고, B규약 제9조는 사회보장수익권을 규정하고 있는데, 주로 소득보장과 의료보장 실시에 관한 사회보장을 규정하고 있다. 특히 B규약 제10조는 가정복지, 아동, 부인 및 근로여성 등의 사회복지서비스 보장에 관하여 규정하고 있다(신섭중 외, 1999: 51-52).

국제연합은 인권선언과 인권규약 외에도 각종 선언을 채택하고 있다. 아동권리선언(1959), 여성차별철폐선언(1967), 정신지체자의 권리선언(1971), 장애자의 권리선언(1975) 등을 채택하여 생존권 보장에 공헌하고 있다.

(2) 국제노동기구

국제노동기구(ILO)는 제1차 세계대전 직후인 1919년 제네바에서 설립되었으며, 국제연합의 협력 전문기관으로서 근로자의 근로조건 물론 사회보험과 사회보장 수준에 관해서 그 체계와 권리보장을 실현해 왔다. ILO는 사회보장에 대한 국제적 기준을 설정하고 그 기준의 이행여부를 감독함으로써 각국의 사회보장 발전에 많은 기여를 하고 있다.

ILO는 사회복지라는 용어는 사용하고 있지 않지만 사회보장에 관한 각종 중요한 조약이나 권고를 채택하고 있다. 이러한 조약은 상호비준을 통해 국내법화하는 과정을 거쳐서 해당국가의 사회보장법과 행정체계에 커다란 영향을 미치게 된다(신섭중 외, 1999: 53). 예컨대, 1919년 실업보험, 1925년 산재보험, 1927년 질병보험, 1933년 노령 · 폐질 · 유족연금보험의 실시를 각국에 권고하였다. 1944년의 필라델피아 선언에서는 그 구체적인 조치로 소득보장에 관한 권고와 의료보호에 관한 권고를 채택하였다. 1952년 「사회보장에 관한 최저기준조약」은 획기적인 국제기준을 제시하여 생존권 보장을 보다 구체적으로 명시하였다. 또한 1952년 모성보호조약, 1964년 산업재해 직업병 급여에 관한 조약, 1967년 노령 · 장애 · 유족연금에 관한 조약, 1969년 의료급여에 관한 조약 등을 채택하여 각국이 사회보장제도의 전 영역을 국가정책으로 반영하여 실시할 것을 권고하였다.

(3) 세계노동조합

세계노동조합회의가 1945년 2월 런던에서 개최되었는데, 이 회의에서는 생존권과 관련하여서 노동자와 그 가족을 위한 사회보장의 권리성과 사회보장의 발전을 위해서 노력할 것을 합의하였다. 이것이 세계노동조합연맹 결성의 기초가 되었으며, 세계노동조합연맹은 1961년 비엔나에서 각국의 노동조합의 대표뿐만 아니라 의사, 국회의원, 법률가, 사회보장 실무자 등이 참가하여 「사회보장강령」을 만장일치로 채택 하였다. 이 강령은 1961년 12월 모스크바에서 개최된 제5차 '세계노동조합대회'에서 채택한 '국제사회보장헌장' 의 기초가 되었다. 이 헌장에서는 다섯 가지의 사회보장의 기본원칙을 다음과 같이 밝히고 있다. 그 원칙은 근로자 무갹출의 원칙, 의료의 사회화 원칙, 적용사고의 포괄성의 원칙, 피보장자의 포괄성의 원칙, 무차별의 원칙이다(신섭중 외, 2001: 66-67).

(4) 유럽회의

유럽회의는 유럽지역의 사회보장 도입과 발전 및 생존권 보장을 위하여 1953년에 노령·폐질·유족의 사회보장에 관한 임시협정, 노령·폐질·유족 이외의 사회보장에 관한 협정, 사회원조, 의료원조에 관한 조약을 체결하였고 1961년에는 유럽사회헌장을 채택하였다. 1964년에는 사회보장의 급여에 관한 조약을 체결하고 1972년에는 사회보장에 관한 조약을 체결하여 생존권의 보장에 공헌하였다(신섭중 외, 2001: 67-68).

4) 생존권의 법적 근거

한국의 법률에 있어서 생존권의 법적 규정은 헌법과 사회복지에 관한 법(사회보험관련법, 공공부조관련법, 사회복지서비스관련법)에 명시되어 있다.

(1) 헌 법

헌법은 국가의 통치조직과 작용, 국민이 국가에 의하여 보장받는 기본권[30]에 관하여 규정하고 있다. 헌법에 규정된 생존권적 기본권의 조항은 하위법의 제정근거가 되고, 하위법의 제정 방향을 제시해 주는 기준 내지 틀로서 최고의 법이다. 헌법은 생존권과 관

30) 헌법이 규정한 기본권에는 인간의 존엄과 가치·행복추구권(제10조), 평등권적 기본권(제11조), 자유권적 기본권(제12조~제22조), 생존권적 기본권(제31조~제36조), 청구권적 기본권(제26조~제30조) 참정권적 기본권(제24조, 제25조, 제72조. 제130조 2항)으로 여섯 가지가 있다.

련해 복지조치 내지 급여의 수급을 국민의 권리이자 동시에 국가의 의무로 규정하고 있다. 헌법에서 나타난 생존권 관련 규정은 다음과 같다.

① 자유민주주의 이념에 입각한 기회의 균등 및 생존권 보장(헌법 전문)
② 인간의 존엄성 확보와 행복을 추구할 권리(헌법 제10조)
③ 교육을 받을 권리(헌법 제31조)
④ 근로의 권리(헌법 제32조)
⑤ 근로자의 노동기본권(헌법 제33조)
⑥ 인간다운 생활을 할 권리(헌법 제34조)
⑦ 쾌적한 환경에서 생활할 권리 (헌법 제35조)
⑧ 가정생활 · 모성의 보호 및 보건에 관한 권리(헌법 제36조)

(2) 사회복지에 관한 법

사회보장에 대한 기본법으로 사회보장기본법이 있다. 사회보험관련법으로는 국민연금법, 국민건강보험법, 산업재해보상보험법, 고용보험법이 있고, 공공부조관련법으로는 국민기초생활보장법, 의료급여법, 재해구호법, 의사상자 예우에 관한 법률, 북한이탈주민의 보호 및 정착지원에 관한 법률, 일제하일본군위안부피해자에 대한 생활안정 및 기념사업 등에 관한법률이 있다. 사회복지서비스관련법으로는 사회복지사업법, 아동복지법, 장애인복지법, 노인복지법, 모 · 부자복지법, 영유아보육법, 정신보건법 등이 있다. 관련 복지제도에 관한 법으로는 주택법, 적십자사조직법, 국가유공자예우 등에 관한법률, 최저임금법, 근로기준법 등이 있다.

3. 사회복지법의 실천이념

사회복지법의 목적은 사회복지법의 이념인 생존권 보장에 있다. 이러한 생존권 보장의 이념을 달성하기 위한 좀더 구체적인 실천이념으로 인간다운 생활의 보장, 사회복지의 증진, 소득재분배, 사회통합, 자활 · 자립을 들 수 있다.

1) 인간다운 생활의 보장

인간다운 생활의 보장이란 국가나 사회가 개입하여 개인이 직면하게 되는 사회적 위험으로부터 개인을 보호하여 건강하고 문화적인 생활을 영위하게 하는 것을 말한다. 국가나 사회가 직접 개입하여 해결해야 하는 이유는 사회적 위험이 개인적 원인에 의해 발생한 것이 아니라 자본주의 사회의 형성과 발전에 기인하였다고 보는 사회성, 보편성의 원리에 근거하기 때문이다. 이러한 사회적 위험은 개인과 가족만의 능력으로서는 해결하기 어렵다는 것이다.

인간다운 생활의 보장에 대해서는 우리나라 헌법 제34조에서 명시하고 있으며, 사회보장기본법 제10조에서는 '건강하고 문화적인 최저생활의 보장'과 같은 좀더 구체적·실천적 표현을 사용하고 있다. 따라서 국가와 사회는 모든 국민이 인간다운 생활을 영위할 수 있도록 공적인 보장을 해 주어야 하는 것이다.

2) 사회복지의 증진

사회복지관련법에는 궁극적으로 사회적 약자인 보호대상자의 사회복지증진이라는 목표가 명시되어 있다. 사회복지증진은 현금급여나 현물급여 또는 서비스 형태로 제공되지만 현금이나 현물보다는 사회복지서비스가 좀더 기본적이고 실질적인 형태이다. 즉, 사회복지서비스의 목적은 정상적인 일반생활의 수준에서 탈락된 상태의 사회복지서비스 대상자에게 '회복·보전'하도록 도와주는 것을 말하며 이는 개별적, 집단적으로 보호 또는 처치를 행하는 것이다.

3) 소득재분배

사회복지법의 소득재분배 기능은 사회보험관련법과 공공부조관련법에서 잘 나타나고 있다. 장기적인 보장에 속하는 국민연금의 설계와 운용은 말할 것도 없고 국민 건강보험법에서도 소득재분배를 중요한 정책목표와 이념으로 표방하고 있다.

물론 공공부조관련법이나 사회복지서비스관련법의 경우도 마찬가지이다. 일반 조세를 통해 재원을 조달하여 사회적으로 곤란한 사람들에게 제공되는 이들 제도는 조세제도와 사회복지제도를 통해 소득재분배 효과를 가져온다.

4) 사회통합

사회복지법은 부의 불평등의 완화, 사회적 위험의 분산, 사회적 약자의 보호 등을 위해 서로 협력하고 책임짐으로써 사회를 통합시키는 기능을 한다. 예컨대, 사회보험의 원리는 사회적 위험의 분산과 공동대처를 통한 사회적 통합의 원리에 입각해 있으며, 공공부조관련법과 사회복지서비스관련법 역시 국민들의 세금으로 일방적으로 지원하는 이론적·이념적 배경에 사회연대와 사회통합이 존재한다.

5) 자립·자활

국가로부터 사회복지급여를 받아서 생활하는 의존적인 삶이 아니라, 스스로 자주적이고 독립적인 생활을 영위하도록 하는 것은 사회복지법의 또 다른 목적이다. 이러한 자립·자활의 원리는 사회적 자원의 효율적인 배분이라는 경제적·사회적 정의를 위해서도 바람직하다.

특히, 사회복지법 중에서 공공부조관련법이나 사회복지서비스관련법 분야에서는 자립과 자활을 더욱 중시한다. 사회보장기본법 제7조에서는 "모든 국민은 자신의 능력을 최대한 발휘하여 자립·자활할 수 있도록 노력하고 국가의 사회보장정책에 협력하여야 한다"고 규정하여 자활·자립을 중요성을 강조하고 있다.

4. 사회복지법의 종류 및 체계

1) 법체계의 관점

일반적으로 체계란 상호 관련된 개체들이 일정하게 통제된 원리나 원칙에 의해 전체를 구성하고 있는 것을 말한다. 따라서 체계화란 개체들로부터 공통적인 속성을 추출하고 상호관련성을 밝혀내는 과정이다. 법 역시 하나의 체계를 이루고 있는 사회적 실체인데, 일반적으로 '법체계'라는 용어의 용례(用例)를 살펴보면, 대체로 두 가지 의미를 가지고 있다.

첫째, 법체계라 함은 법이라는 규범이 다른 사회적 규범과 구별되는 법의 구분표지(區分標識)를 말한다(정순희, 1982: 3). 즉, 이것은 법의 개념과 관련된 것으로서 법의 자기동일성(自己同一性)을 확인할 수 있는 법 판별기준에 따라 법체계가 이루어진다고 할 수 있겠다. 이러한 법 판별의 기준은 학자들마다 다양하게 제시하고 있는데, 예를 들어 오스틴 (J. Ausitn)의 '주권자의 명령', 켈젠(H. Kelsen)의 '근본 규범', 하트(H. L. A. Hart)의 '인식규칙', 도르킨(R. M. Dworkin)의 '원리' 등이 그것이다.

이와 같은 법체계의 개념을 사회복지법에 적용시켜 보면, 사회복지법체계란 사회복지법의 개념과 동의어로 이해될 수 있다. 다시 말해서, 사회복지법이 다른 영역의 법들과 구별될 수 있는 특징적인 기준에 의해 인식될 수 있다. 특히 법규범의 세계에서 많은 종류의 법률과 사회복지법이 구별될 수 있는 기준은 법적인 지도원리라 할 수 있겠다.

이러한 사회복지법체계는 역사적 관점에서 논증될 수 있다고 본다. 사회복지법은 산업사회 또는 자본주의사회의 역사적 전개과정 속에서 등장한 법으로서 자본주의사회를 견인해 온 전통적인 시민법의 현실적 모순성에서 배태한 새로운 법 영역이기 때문에, 사회복지법이 등장하게 되는 배경, 시민법과의 차별성 등을 고찰해 보면 사회복지법의 체계적 성격이 드러나게 될 것이다. 따라서 이는 사회복지법이 타 영역의 법에 대해서 갖는 외재적 체계성이라 할 수 있겠다(윤찬영, 1994b: 78).

둘째, 법규범 내에서 다양한 법들의 배열 및 상호관계를 의미하는 법체계의 개념이 있다. 일단 외부적 규범에 대해 해당 법규범의 경계를 확정짓고 나서, 당해 법규범 내에 존재하는 법들이 상호 분류되고 관계를 갖게 되는 기준과 원리에 따르는 법체계 개념이 존재하는 것이다.

이러한 체계화엔 우선적으로 분류가 필수적이다. 분류는 배타적이고도 총 망라적이어야 한다(Borgtta & Borgatta, 1992: 2188). 다시 말해서, 모든 구성요소인 각 개체들이 하나의 영역에 포함되어야 한다는 뜻이다. 사회복지법의 체계라는 관점에서 볼 때, 모든 사회복지법들을 포괄할 수 있으며 또한 각 법들이 분류체계의 하위영역에 겹치지 않게 분류되는 체계를 말한다.

또한 이 밖에도 분류체계가 갖추어야 하는 요소로서 일관성과 계층적 특성을 들 수 있다(Dunn, 1988: 178-179). 이것은 상하위(上下位) 또는 수평적인 범주가 모두 일관된 원리에 기초하고 있어야 하며 동시에 각 단계와 구분된 영역마다 서로 다른 독특한 성격을 가져야 한다는 뜻이다. 즉, 동일 범주의 법으로서 보편적인 원리와 각각의 특수한 성격을 동시에 갖추고 있어야 한다는 것이다. 사회복지법체계의 관점에서 본다면, 각 법들은 상위법이든 하위법이든 일관된 공통적 규범을 공유하면서도 각 단계와 위치에 따르는 특성을 반영하도록 체계화되어야 한다는 것이다.

따라서 분류체계의 기초 또는 차원은 명확해야 하고 또한 중요한 것이어야 한다. 이와 같은 분류체계 속에서 각 개체가 속에 있는 하위영역을 곧 유형이라 한다. 사회과학에서는 일반적으로 모든 유형보다 하나 또는 소수의 유형을 강조하는데(Borgotta & Borgotta, 1992: 2188-2189), 여기에서 단일 유형을 형성하는 베버(Weber)식의 이념형을 말하는 것이다. 그러나 이것은 경험적으로 존재하지 않지만 하나의 비교준거로서 작용할 수는 있다.

두 개의 유형화로 흔히 쓰이는 전략은 양극단의 유형화이다. 예를 들면 '공동사회와 이익사회', '일차적 집단과 이차적 집단' 등과 같은 분류이다. 제2장에서 기준의 전통적인 법 영역인 '시민법'과 시민법을 수정하는 원리에 입각한 '사회법'을 양극에 놓고 비교한 것은 여기에 속하는 것으로 볼 수 있다.

그런데 이러한 유형화는 그것이 기초로 하고 있는 상호 관련되는 차원들을 분명히 할 수 없는 약점이 있는데, 다시 말해서 양극단 사이에 존재하면서 양극의 요소를 공통적으로 가진 개체가 존재하기도 하고 또는 각각 독립적으로 존재하지만 일정한 관계를 갖는 개체들도 존재한다는 것이다. 이를 극복하기 위해서는 하부구조의 개발이 필요하다(Borgatta & Borgatta, 1992: 2189). 왜냐하면 상호 관련되는 차원 또는 기준들의 입장에서 보면 개체나 범주들은 독립적으로 존재하면서 전체를 형성하기도 하고(집합개념에서의 합집합), 상호교차 하면서 기준이나 차원을 공유하는 경우(집합개념에서 교집합)도 있기 때문에(Dunn, 1988: 179-181), 이러한 경우들을 고려한 하부구조의 발견과 형성이 분류체계에서 중요한 관건이 된다.

2) 분류방법

사회복지법의 기본 원리에 따른 분류방법은 보험의 원리, 보상의 원리 및 원호의 원리 등에 따른 분류체계를 의미한다. 이에 따라 사회복지법은 사회보험법, 사회보상법 및 사회원호법으로 나누어진다(현외성, 2001: 60).

사회보험법은 보험원리에 의거하여 일정한 급여를 지급하는 것을 규정한 법이다. 보험원리란 장래 발생할 생활상의 특정위험으로부터 자기를 보호하고자 하는 사람들이 상호부조의 정신으로 각각 일정한 기여금을 지불하고 자기에게 생활상의 그 위험이 발생하면 소정의 급여를 받게 되는 것인데, 이를 바탕으로 하는 사회보험법에는 의료보험법, 연금보험법, 산업재해보상보험법, 실업보험법 등이 포함된다.

사회보상법은 국가와 민족을 수호하기 위하여 활동한 사람(군경, 기타 국가 유공자 등)이 상해를 입거나 사망하거나 근로능력을 상실하고 또는 본인이나 유족의 생활이 빈곤하게 될 때, 그와 같이 공익을 위한 헌신에 대하여 국가가 본인과 가족 또는 유족의 생활을 보상하는 제반 사회적 급여에 관한 법률을 말한다. 사회보상법의 근본 원리는 인과성의 원리에 바탕을 둔 인과적 사회급여인 데 반하여 후술하는 원호의 원리에 근거를 둔 사회급여는 반대급부를 전제로 하지 않은, 즉 합목적성의 원리를 근거로 한 합목적적 사회급여인 점이 다르다. 사회보상법의 근거로 하고 있는 인과성의 원리는 사회보험법의 원리와 동일하지만, 전자의 경우는 보상의 근거가 만족, 국가, 사회공동체를 위한 초개인적인 원인에 있음에 대하여 사회보험법에 있어서는 근거가 개인적인 원인에 있다는 점이 다르다(이상광, 1998: 263). 사회보상법에는 그 수급권자의 범주에 따라 국가유공자보상법, 공익행위자보상법 등이 포함된다.

사회원호법은 개인의 일정한 가중된 경제적 부담을 경감시켜 주거나 기타 사회적 보호를 필요로 하는 개인의 복지를 증진시켜 줌으로써 그에게 인간다운 생활을 보장시켜 줄 목적으로 국가에서 일방적으로 지급하는 사회급여에 관한 법이다. 사회원호법은 기여금 지불을 전제하지 않고 그 재정은 국고에서 부담한다는 점에서 사회보상법과 같지만 특정한 법정원인에 의하여 사회급여 지급사유가 발생할 것을 필요로 하지 않는다는 점에서 다르다. 사회원호법에 속하는 법을 열거하면 자녀급여법, 주택급여법, 혼인급여법, 노인복지급여법, 장애인급여법, 유락여성재활급여법, 마약중독지재활급여법, 생활부조급여법, 의료부조급여법 등이 있다(이상광, 1998: 304-306).

3) 국가별 사회복지법 분류체계

(1) 독　일

독일은 사회법에 대해 전통적으로 학문적인 체계보다는 실정법적인 체계를 따라 사회보험, 사회원호, 사회부조 등으로 체계화해 왔다. 그러나 사회법전 제정 이후에는 사회보상 개념의 강조와 사회원호급여의 적극성으로 인해 학문적으로 다양한 관점에서 다음과 같은 체계화가 시도되었다.

첫째, 기여금의 존재 여부에 따라 사회보험법과 공공부조법으로 분류하는 방법이 있다. 이 방법은 사회보상법이 규정하고 있는 국가유공자보상법 등을 기여금의 전제 없이 급여가 이루어진다는 이유로 공공부조법에 편입시켰다. 그러나 사회보상법의 급여는 비록 기여금을 전제로 하지 않지만 인적 손실이라는 반대급부를 전제로 인과적 사회급여가 이루어지기 때문에, 합목적성의 원리가 지배하는 공공부조법에 포함시키는 것은 사회적 급여의 성격을 무시한 법체계라 할 수 있다.

둘째, 사회급여의 기능에 따라 3분설과 2분설로 나누어 볼 수 있다. 3분설 이란 짜헤르(H. F. Zacher)에 의하면 사전배려체계, 보상급여체계, 부조 및 촉진체계 등의 분류체계이다.

독일의 사회복지법 분류체계는 세 가지 기준에 따르고 있는데, 각각의 분류체계는 각각 그 특성을 달리하고 있다. 사회급여의 기능에 따른 분류체계에 의하면 사회복지법은 사회급여를 위한 법체계라는 점에 착안하여 현재의 사회적 위험에 대처하기 위한 사회적 급여인가 장래 발생 가능한 사회적 위험에 대처하기 위한 사회급여인가에 초점을 맞추어 사회복지법을 분류하여 체계화하고 있다.

사회적 위험에 따른 분류체계는 사회적 위험을 기준으로 사회복지법을 분류하여 체계화하는 방법으로 특정의 사회적 위험을 해결하기 위한 개별 법률을 사회복지법으로 분류하고 이 개별 법률을 체계화하려 한다. 그러나 사회적 위험의 종류가 너무나 많고 사회적 위험의 종류에 따른 개별 법률들도 중복되고 있어 그러한 개별 법률들을 체계화하기란 그리 용이하지 않다(장동일, 2001: 99-100).

2분설은 블레이에 의하면, 발생한 손실에 대한 급여체계와 특별한 경제적 부담을 경감시켜 주거나 원호 또는 장려, 촉진 등을 위한 급여로서 불이익에 대한 급여체계 등으로 체계화된다. 여기에서 손실에 대한 급여체계에는 사회보험법과 사회보상법이 포함되며, 불이익에 대한 급여에는 사회부조법이 포함되는 것으로 해석된다.

그러나 이와 같은 분류체계는 3분설이든 2분설이든, 법리적인 측면보다는 급여내용의 기능에 따른 것으로서 법체계의 기준으로는 만족스럽지 못하다.

셋째, 국내 학자들 중에서 독일 법체계론의 영향을 받아 나름대로 사회복지법의 체계를 제시하는 경우가 있다. 먼저, 사회법의 기본 원리를 기초로 각국의 입법례에 따라 체계화할 것을 강조하면서 이상광은 사회보험법, 사회보상법, 사회원호법 등으로 체계화하고 있다(윤찬영, 1998: 109-110).

(2) 미국과 국제노동기구(ILO)

ILO와 미국의 보건후생성은 사회적 위험의 종류에 따라 사회복지법을 분류하여 체계화하고 있다. 국제노동기구(ILO)는 사회보장의 최저기준에 관한 조약에 따라 의료, 질병, 실업, 노령, 산업재해, 가족, 분만, 폐질, 유족 등 9부문으로 사회적 위험을 분류하고 이에 따라 급여를 제공해야 한다는 위험에 따라 사회복지법 체계를 나타내고 있다.

한편 미국의 보건후생성이 발간하고 있는 세계사회보장프로그램에 의하면, 첫째, 노령·폐질·유족, 둘째, 질병·분만, 셋째, 산업재해, 넷째, 실업, 다섯째, 자녀 등 5부문으로 사회적 위험을 나누고 이에 대처하기 위한 사회복지법의 체계를 제시하고 있다. 미국의 사회복지법 체계는 각각 연금보험·의료보험·산업재해보상보험·실업보험 등 사회보험과 자녀급여에 관한 급여의 체계로 국제노동기구의 체계와 거의 차이가 없다(이상광, 1998: 295).

(3) 일 본

이상과 같은 독일식의 분류체계는 일본에 영향을 미쳤으며, 이에 오가와는 사회복지법을 다음과 같이 체계화했다. 그는 사회복지법을 사회사업법이라 칭하면서 ① 사회사업의 조직·재정에 관한 법, ② 사회사업급부에 대한 권리보장에 관한 법으로 분류하고, ①에는 사회복지사업법, 후생성설치법, 민생위원법 등을 포함시킨다. ②는 다시 일방적 급부의 형태로 보장활동이 실행되는 보호법-부조법(생활보호법), 육성법(아동복지법, 노인복지법 등), 갱생법(범죄자예방갱생법), 저소득자에 대해 자립조장의 목적을 갖는 대부 형태의 보장활동에 대한 원조법-공익질옥법(公益質屋法), 모자 및 과부복지법 등으로 체계화했다. 그리고 나중에 여기에다 하나의 분류를 추가했는데, 전쟁 기타 공권력적 활동에서 생명이나 신체 등에 손해를 입은 희생자와 유족에 대해 국가가 보상하는 원호법이 그것이다. 이중 원호법을 사회복지법에 포함시킬 것인지는 논란의 여지가 있다.

그런데 이와 같은 방법으로 체계화하는 것은 사회보험법의 영역이 배제된 채 공공부조법이나 사회복지서비스법만을 중심으로 제도의 방법이나 기능에 따른 분류에 그치고 있어 법리상의 분류체계로 받아들이기는 어렵다. 보험과 부조란 제도적 실천의 방법론상의 차이일 뿐이며, 보호·원조·원호 또는 부조·구조·육성·갱생 등은 제도의 기능을 표현하는 것으로서 이들의 법적성격에 차별성이 있는 것은 아니다(현외성, 2001: 113-114). 일본에서의 체계화 노력은 오가와의 분류체계와 같이 독일의 영향을 받은 것이 중심이 되면서 새로운 방법들이 제시되고 있지만 법체계의 기준들이 여전히 비법적인 것에서 벗어나지 못하고 있다.

(4) 한 국

한국의 경우 가장 보편적으로 박석돈 교수의 분류체계를 따르고 있지만 장동일 교수는 현대복지국가의 사회복지법체계를 적절하게 세분화하고 있다.

첫째, 박석돈 교수는 우리나라 법제처에서 정한 법령분류에 근거하여 현암사의 '법전'에서 '사회복리'편에 아래와 같이 두 가지 체계로 구분하고 있다고 한다. (1) 사회복지일반에 관한 법률: 사회보장기본법, 사회복지사업법 (2) 사회복지서비스에 관한 법률: 장애인복지법, 노인복지법, 재해구호법, 재해구제로 인한 의사상자구호법, 외국민간원조단체에 관한법률, 국민연금법, 아동복지법, 모・부자복지법, 윤락행위등방지법, 국민기초생활보장법, 소비자보호법, 새마을운동조직육성법, 가정의례에 관한법률, 의료급여법, 공무원 및 사립학교의료보험법, 해외이주법 등

박 교수는 그 '사회복리'편에 들어 있지 않고 다른 곳에 분류되어 있는 아래의 법률이 사회복지법에 포함되어야 한다고 주장한다. 즉 군사원호보상법, 국가유공자 등 특별원호법, 자활지도사업 임시조치법, 월남귀순용사특별보상법, 사회복지사업기금법, 보호시설에 있는 고아의 후견직무에 관한 법률, 입양특례법, 특수교육진흥법, 보호관찰법 등이다(박석돈, 1994: 57).

둘째, 장동일 교수에 의하면 사회복지법의 기본원리를 근거로 <그림 3-1>과 같이 사회복지법을 체계화하고 있다. 우선 먼저 사회복지의 궁극적 목적인 생존권 보장과 인간다운 생활의 보장을 직접적으로 구현하기 위한 제반법규를 사회보장법으로 분류하고, 인간의 복지를 간접적으로 조성하거나 향상하기 위한 제반법규를 사회복지 관련법으로 분류한다.

<그림 3-1>에서 보는 바와 같이 사회복지법을 사회보장법과 사회복지관련법으로 구분한다. 사회보장법은 사회복지법의 기본원리에 따라 사회보험법, 사회보상법, 사회부조법, 사회원조법 네 분야로 구분하고, 사회복지관련법은 보건・위생・환경・고용, 교육, 재활, 주택, 소비자보호 관련법으로 구분하여 분류한다.

우리나라의 사회복지법체계

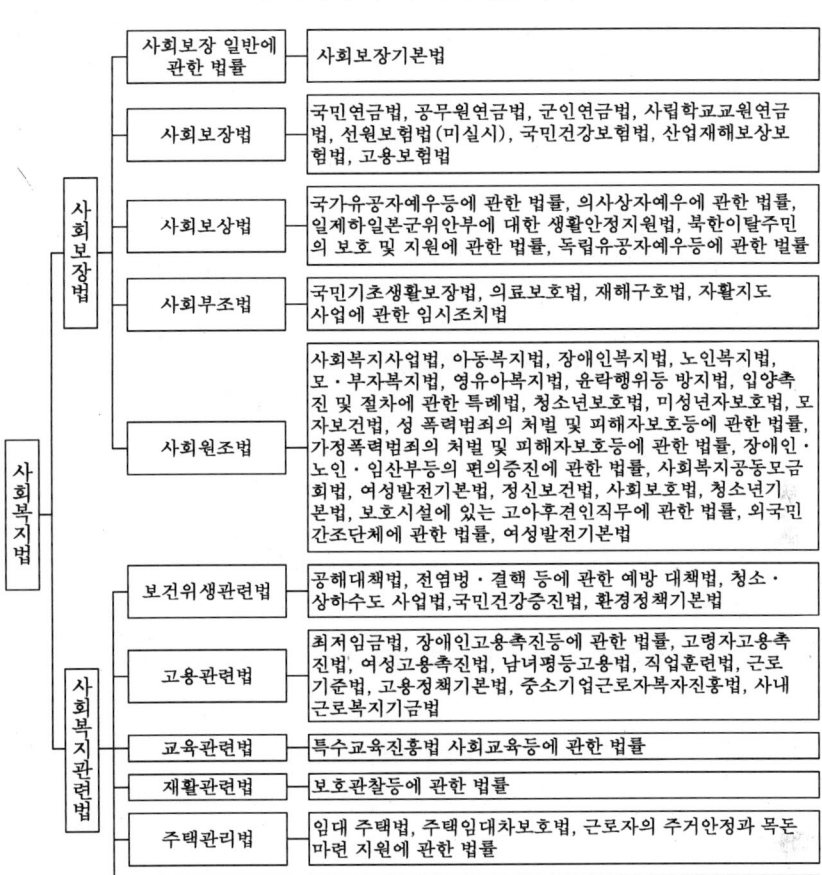

사회복지법	사회보장법	사회보장 일반에 관한 법률	사회보장기본법
		사회보장법	국민연금법, 공무원연금법, 군인연금법, 사립학교교원연금법, 선원보험법(미실시), 국민건강보험법, 산업재해보상보험법, 고용보험법
		사회보상법	국가유공자예우등에 관한 법률, 의사상자예우에 관한 법률, 일제하일본군위안부에 대한 생활안정지원법, 북한이탈주민의 보호 및 지원에 관한 법률, 독립유공자예우등에 관한 벌률
		사회부조법	국민기초생활보장법, 의료보호법, 재해구호법, 자활지도 사업에 관한 임시조치법
		사회원조법	사회복지사업법, 아동복지법, 장애인복지법, 노인복지법, 모・부자복지법, 영유아복지법, 윤락행위등 방지법, 입양촉진 및 절차에 관한 특례법, 청소년보호법, 미성년자보호법, 모자보건법, 성 폭력범죄의 처벌 및 피해자보호등에 관한 법률, 가정폭력범죄의 처벌 및 피해자보호등에 관한 법률, 장애인・노인・임산부등의 편의증진에 관한 법률, 사회복지공동모금회법, 여성발전기본법, 정신보건법, 사회보호법, 청소년기본법, 보호시설에 있는 고아후견인직무에 관한 법률, 외국민간조단체에 관한 법률, 여성발전기본법
	사회복지관련법	보건위생관련법	공해대책법, 전염병・결핵 등에 관한 예방 대책법, 청소・상하수도 사업법,국민건강증진법, 환경정책기본법
		고용관련법	최저임금법, 장애인고용촉진등에 관한 법률, 고령자고용촉진법, 여성고용촉진법, 남녀평등고용법, 직업훈련법, 근로기준법, 고용정책기본법, 중소기업근로자복자진흥법, 사내근로복지기금법
		교육관련법	특수교육진흥법 사회교육등에 관한 법률
		재활관련법	보호관찰등에 관한 법률
		주택관리법	임대 주택법, 주택임대차보호법, 근로자의 주거안정과 목돈마련 지원에 관한 법률
		소비자보호관련법	소비자보호법

이러한 분류기준에 의해 개별사회복지법률들을 분류하면 다음과 같다. 사회복지일반에 관한 법률에는 사회보장기본법이 있고, 사회보험법으로는 국민연금법, 공무원연금법, 군인연금법, 사립학교교원연금법, 선원보험법(미실시), 국민건강보험법, 산업재해보상보험법, 고용보험법 등이 있다.

사회보상법으로는 국가유공자예우 등에 관한 법률, 의사상자에 관한 법률. 일제하일본군위안부에 대한 생활안정지원법, 북한이탈주민의 보호 및 지원에 관한법률 등이 있고. 사회부조법으로는 국민기초생활보장법. 의료보호법. 재해구호법, 자활지도사업에 관한 임시조치법 등이 있다. 사회원조법으로는 사회복지사업법, 아동복지법, 노인복지법, 장애인복지법, 모・부자복지법, 영유아보육법, 윤락행위등방지법, 정신보건법, 입양촉진 및 절차에 관한 특례법, 가정폭력방지 및 피해자 보호 등에 관한법률, 청소년보호법, 청소년기본법, 미성년보호법, 모자보건법, 성폭력범죄의 처벌 및 보호 등에 관한법률, 장애인·노인·임산부 등의 편의 증진에 관한법률, 사회보호법, 사회복지공동모금회법 등이 있다.

보건·위생·환경관련법으로는 공해대책법, 전염병결핵 등에 관한 예방대책법, 청소상하수도사업법, 국민건강증진법, 환경정책기본법 등이 있고, 고용관련법으로는 최저임금법, 장애인고용촉진 등에 관한법률, 고령자고용촉진법, 여성고용촉진법, 남녀평등교육법, 직업훈련법, 고용정책기본법. 근로기준법, 중소기업근로자복지진흥법, 사내근로복지기금법 등이 있다.

교육관련법으로는 특수교육진흥법, 사회교육 등에 관한법률 등이 있고, 재활관련법으로는 보호관찰 등에 관한법률 등이 있다. 주택관련법으로는 임대차보호법, 임대주택법, 근로자의 주거안정과 목돈마련지원에 관한 법률 등이 있고 소비자보호관리법으로는 소비자보호법 등이 있다.

요컨대, 사회복지법을 체계화하기 위한 접근방법에는 실정법적 접근방법과 학문적 접근방법 등 두 가지의 체계화 접근방법이 있는데, 이들 두 가지 접근방법은 사회복지법 개념의 차이에 의하여 체계의 범위가 다르게 됨을 고찰하였다. 특히 사회복지법학 연구에 있어서 학문적 체계는 사회복지법의 법적성질, 법원리를 기준으로 사회복지법을 분류하고 체계화하려는 것으로 이상광, 김유성, 김근조 등이 시도하여 연구성과를 거두었고 본 연구에서도 학문적 체계에 의한 접근 방법으로 체계화를 시도하였다(장동일, 2001: 115-119).

인간의 삶과 복지국가 제3부

- ◆ 제14장　인간의 삶과 사회 복지
- ◆ 제15장　복지국가와 사회

제14장

인간의 삶과 사회 복지

인간은 남성의 정자와 여성의 난자에 의해 수정되는 순간부터 죽음에 이르는 전 생애에 걸쳐 삶을 영위하는데 역동적 변화를 경험하게 된다. 이렇게 역동적으로 변화하는 존재인 인간은 때로는 환경적 조건에 의해 단순히 영향을 받거나 환경적 조건에 자신을 적응해 나가는 수동적 위치에 서기도 하지만, 오히려 환경을 자신에게 맞도록 변화시키거나 수정하기도 하는 능동적 주체로서 삶을 이끌어가기도 한다.

궁극적으로 인간은 이렇게 환경과의 끊임없는 상호작용을 통해 행복한 삶을 영위하려는데 삶의 주요한 목적을 둔다. 그러나 행복한 삶은 그렇게 쉽게 이루어지는 것이 아니다. 인간은 전 생애에 걸쳐 생존과 인간다운 삶의 질을 위협하는 여러 가지 위험(*risks*)을 경험하게 된다. 특히 환경과의 상호작용을 잘 이루어내지 못함으로써 욕구를 충족하지 못하거나, 문제 상황에 직면하여 해결할 수 있는 방법과 자원들을 동원하지 못하게 될 때 행복한 삶을 영위할 수 없게 되는 것이다.

이와 같이 전 국민이 전 생애에 걸쳐 직면하게 되는 여러 가지 욕구, 문제, 위험들을 해결하여 보다 높은 삶의 질을 도모하기 위한 제도, 법, 프로그램 등이 바로 사회복지와 직결된다.

이 장에서는 인간의 전 생애에 걸친 각 생활주기에 직면하게 되는 여러 가지 욕구, 문제, 위험들과 이를 해결하고자 하는 다양한 사회복지의 내용들을 인간의 생애주기에 맞추어 살펴보고자 한다.

1. 인간 생활주기와 욕구, 문제, 위험

1) 인간 생활주기와 사회복지

인간의 생활주기(*life cycle*)란 임신을 통한 태아기와 출산과정을 거쳐 영・유아기, 아동기, 청소년기, 결혼에 이르는 성인초기, 출산, 육아, 자녀독립 등을 경험하는 중・장년기, 은퇴 후 노후생활을 하게 되는 노년기에 이어 죽음에 이르게 되는 인간생활의 전 생애에 걸친 시간적 변화상태를 말한다.

특히 주기라고 할 때에는 단계별 공통성과 이질성을 지니면서 서로 관련되어 있다는 전제에서, 각 개인의 연령에 따라 생활주기가 변화한다는 의미가 담겨 있다. 즉, 각 주기는 고유한 특징이 있어서 그 이전 단계나 이후 단계로부터 구분되며, 그러면서도 발달을 위한 방향이 있고 새로운 단계는 그 이전의 단계까지 이루어진 발달을 통합하게 된다. 따라서 한 주기에서 수행해야 할 과업이 적절하게 이루어 지지 않을 경우에, 그 다음 단계의 주기에서 난관에 봉착할 가능성이 높아진다는 가정을 담고 있다.

이런 의미에서 주기는 인간의 발달상에서 어떤 과제의 성취와 특정한 측면의 발달이 강조되는 삶의 기간을 말하는 발달단계로 표현되기도 한다. 발달관계를 구분하는 연령은 대략적인 것으로 이러한 연령을 전후해서 발달적 전환이 이루어진다는 의미이다. 그리고 발달단계는 연속적으로 일어나며 한 단계에서 일어난 발달은 그 이후의 모든 단계에 영향을 미친다.

자아심리학자인 에릭슨(Erikson)은 인간의 생활주기론에 입각하여 인간의 발달을 여덟 단계로 구분하였으나 최근에는 발달단계가 더 세분화되는 경향이다. 우선 유전적 요인과 같이 인간의 전 생애에 걸쳐 영향을 미치며 태내의 발달에서 비롯되는 요인들의 중요성 때문에 태아기가 첨가되는 경향이 있다. 또한 노인의 평균 수명의 연장에 따라 노년기가 크게 확장되었기 때문에 비교적 나이가 적으며, 자주적으로 생활할 수 있는 노인과 나이가 많고 건강이나 기능에서 의존해야 하는 노인으로 구분하기도 한다.

여기서는 에릭슨의 생활주기를 기반으로 하여 인간의 발달단계를 태아기, 영아기, 유아기, 아동전기(前期), 아동기, 청소년기, 성인초기, 중・장년기, 노년기 등 9단계로 구분하여 살펴보고자 한다.

한편 생활주기에 대해서 사회복지가 관심을 가지는 이유는 첫째, 모든 인간은 전 생애를 거쳐 삶을 영위하는 데 연령별 혹은 시기별로 다양한 욕구를 공통적으로 가지며,

이러한 연령별, 시기별 욕구를 충족시키지 못할 때 대다수 인간은 문제에 봉착하거나 위험에 빠짐으로써 복지 증진을 이룰 수 없음을 미리 알고 사전대책을 강구할 수 있기 때문이며, 둘째, 사회복지에서 문제해결을 위한 프로그램이나 서비스를 고안할 때 발달단계에 입각한 접근은 상당히 유용하기 때문인데, 예컨대, 혜택 받을 집단이 노인이나 청소년, 아동과 같이 특정한 단계에 속한 경우, 그 단계의 발달적 특징을 이해함으로써 집단의 욕구와 이용 가능한 자원을 더 잘 파악할 수 있기 때문이다.

베버리지(Beveridge)의 '요람에서 무덤까지'라는 말에는 바로 국가가 국민들의 전 생애에 걸쳐 사회복지를 제공해야 한다는 의미가 담겨 있으며, 나아가 현대 복지국가는 생활주기의 더 확장된 개념인 '태아에서 무덤까지'라는 말을 사용하고 있음은 현대에 와서는 국가나 사회가 인간의 생애전반에 걸쳐 국민들의 욕구와 문제해결을 위해 노력해야 한다는 점이 강하게 부각되어 있음을 보여준다고 하겠다.

2) 욕구, 문제, 위험의 의미

(1) 욕 구

㉮ 욕구의 의미

인간이 스스로 자신의 욕구(*needs*)를 충족시킬 수 없을 때 외부로부터 도움을 받지 않을 수 없다. 이러한 외부의 도움을 사회적으로 체계화, 제도화한 것이 사회복지이므로 이러한 사회복지를 이해하기 위해서는 먼저 욕구에 대한 이해가 있어 유지하기 위하여 필요한 의·식·주·의료 등의 욕구라고 설명한다.

베잇 윌슨(Veit-Wilson, 1987: 185)은 인간욕구를 생리적(*physiolog- ical*) 욕구와 심리적(*psychological*) 욕구로 구분하였다. 전자의 조건으로서 인간의 육체 및 생리에 영향을 주는 좋은 영양과 환경을 들고 있으며, 후자의 조건으로는 정신건강과 건전한 사회행동의 바탕이 되는 정체감과, 집합적 사회통합의 바탕이 되는 공동체 의식(*community*)을 들고 있다.

이렇게 인간욕구는 다양하지만 사회복지를 논할 때의 욕구는 인간이 원하는 어떤 것이나, 혹은 모든 것을 뜻하는 것이 아니기 때문에 기본욕구라는 개념이 등장하게 되는 것이다.

㉯ 기본욕구

기본욕구는 인간의 욕구들 중에서도 누구에게나 공통적이면서 필수적인 것들의 최저 수준에만 적용되는 욕구를 의미한다. 특히 기본욕구라는 개념을 사용하여 욕구의 개념을 사회복지로 한정시킬 때 기본욕구는 첫째, 그것이 모든 인간에게 공통적이라는 점과 둘째, 인간성의 유지에 필수적이라는 점, 셋째, 해결을 목적으로 하는 사회적 서비스의 양과 질에서 일정한 수준이 정해진다는 세 가지 특성을 갖춘다.(김상균, 1987: 17~18).

이렇게 볼 때 기본욕구라는 말속에는 인간이면 누구나 그 수준이하로 떨어져서 생활해서는 절대로 안 되는 일종의 규범적 선언이 포함되어 있다고 할 수 있다.

㉰ 사회적 욕구

여러 사회적 위험(*social risks*) 때문에 개인의 기본욕구를 충족시키지 못하는 사회 구성원들의 수가 상당히 많게 될 때 이들이 처해있는 사회적 위험으로부터 탈피하려는 집단적 욕구가 바로 사회적 욕구이다. 특정의 구체적 욕구가 사회적 욕구로 규정될 수 있는가, 없는가에 관한 결정은 궁극적으로는 특정 사회의 정치, 경제, 사회, 문화적 특성과 시대적 변천, 그리고 개인의 가치판단에 따라 차이가 날 수 있다. 하지만 사회적 욕구는 두 가지 중요한 의미를 가진다. 첫째, 그것의 해결방법은 사회적이고 공통적이라는 의미이다. 둘째, 욕구해결의 주동기가 이윤의 추구가 되어서는 안 된다는 것이다(김상균, 1987: 21~22).

따라서 다양한 인간욕구들 중에서 기본욕구로 1차 제한을 가한 뒤, 사회복지의 개념으로 2차 제한을 가한 결과가 최종 개념으로서의 사회적 욕구가 된다고 하겠다. 일례로 하비(Harvey)는 ① 음식, ② 주택, ③ 의료, ④ 교육, ⑤ 사회 및 환경, ⑥ 소비재, ⑦ 레크리에이션, ⑧ 이웃분위기, ⑨ 대중교통 등과 같은 9가지 영역에 관한 욕구를 사회적 욕구로 제시한 바 있다(남세진 · 조흥식, 1995: 37).

㉱ 욕구인식의 기준에 따른 분류

브래드쇼(1972: 640~643)는 욕구인식의 기준에 따라 욕구를 ① 규범적 욕구(*normative need*), ② 감지적 욕구(*felt need*), ③ 표현적 욕구(*expressed need*), ④ 비교적 욕구(*comparative need*) 등 네 가지로 정의하고 있다.

첫째, 규범적 욕구는 전문가, 행정가, 사회과학자들의 욕구의 상태를 규정하는 것으로, 미리 바람직한 욕구충족의 수준을 정해 놓고 이 수준과 실제 상태와의 차이에 의하여 욕구의 정도를 규정하든가 혹은 최고의 욕구수준을 정해놓고 실제 상태와의 차이에 의하여 욕구의 정도를 규정하는 것이다.

둘째, 감지적 욕구는 욕구상태에 있는 당사자의 느낌에 의해 인식되는 것인데, 이것은 어떤 욕구상태에 있는지 혹은 어떤 서비스를 필요로 하고 있는지 물어서 파악하는 욕구이다. 따라서 이것은 실제적 욕구측정이 되지 못하고 개인의 인식정도에 의해 달라질 수 있다.

셋째, 표현적 욕구는 감지적 욕구가 실제의 욕구충족 추구행위로 나타난 것이며, 수요(*demand*)라고도 할 수 있다. 이것은 의료 및 보건의 욕구파악에 많이 이용되며 서비스를 실제로 받기 원하는 사람의 수로 파악된다.

넷째, 비교적 욕구는 어떤 서비스를 받고 있는 사람들과 비슷한 특성을 갖고 있으면서도 서비스를 받지 않고 있는 사람들을 욕구상태에 있는 것으로 규정하는 것을 말한다.

이와 같은 네 가지의 욕구는 각각 다른 인식기준에 의하여 정의한 것이므로 서로 일치하지 않는 경우가 많다. 따라서 이에 대한 각각의 정확한 욕구측정이 필히 요구된다고 하겠다.

(2) 문 제

일반적으로 문제란 '사람에게 그에 대한 해결욕구를 유발시키는 불만족스런 상태 또는 조건'(Anderson, 1979: 52~53; 안해균, 1990: 134)이라고 규정된다. 문제는 인간의 욕구충족을 가로막는, 때로는 욕구의 불충족 그 자체인 것으로 해석된다. 그러므로 사회복지에서 문제는 일단 욕구와 연관된 것으로서 존재하며, 사회복지의 중요한 관심거리이다.

문제는 일반적으로 개인문제와 사회문제 등 크게 두 가지로 분류된다.

밀즈(Mills)는 문제를 개인문제(*private troubles*)와 공공문제(*public issue*)로 구분하였다. 개인문제는 사람의 성격 및 타인과의 당면한 관계의 범위 내에 있는 문제를 말한다. 반면에 공공문제는 첫째, 크기 및 범위 차원에서 사회의 상당수의 사람이 특별한 결과를 공유하고 있어야 하며, 둘째, 고유성 차원에서 연령, 성별, 민족집단과 같은 집단에서 공통적으로 발견되어야 하며, 셋째, 비교적 영속적인 것으로 결과가 수년간 나타난 상태이어야 하며, 넷째, 결과가 특정한 사람 등에 의하여 경험되는 동안 반드시 그들에 의해서만 야기되는 것이 아니라 정치, 경제, 교육, 보건과 같은 주요한 제도가 그러한 결과를 경험하는 자들과 어떻게 관련되는가에서 비롯된 것이어야 하는 일련의 뚜렷한 특징이 있는 문제를 말한다고 하였는데, 그가 말하는 공공문제야말로 진정한 의미의 사회문제라는 것이다(Meenaghan & Washington, 1983: 52~53).

일반적으로 사회문제가 개인문제와 다른 점은 사회문제가 지니고 있는 사회성(社會性)과 보편성(普遍性)에서 분명히 구분된다.

여기서 사회성이란 개인의 욕구충족이 어려운 사건과 상태가 특정 문제에 직면한 개인의 책임보다는 상대적으로 사회적 제도나 구조상의 결함과 실패로 인하여 야기되는 경우를 말한다. 즉 문제발생의 사회적 맥락을 의미한다. 한편 보편성이란 사회문제가 지닌 부정적인 영향력이 특정 개인에게만 한정된 것이 아니라 사회구성원 전체에 보편적으로 미칠 수 있는 영향력이 높다는 의미를 갖는다. 이러한 두 가지 점은 개인문제와 엄격하게 구별하기 위한 지침으로 제시된 것이지만, 사회문제의 발생에는 그 전제로서 개인문제의 발생이 선행되며, 개인문제는 욕구의 불충족으로 야기된다(현외성 외, 1993: 26~27).

(3) 위 험

인간은 임신된 이후부터 죽을 때까지 생존과 인간다운 삶을 위협하는 여러 가지 위험(*risks*)들을 경험하게 된다. 이런 위험들 중에서 사회구성원 대부분에게 보편적으로 발생할 가능성이 많고, 위험의 발생과 그 결과에 대한 책임을 위험에 놓여 있는 개인에게만 탓할 수 없는 경우가 있는데, 이러한 위험이 바로 사회적 위험(*social risks*)이다. 즉 사회적 위험은 사회가 공동체적 차원에서 공동으로 대처하기로 명시적 혹은 묵시적으로 승인한 위험을 말한다고 할 수 있다. 따라서 한 사회가 어떤 위험을 사회적 위험으로 간주하느냐 여부는 그러한 위험 발생의 원인에 대한 사회적 인식에 달려 있기 때문에 각 사회마다 승인된 사회적 위험의 목록은 다를 수 있다.

그러나 국제노동기구(ILO)는 1952년에 “사회보장의 최저기준에 관한 조약”에서 현대 산업사회에서 국가가 보장해야 할 9가지 사회적 위험들을 열거하고, 국가가 이러한 위험들로부터 시민들을 지키기 위하여 9가지의 사회보장 급여를 제공할 것을 권고하였다. 또한 이러한 사회보장 급여는 외국인에게도 평등하게 제공되어야 한다는 것을 명시함으로써 사회보장에 대한 권리가 시민의 권리를 넘어서서 전 세계적인 인간의 보편적 권리로 보장되어야 할 것을 선언하고 있다.

ILO 조약에서 열거된 사회적 위험들의 목록은 ① 의료, ② 질병(휴양), ③ 실업, ④ 노령, ⑤ 산업재해, ⑥ 자녀양육, ⑦ 직업능력의 상실, ⑧ 임신과 분만, ⑨ 부양자(가장)의 사망이다. 이러한 사회적 위험들은 개인의 노동 능력을 감소시키거나, 상실하게 하고, 뿐만 아니라 소득자체를 상실하게 하거나 감소시켜서 인간생활을 위협한다.

위에서 열거한 사회적 위험들에 대응하는 사회보장 급여는 순서대로 의료보호(*medical care*), 상병급여(*sickness benefit*), 실업급여(*unemployment benefit*), 노령급여(*old age benefit*), 산재급여(*employment injury benefit*), 가족급여(*family benefit*), 폐질급여(*invalidity benefit*), 모성급여(*maternity benefit*), 유족급여(*survivors benefit*)이다.

이렇게 사회적 위험이 발생하면 그 위험에 처한 사람이나 가족들은 삶을 영위하는데 필요한 기본욕구 충족에 어려움을 겪게 된다. 그러나 위험에 처한 사람들의 수가 많아지고 사회적으로 용납할 수 있는 범위를 넘어서게 되면 그러한 사회적 욕구의 미충족 상태는 해결해야 할 사회문제로 규정된다.

이렇게 일단 사회문제로 규정되면 당연히 문제를 해결하기 위한 광범위한 사회적 노력이 나타나게 되는데, 사회복지는 이러한 대표적인 사회적 노력의 일환으로 작용하게 되는 것이다(백종만 외, 2001: 52~53).

2. 인간 생활주기별 욕구, 문제, 위험

인간의 생활주기를 태아기, 영아기, 유아기, 아동전기, 아동기, 청소년기, 성인초기, 중·장년기, 노년기 등 9단계로 구분하여 각 주기별로 인간이 갖게 되는 공통적인 사회적 욕구와 사회문제, 사회적 위험의 내용을 살펴보고자 한다(이인정·최해경, 1995; 김동배·권중돈, 1998).

그러나 여기서 간과해서는 안 될 사항은 전 생애에 걸쳐 각 생활주기마다 공통적으로 인간이 살아가는데 필요한 최저생활보장 조건이 갖추어져 있어야 한다는 점이다. 즉 첫째, 고용의 촉진과 고용수준의 유지, 둘째, 국민소득의 증대와 균등한 분배, 셋째, 영양과 주거의 개선, 넷째, 의료시설의 정비, 다섯째, 일반교육과 직업교육의 기회 확대 등 관련 조건이 각 생활주기마다 공통적으로 이루어짐을 전제로 해야 한다는 점이다.

이제부터 인간 생활주기별로 사회적 욕구, 문제, 위험의 대표적인 내용들을 차례대로 살펴보고자 한다. 다만 사회적 위험의 경우, 앞에서 제시한 ILO 조약에서 열거되고 있는 사회적 위험목록 9가지 가운데 택한 것이다.

1) 태아기

① **욕구**: 태아기에서 인간이 갖게 되는 사회적 욕구의 출발은 원하는 임신과 건강한 산모와 아이, 그리고 가족의 사회경제적 안정성에 관한 것이다.

② **문제**: 사회문제로 먼저 제기되는 것은 불임(不姙)에 관한 사항이다. 만약 결혼한 부부가 임신하지 못할 경우 부부관계의 해체문제로까지 이어지는 경우가 많은 것이다. 그리고 임신한 경우, 임산부의 건강문제와 함께 선천성 장애아 발생의 예방이 중요한 사회문제로 나타나며, 때로는 계획에 없던 아이의 임신이나 성폭력에 의한 임신 등 원하지 않는 아이의 임신으로 인한 문제가 나타나기도 한다.

또한 환경적 측면의 문제로는 임산부가 속한 가족의 사회경제적 불안문제를 들 수 있다. 먼저 임산부에게 필요한 영양공급과 의료보장을 지원할 수 있는 경제적 안정이 요구된다. 빈곤가족의 경우 의료비가 경제적 부담요인으로 작용할 수 있는 것이다. 또한 모성보호를 위해 가사지원서비스 등의 다양한 서비스가 요구되기도 하는데, 특히 직업을 가진 여성의 경우 직장생활, 가사활동 등을 병행할 수 있는 가사분담을 포함한 가족 내 역할재조정 문제가 발생할 수 있다.

③ **위험**: 태아기에서 인간이 갖게 되는 사회적 위험은 임신과 분만에 관한 것이다.

2) 영아기

① **욕구**: 영아기(嬰兒期)에서 갖는 사회적 욕구는 어머니의 보살핌과 양육(養育)이다.

② **문제**: 영아기의 사회적 발달과 관련하여 문제가 되는 것은 모자간의 부적절한 애착관계이며, 때로는 장애의 발생, 자폐증 문제 등을 들 수 있고, 부부갈등에 의한 아동유기와 학대문제들을 들 수 있다. 아울러 영아와 효과적 애착관계를 형성할 수 있는 양육기술과 정보에 대한 결핍문제 등을 들 수 있다.

③ **위험**: 영아기에서 갖게 되는 사회적 위험은 자녀 양육에 관한 것이다.

3) 유아기

① **욕구**: 유아기에서 갖는 사회적 욕구는 영아기에서 중요한 어머니의 보살핌, 양육과 함께 아버지의 역할도 중요하며, 언어 습득 및 개념화 기술과 관련된다.

② **문제**: 유아의 사회성 발달과 관련하여 나타나는 문제들은 유아의 공격성이나 과잉 활동문제와 함께 불충분한 부모역할 수행문제이다.

③ **위험**: 유아기에서 갖게 되는 사회적 위험은 자여 양육에 관한 것이다.

4) 아동전기

① **욕구**: 아동 전기(前期)는 사실상의 인지교육이 실시되는 첫 단계라 할 수 있다. 따라서 이 시기의 아동이 갖는 욕구는 학습, 사회화, 놀이 등을 충분히 이루어지게 하는 것이다.

② **문제**: 아동전기에 나타나는 사회문제들은 경제적 이유, 시설부족 등으로 인한 보호감독의 부재 문제와, 아동의 타인에 대한 감정이입적 이해와 성역할 기준의 융통성 부여와 같은 조기교육 기회를 갖지 못하거나, 보육서비스를 받지 못하는 문제이다. 그리고 부모자녀간의 원활한 대인관계에 요구되는 적절한 놀이지도와 부모상담 기회가 주어지지 않는 문제가 있다.

③ **위험**: 아동전기에서 갖게 되는 사회적 위험은 자녀 양육에 관한 것이다.

5) 아동기

① **욕구**: 아동기에서 아동이 갖는 욕구는 지적, 사회적 자극을 충분히 제공받는 것이다.

② **문제**: 아동기에 사회문제로 제기되는 것은 아동학대문제인데, 아동의 신체적 학대, 신체적 방임 그리고 성적 학대와 유기의 문제를 해결하기 위한 제반 서비스가 적절히 주어지지 않는 문제이다. 또한 또래 아동들과의 관계문제와 학습 실패에 의한 아동의 열등감 극복을 위한 다양한 서비스의 결핍문제들이 있다.

③ **위험**: 아동기에서 갖게 되는 사회적 위험은 자녀양육에 관한 것이다.

6) 청소년기

① **욕구**: 청소년들이 갖는 사회적 욕구는 자아정체감 확립과 성에 대한 올바른 이해, 그리고 부모로부터의 독립과 같은 가치관 형성과 관련된다.

② **문제**: 청소년문제 하면 비행문제를 떠올릴 정도로 청소년기의 사회적 발달과 관련된 대표적 문제는 청소년비행(*juvenile delinquency*)인데, 이는 일탈행동 또는 청소년범죄와 유사한 의미로 사용되는 것으로, 사회 또는 집단에서 규정하는 규범이나 규칙을 위반하는 일체의 행위를 말하며, 좁게는 소년법정에 소송의 대상이 되는 행위를 의미한다. 그리고 청소년기의 대표적 문제는 성(性)문제라고 할 수 있는데, 미혼부모문제와 성폭력문제 등을 들 수 있다. 아울러 술, 담배 등 약물남용문제, 왕따, 가출, 학업중단 등 학교와 관련하여 나타나는 학교 부적응문제, 그리고 인터넷을 통한 음란물 접촉 환경, 전화방이나 비디오방 등 청소년 유해환경의 증가 문제 등을 들 수 있다.

③ **위험**: 청소년기에서 갖게 되는 사회적 위험은 의료에 관한 것이다.

7) 성인초기

① **욕구**: 성인초기의 주요한 사회적 욕구는 친밀성의 성취이다. 성인초기의 친밀성은 주로 결혼생활과 밀접한 관련성을 지니고 있는데, 예비부부모임이나, 신혼기의 결혼생활 적응과 가족생활계획, 부부갈등의 원만한 해결 등 부부간의 친밀한 관계유지에 대한 욕구가 강하다.

② **문제**: 성인초기에 갖게 되는 대표적 사회문제로 미혼부모문제, 직업이나 일의 선택문제, 학교나 직장에서의 부적응문제, 군대문제, 부부갈등문제, 자녀를 첫 출산한 부모가 갖는 자녀양육기술의 부족문제, 부모의 이혼 등으로 인하여 편부모가족이 된 자녀들에 대한 양육문제, 자녀양육에 어려움을 겪는 맞벌이 부부문제 등을 들 수 있다.

③ **위험**: 성인초기에서 갖게 되는 사회적 위험은 의료, 질병(휴양), 실업, 산업재해, 자녀양육, 직업능력의 상실, 임신과 분만 등에 관한 것이다.

8) 중 · 장년기

① **욕구**: 중 · 장년기에서 갖게 되는 사회적 욕구는 원활한 가계운영과 가족보호 등을 통해 안정된 가족생활을 영위하는 것이며, 특히 자기개발을 위한 기회를 확대해 나가는 것이다.

② **문제**: 중 · 장년기의 사회문제로 신체적, 생리적 변화, 직업에서의 실패, 부부갈등과 이혼 등이 원인이 되어 나타나는 중년기 위기문제와 부모자녀 간 갈등문제, 직업이나 일의 상실문제, 장애, 정신질환 발생, 가족(특히 가장)과 친구의 죽음, 재정결핍이나 관리상의 문제, 가족해체에 의한 알코올이나 마약 등 약물중독이나 노숙문제 등을 들 수 있다.

③ **위험**: 중 · 장년기에서 갖게 되는 사회적 위험은 의료, 질병(휴양), 실업, 산업재해, 자녀양육, 직업능력의 상실, 임신과 분만, 부양자의 사망 등에 관한 것이다.

9) 노년기

① **욕구**: 노년기에서 갖게 되는 욕구는 육체적 보호와 노인역할 수행 중 자기개발을 위한 기회의 증진, 삶의 정리 등이다.

② **문제**: 노년기에서 갖게 되는 사회문제는 노인의 전형적인 4가지 고통 즉, 빈곤, 질병, 고독과 소외, 역할상실문제와 직결된다. 즉 소득보장문제, 건강문제, 배우자와 친구의 죽음 등에 의한 정서적 고독문제, 은퇴에 의한 역할상실문제 등으로 나타나고 있다.

③ **위험**: 노년기에서 갖게 되는 사회적 위험은 의료, 질병(휴양), 부양자의 사망 등에 관한 것이다.

3. 인간 생활주기별 사회복지 대책

인간의 욕구는 무한한 반면에 그 욕구를 충족시키기 위한 사회적 자원은 부족하기 때문에 자원 배분을 둘러싼 사회적 갈등이 있기 마련이다. 그러나 일반적으로 이들 욕구들 중에서 욕구가 기본적인 것일수록, 사회는 그러한 욕구를 충족시키기 위해 급여를 제공하게 된다.

매슬로우 이론에서 보는 바와 같이 생존의 욕구가 가장 기본적인 욕구이기 때문에 대부분의 사회적 노력은 이러한 기본적인 생존의 욕구와 안전의 욕구를 충족시키는 것부터 출발하게 된다. 예를 들면, 공공부조, 고용보험, 연금, 의료보장, 산재보험 등 사회복지의 대부분은 바로 생존의 욕구 충족을 지향하는 프로그램으로 비교적 일찍 도입되었다. 반면에 사랑이나 존경, 자아실현의 욕구 등 좀 더 상위의 욕구를 충족시키는 사회복지서비스 프로그램은 대체로 생존욕구를 충족시키는 앞의 프로그램들이 도입된 이후에 도입되어 발전된다.

여기서는 앞에서 제시한 각 생활주기별로 인간이 갖게 되는 공통적인 사회적 욕구와 사회문제, 사회적 위험의 내용을 토대로 하여 이에 대한 각 주기별 사회복지대책을 살펴보고자 한다. 특히 인간 생활주기를 연령에 따라 9단계로 구별하여, 각각의 시기에 따른 기본욕구로서 사회보장, 의료, 고용, 교육, 주거와 교통, 환경 등으로 구분하여 각각에 따른 사회복지 대책을 제시하고자 한다.

1) 태아기

첫째, 태아기에서 요구되는 사회보장은 빈곤계층의 경우 생활보장과 의료보호, 출산부조 및 수당, 주택부조 등을 통한 공공부조와, 출산수당, 건강보험과 같은 사회보험, 그리고 가사지원서비스 등의 다양한 서비스를 연결하며, 안정적인 물리적 환경을 제공하는 서비스와 정신 및 의료사회사업, 장애인복지서비스, 가족복지 서비스 등 사회복지서비스이다.

둘째, 보건의료정책으로서 모자보건서비스와 다양한 의료시설 공급이 있다.

셋째, 주거와 교통정책으로 공해 및 교통재해대책, 공공주택건설 등이 있다.

넷째, 환경정책으로 안전위생, 상하수도시설 정비 및 환경위생대책이 있다.

2) 영아기

첫째, 영아기에서 갖는 사회보장은 생활보장과 의료보호, 주택부조 등을 통한 공공부조와, 건강보험과 같은 사회보험, 그리고 어머니에 대한 상담과 심리치료, 가사지원서비스, 효과적인 애착관계를 형성할 수 있는 양육기술에 대한 교육이나 정보제공을 위한 프로그램 실시 등 가족복지서비스, 보육서비스 제공, 장애인복지 서비스 등의 사회복지서비스이다.

둘째, 보건의료정책으로서 모자보건서비스와 다양한 의료시설 공급이 있다.

셋째, 주거와 교통정책으로 공해 및 교통재해대책, 공공주택건설 등이 있다.

넷째, 환경정책으로 안전위생, 상하수도시설 정비 및 환경위생대책이 있다.

3) 유아기

첫째, 유아기에서 갖는 사회보장은 생활보장과 의료보호, 주택부조 등을 통한 공공부조와, 건강보험과 같은 사회보험, 그리고 부모역할훈련 프로그램을 개발하여 건전한 훈육방법과 놀이지도 기술을 제고시키며, 부모에 대한 상담과 심리치료, 가사지원서비스 등 가족복지서비스, 보육서비스 제공, 장애인복지서비스 등의 사회복지서비스이다.

둘째, 보건의료정책으로서 모자보건서비스와 다양한 의료시설 공급이 있다.

셋째, 주거와 교통정책으로 공해 및 교통재해대책, 공공주택건설 등이 있다.

넷째, 환경정책으로 안전위생, 상하수도시설정비 및 환경위생대책이 있다.

다섯째, 교육정책으로서 유아교육 강화가 있다.

4) 아동전기

첫째, 아동전기에서 갖는 사회보장은 생활보장과 의료보호, 주택부조 등을 통한 공공부조와, 건강보험과 같은 사회보험, 그리고 조기교육 및 보육시설의 확충, 부모역할훈련 프로그램을 개발하여 건전한 훈육방법과 놀이지도 기술을 제고시키며, 부모에 대한 상담과 심리치료, 가사지원서비스 등 가족복지서비스, 보육서비스 제공, 학대받는 아동을 위한 일시보호 프로그램, 부모 및 학대아동상담, 가족치료 프로그램 등 실시, 장애인복지서비스 등의 사회복지서비스이다.

둘째, 보건의료정책으로서 다양한 의료시설 공급이 있다.

셋째, 주거와 교통정책으로 공해 및 교통재해대책, 공공주택건설 등이 있다.

넷째, 환경정책으로 안전위생, 상하수도시설 정비 및 환경위생대책이 있다.

다섯째, 교육정책으로서 공교육 강화가 있다.

5) 아동기

첫째, 아동기에서 갖는 사회보장은 생활보장과 의료보호, 주택부조 등을 통한 공공부조와, 건강보험과 같은 사회보험, 그리고 아동의 열등감을 우월성 추구의 동기로 변화시키기 위한 개인상담이나 치료뿐만 아니라 아동의 부모를 대상으로 한 가족치료, 교사를 대상으로 학교사회사업적 개입 그리고 또래 아동들과의 집단치료 프로그램의 실시, 부모에 대한 상담과 심리치료, 가사지원서비스 등 가족복지서비스, 학대받는 아동을 위한 일시보호 프로그램, 부모 및 학대아동상담, 가족치료 프로그램 등 실시, 방과 후 아동보호 프로그램, 아동기능교실 등 아동복지서비스, 장애인복지서비스 등의 사회복지서비스이다.

둘째, 보건의료정책으로서 다양한 의료시설 공급이 있다.

셋째, 주거와 교통정책으로 공해 및 교통재해대책, 공공주택건설 등이 있다.

넷째, 환경정책으로 안전위생, 상하수도시설 정비 및 환경위생대책이 있다.

다섯째, 교육정책으로서 장학사업, 학교급식 등 의무교육 강화가 있다.

6) 청소년기

첫째, 청소년기에서 갖는 사회보장은 생활보장과 의료보호, 주택부조 등을 통한 공공부조와, 건강보험과 같은 사회보험, 그리고 학교나 성교육 관련기관과의 협력을 통한 성교육 실시, 청소년의 자아발견과 원만한 대인관계 형성을 지원할 수 있는 집단상담 프로그램 실시, 진로지도, 청소년 자원봉사활동 프로그램, 문화예술활동 프로그램 등과 같은 다양한 수련프로그램 실시, 비행가능성이 높은 가출청소년, 학업중단 청소년의 지도를 위한 지역사회조직사업, 비행 또는 범죄청소년의 사회복귀를 지원할 수 있는 각종 직업훈련프로그램이나 대안학교와 같은 교육 프로그램 등 실시, 교사와 청소년 대상으로 학교사회사업적 개입 그리고 또래청소년들과의 집단치료 프로그램의 실시, 부모에 대한 상담과 심리치료 및 가족치료, 가사지원서비스 등 가족복지서비스, 학대받는 청소년을 위한 일시보호 프로그램, 부모 및 학대청소년상담, 방과 후 청소년보호 프로그램,

청소년기능교실 등 청소년복지서비스, 장애인복지서비스 등의 사회복지서비스이다.

둘째, 보건의료정책으로서 다양한 의료시설 공급이 있다.

셋째, 주거와 교통정책으로 공해 및 교통재해대책, 공공주택건설 등이 있다.

넷째, 환경정책으로 안전위생, 상하수도시설 정비 및 환경위생대책이 있다.

다섯째, 고용정책으로 청소년에 적합한 제반 취업관련 서비스를 들 수 있다.

여섯째, 교육정책으로서 장학사업, 학교급식 등 의무교육 강화가 있다.

7) 성인초기

첫째, 성인초기에서 갖는 사회보장은 생활보장과 의료보호, 주택부조 등을 통한 공공부조와, 건강보험, 연금, 산재보험, 고용보험 등 4대 사회보험, 그리고 예비 부부교실을 운영하여 신혼기의 결혼생활 적응과 가족생활계획 수립을 지원하고, 부부상담을 통하여 부부갈등의 해결을 지원, 임산부교실과 같은 부모역할훈련 프로그램 실시, 맞벌이 부부의 자녀양육 지원 등 가사지원서비스, 부모에 대한 상담과 심리치료 및 가족치료, 여가 프로그램 실시, 영어회화교실, 전산정보교실 등의 전문사회교육 프로그램 실시, 장애인 복지서비스 등의 사회복지서비스이다.

둘째, 보건의료정책으로서 모자보건서비스와 다양한 의료시설 공급이 있다.

셋째, 주거와 교통정책으로 공해 및 교통재해대책, 공공주택건설 등이 있다.

넷째, 환경정책으로 안전위생, 상하수도시설 정비 및 환경위생대책이 있다.

다섯째, 고용정책으로서 성인초기의 사회적 발달을 지원하기 위한 고용관련 서비스 실시, 직업훈련과 고용알선사업 실시, 직업 및 창업정보 제공 등이 있다.

여섯째, 교육정책으로서 인적자원개발을 위한 평생교육을 들 수 있다.

8) 중 · 장년기

첫째, 중 · 장년기에서 갖는 사회보장은 생활보장과 의료보호, 주택부조 등을 통한 공공부조와, 건강보험, 연금, 산재보험, 고용보험 등 4대 사회보험, 그리고 아동, 청소년, 노인, 장애인의 보호와 재활을 지원하기 위한 각종 서비스 실시, 해체된 가족기능을 대체해줄 수 있는 부랑인 복지서비스, 시설보호사업 등 실시, 실직자를 위한 쉼터, 고용보험 급여 절차에 대한 상담과 가족에 대한 재정지원 서비스, 개인상담 및 가족상담 등 각종 상담프로그램이나 여가 프로그램 실시, 전문사회교육 프로그램 실시와 퇴직 전 교육 강화, 장애인복지서비스 등의 사회복지서비스이다.

둘째, 보건의료정책으로서 다양한 의료시설 공급이 있다.

셋째, 주거와 교통정책으로 공해 및 교통재해대책, 공공주택건설 등이 있다.

넷째, 환경정책으로 안전위생, 상하수도시설 정비 및 환경위생대책이 있다.

다섯째, 고용정책으로서 중·장년기의 사회적 발달을 지원하기 위한 고용관련서비스 실시, 취업을 원하거나 재취업을 원하는 경우에 직업훈련과 고용알선사업 실시, 자발적 직업전환을 원하는 중·장년기 성인을 위한 직업 및 창업정보제공, 직업훈련, 고용알선 등의 서비스 제공이 있다.

여섯째, 교육정책으로서 인적자원개발을 위한 평생교육을 들 수 있다.

9) 노년기

첫째, 노년기에서 갖는 사회보장은 생활보장과 의료보호, 주택부조 등을 통한 공공부조와, 건강보험, 연금 등 사회보험, 그리고 시설보호 및 재가복지 서비스, 각종 상담프로그램이나 노인클럽 등 여가 프로그램 실시, 평생교육 프로그램 실시, 장애인복지서비스 등의 사회복지서비스이다.

둘째, 보건의료정책으로서 치매노인을 위한 의료지원, 다양한 의료시설 공급이 있다.

셋째, 주거와 교통정책으로 공해 및 교통재해대책, 공공주택건설 등이 있다.

넷째, 환경정책으로 안전위생, 상하수도시설 정비 및 환경위생대책이 있다.

다섯째, 고용정책으로서 재취업훈련사업이 있다.

여섯째, 교육정책으로서 노인에게 적합한 평생교육을 들 수 있다.

위에서 제시한 인간생활 주기별 사회복지 대책을 종합적으로 묶은 것이다. 아래 <표 14-1>에서 왼쪽에 있는 내용이 사회복지 대책인데, 이는 욕구해결의 대책으로 대응되어 있어, 이를 통해 각 주기별 인간욕구를 간접적으로 시사 받을 수 있을 뿐만 아니라 그 대책으로서 사회복지의 구체적 내용을 체계적으로 파악할 수 있다고 하겠다.

[표 14-1] 생활주기별 사회복지 대책

구 분		태아기	영아기	유아기	아동전기	아동기	청소년기	성인초기	중·장년기	노년기
공공부조	생활보호	◀	─	─	─	─	─	─	─	▶
	주택부조	◀	─	─	─	─	─	─	─	▶
	출산부조/수당	◀▶								
사회보험	출산수당	◀▶								
	건강보험	◀	─	─	─	─	─	─	─	▶
	연금						◀	─	─	▶
	산재보험						◀	─	─	▶
	고용보험						◀	─	─	▶
사회복지서비스	영유아보육		◀	▶						
	아동복지			◀	─	─	─	─	─	▶
	청소년복지						◀▶			
	가족복지	◀	─	─	─	─	─	─	─	▶
	장애인복지	◀	─	─	─	─	─	─	─	▶
	여성복지						◀	─	─	▶
	노인복지									◀▶
	정신/의료복지	◀	─	─	─	─	─	─	─	▶
	학교사회사업				◀	─	▶			
	산업복지						◀	─	─	▶
	교정복지						◀	─	─	▶
보건의료정책		◀	─	─	─	─	─	─	─	▶
주거와 교통정책		◀	─	─	─	─	─	─	─	▶
환경정책		◀	─	─	─	─	─	─	─	▶
교육정책				◀	─	─	─	─	─	▶
고용정책							◀	─	─	▶

제15장

복지국가와 사회

복지국가라는 단어는 영어의 'welfare state'를 번역한 외래어이다. 그 단어가 문헌상에 세계 최초로 등장한 것은 영국에서 1941년의 일이다. 우리나라의 기록에는 1959년에 나오지만, 본격적으로 사용된 것은 1980년 제5공화국의 출범이 계기가 되었다. 그해 10월의 대통령 시정연설에서 "정부는 민주주의 토착화, 복지사회 건설, 정의사회 구현, 교육 혁신과 문화창달을 국정지표로 하여 제반 시책을 추진해 나가고 있습니다. … 우리는 이와 같은 저력을 바탕으로 민주복지국가 건설의 국민적 여망을 실현하는 데 모든 국민적 역량을 경주하여야 하겠습니다"라는 문구가 나온다.

이렇듯 1970년대 말과 1980년대 초의 한국 사회는 북지국가에 대한 학술적 관심과 더불어 정치적 관심 또한 최고조에 달했던 시대이다(한국교육학회 편, 1980; 유네스코한국위원회, 1982). 이후 복지국가는 우리가 지향하는 국가발전의 목표로 자리잡았을 뿐 아니라 남북한 통일 이후의 이상적 국가 형태로 인식되기도 하였다.(최경구, 1990: 154).

그럼에도 불구하고 복지국가가 어떤 나라인가에 대해서는 생각하는 사람에 따라 각양각색의 의견이 존재한다. 이러한 현상은 서구에서도 차이가 없는 것 같다. 복지국가가 전성기를 구가하던 1967년 당시의 영국에서 사회정책학의 창설자로 일컬어지는 티트머스(Titmuss)는 복지국가의 개념이 많은 사람들에게 알려져 있지 않거나 심한 경우 오도되고 있음을 개탄하면서 정확하게 알려야 할 책임이 사회복지학도에게 있다고 주장한 바 있다(Titmuss, 1976: 124).

사회과학도는 왜 복지국가에 대해 공부해야 하는가?

에스핑-안데르센(Esping-Andersen)은 "복지국가를 공부하는 것은 자본주의 사회에서 나타나는 특이한 현상을 이해하는 하나의 수단이다"(Esping-Andersen, 1990: 1)라고 말함으로써 현대의 사회과학도가 복지국가에 관심을 가져야 할 필요성을 역설했다.

우리가 복지국가에 대해 공부해야 하는 가장 큰 이유는 복지국가 연구가 사회복지학의 기초지식 개발과 직결되어 있을 뿐 아니라 복지국가에서 나타나는 여러 현상은 우리에게 끊임없는 연구 소재를 제공하기 때문이다. 예컨대 복지국가 생성의 배경에 관한 연구는 곧바로 사회복지역사 연구와 직결되며, 복지국가 유형론은 복지제도론 또는 복지변천론의 내용이 된다.

하루라도 빨리 선진국 대열에 끼고 싶은 우리에게 복지국가론은 국가발전론의 일부를 형성하기도 한다. 복지국가에서의 소셜워크가 그 이전 시기의 소셜워크가 어떤 차이를 보여주는가를 이해하는 것은 소셜워크 연구에 필수적이다. 특히 사회정책 연구에 있어 복지국가라는 주제는 핵심적 성격을 띠고 있다고 해도 과언이 아니다.

태인(Thane)은 사회정책 연구가 흔히 사회입법연구처럼 너무 협소한 맥락에서 진행된다고 비판하면서 사회구조, 사회압력, 사회가치, 정치 그리고 경제를 전체적으로 조망할 것을 주장했다(Thane, 1982: vii). 이와 같은 거시적 접근을 실천에 옮기는 과정에서 복지국가 연구는 하나의 풍성한 어장과 같은 역할을 한다.

1. 복지국가의 개념

어떤 나라를 복지국가라고 부르는가 또는 복지국가는 다른 형태의 국가와 어떻게 다른가 라는 질문에 대한 하나의 답은 존재하지 않는다. 왜냐하면 복지국가는 어느 누구의 계획에 의해서 만들어진 것이 아니며 어느 한 정치철학이나 사회철학의 직접적 연구의 결과물도 아니기 때문이다. 그것은 수많은 세월동안 여러 요소들이 축적된 결과의 한 국가 모습에 지나지 않는다고 말할 수 있다(Bruce: 1; Ashford, 1986: 4). 그러나 그렇다고 별다른 특징도 없이 오늘날 존재하고 있는 앞서가는 나라가 복지국가라는 뜻은 더더욱 아니다.

롭슨(Robson)에 의하면 (Robson, 1976: 11), 복지국가의 기본 사항은 프랑스 혁명, 공리주의, 비스마르크(Bismarck), 베버리지(Beveridge), 페이비안(Fabian) 사회주의, 트오니(Tawncy), 케인즈(Keynes), 웹(webb) 부부, 홉하우스(Hobhouse), 티트머스(Titmuss) 등 헤아리기 힘들 정도로 많은 사건과 사상가들로부터 영향을 받았다. 다시 말해 복지국가는 1940년대 서구의 자유시민들이 꿈꾸었던 하나의 이상국가였는데, 1960년대는 그러한 이상의 상당 부분이 실현되었던 시기였던 것이다. 복지국가의 개념을 학습하기 위해서는 먼저 국가의 개념부터 알아볼 필요가 있다.

1) 국 가

정치사회학자 베버(Weber)의 고전적 국가 정의에 따르면, "국가는 독점적 강압력, 통일적 권위 그리고 제반 법률적, 행정적 장치를 기초로 일정한 영토와 그 영토 내의 주민을 배타적으로 지배하는 정치적 조직이다"(Weber, 1968: 901, 김태성 · 성경륭: 23 재인용).

여기에서 말하는 국가는 주로 영어의 'nation state'(국민국가)를 번역하고 줄여서 쓴 것이다. 서구의 국민국가는 13~16세기에 형성된 근대국가(*modern state*)를 의미하는 것으로서, 교회의 절대적 영향과 다수의 봉건영주들의 견제를 받았던 중세의 봉건국가와 다른 국가이다. 서구에서 통일된 중앙권력, 관료적 통제기구와 명백한 국경선이 존재하기 시작한 최초의 예는 프랑스이다. 국민국가와 대비되는 또 다른 단어로는 기원전 그리스 시대의 도시국가(*city states*)나 로마시대의 제국(*empire*)이 있다.

시대에 따라 국가 개념이 다르기 때문에 상이한 명칭이 사용되었는가 하면, 근대국가 등장 이후의 비교적 짧은 기간에도 불구하고 국가의 특성이 달리 나타남으로써 붙여진 다양한 명칭들이 존재한다. 예를 들면, 자유방임(*laissez-faire*)국가 또는 야경(*night-watchman*)국가 도덕(*law- and-order*)국가, 군국주의(*militarist*)국가, 민주주의(*democratic*)국가 등이 있다. 이러한 차원에서 복지국가를 근대국가의 한 유형으로 본다면, 앞에서 열거한 다른 형태의 국가들과 비교될 때 어떤 특성이 강조되는가를 관찰하는 것이 큰 도움이 된다.

뒤에 좀 더 자세히 설명되겠지만, 복지국가라는 단어와 함께 복지사회라는 말이 함께 사용되고 있다. 양자의 관계를 이해하려면 국가의 개념과 함께 사회의 개념을 이해하는 것이 편리할 것이다.

2) 사 회

김경동에 의하면, 사회(*society*)란 “상당기간 함께 살면서 조직을 이루고 다른 집단의 사람들과 구별되는 단위라고 스스로 생각하게 되는 사람들의 모임이다”(김경동, 1985: 142). 얼핏 보기에, 사회에 대한 정의와 먼저 고찰한 국가에 대한 정의 사이에 큰 차이가 없는 것 같은 느낌이 든다. 사실 국가와 사회를 혼용하는 경우가 흔하다. 민주국가와 민주사회, 자본주의 국가와 자본주의 사회, 산업국가와 산업사회 등이 그러한 예에 속하는데, 복지국가와 복지사회도 마찬가지이다.

이홍구에 의하면, 단일민족이 한반도라는 일정 지역에서 단일왕조 체제로 천년을 살아온 우리나라에선 ‘국가’와 ‘사회’를 구별하지 않고 동의어처럼 사용하고 있지만, 사회가 국가에 비해 더 원초적이며 포괄적인 단위라는 것이다 (효당 이홍구 선생 문집 간행위원회, 1996: 431).

국가와 사회를 혼용하는 경향은 서구에서도 마찬가지여서 마시(Marsh)는 양자를 엄격히 구별해야 한다는 주장을 한 바 있다(Marsh, 1970: 16). 그에 의하면, 국가는 하인이고 사회는 주인이다. 그래서 최고조로 조직화된 국가라 할지라도 사회 내에는 국가가 결코 통제할 수 없는 필수적 바탕을 구성하고 있는 행동양태, 연합체형태 그리고 비공식적 인간관계가 존재하며 개인들이 제한된 범위의 선택자유를 향유하는 한 국가는 사회를 결코 지배할 수 없다는 것이다.

유럽연합(EU)의 사례에서 볼 수 있듯이 유럽에는 다른 지역에 비해 국가경계와 사회경계의 불일치가 더욱 광범위하다. 여기에서 말하는 사회는 서구의 근대사회, 즉 시민사회(*civil society*)를 말한다. 시민사회 이론은 로크(Locke)나 루소(Rousseau)와 같은 사회계약론자들에 의해 17~18세기 서구의 정치사상에서 개발되기 시작하였다. 그러나 시민사회를 국가라는 개념과 대비시켜 이해하려는 시도는 헤겔(Hegel)이나 마르크스(Marx)와 같은 18~19세기 사상가들에 의해 처음 시도되었다. 시민사회와 국가의 관계를 보는 입장은 사상가에 따라 다르지만, 상이한 시각을 네 가지로 정리할 수 있다(한국국민윤리학회 편, 1994: 87~93).

(1) 국가를 시민사회보다 상위에 두는 국가중심주의적 경향이다. 헤겔은 시민사회를 개인들이 각자의 이윤을 극대화하기 위한 욕망의 경쟁장소라고 부정적으로 보았기 때문에 국가는 변증법적으로 보다 완벽한 이성의 구현이라고 생각했다.

(2) 마르크스는 시민사회를 자본주의 사회와 동일시하면서 시민사회와 국가의 양자 관계는 정치적으로는 형식적 단절이지만 경제적으로는 사실상의 결합으로 보았다.

(3) 유로코뮤니즘의 이론적 원조격인 그람시(Gramsci)는 자본주의 체제에서 나타난 시민사회의 견고성과 지속성을 주목하면서 시민사회를 국가의 윤리적 기반으로 간주했다.

(4) 최소국가를 주장한 페인(Paine)이나 민주국가론을 주장한 토크빌(Tocqueville)은 국가권력은 항상 위험하며 시민사회가 발달할수록 법의 필요성은 감소한다고 생각했기 때문에 시민사회 중심적 사고를 표명했다고 요약할 수 있다.

2. 복지국가론

복지국가에 관한 이론에는 여러 가지가 있다. 이와 같은 이론을 논점을 중심으로 분류해 보면, ① 복지국가 형성 및 발전론, ② 복지국가 찬반론, ③ 복지국가 유형론, ④ 복지국가 위기론 그리고 ⑤ 복지국가 재편론과 같이 대략 5가지 종류로 정리할 수 있다.

1) 복지국가 형성 및 발전론

앞에서 고찰했던 복지국가의 정의에 부합하는 국가들이 어떻게 해서 지구상에 등장하게 되었는가? 혹은 복지국가는 어떤 요인에 의해 변화 내지 발전하는가? 이와 같은 질문에 대한 해답을 모색하는 기존연구를 김태성은 크게 5가지 이론으로 정리한바 있다(김태성・성경륭, 1993: 제5장). 그 내용을 간략하게 소개하면 다음과 같다.

(1) 산업화 이론

복지국가는 산업화된 사회에서 발생하는 새로운 욕구(*needs*)를 증가된 자원(*resources*)으로 해결하는 과정에서 생성되었다고 주장하는 것이 산업화 이론이다. 이 이론은 사회적 관점과 경제적 관점으로 2분될 수 있다.

① 사회적 관점의 산업화 이론

복지에 대한 국가 책임의 증대 원인을 핵가족화, 인구의 고령화와 같이 가족 구조 및 인구 구조의 변화에서 찾든지, 노인단독세대 증가, 아동교육비 증가, 이혼 증가, 여성세대주 증가, 여성경제활동 증가와 같이 새로운 사회적 현상에서 찾게 되면 사회적 관점의 산업화 이론이라 할 수 있다.

② 경제적 관점의 산업화 이론

복지에 대한 국가책임의 증대 원인을 노동자의 소득 감소 및 중단의 위험성 증가, 잘 훈련되고 건강한 노동력의 지속적 공급 필요성 증가, 불경기시 구매력 조절의 필요성 증가, 노사관계 및 계층간 이해관계 대립의 증가, 경제성장에 의한 사회복지 재원의 증가와 같이 경제적 현상에서 찾게 되면 경제적 관점의 산업화 이론이 된다.

(2) 독점자본 이론

제2차 세계대전 이후에 나타난 독점적 자본주의 사회의 현상에 대한 분석을 통해 복지국가의 생성원리를 모색하는 것이 신마르크스주의 이론이다. 진술한 산업화 이론이 복지를 욕구에 대한 대응으로 봄으로써 기능적 측면에 주목했다면, 독점자본이론은 자본주의 사회의 생산양식, 계급관계, 자본축적, 노동력 재생산 등과 같은 속성들을 분석함으로써 복지국가의 발전을 설명한다. 독점자본 이론도 세부적으로 들어가면 학자에 따라 여러 형태가 존재하게 되는데 이를 도구주의(*instrumentalism*)적 관점과 구조주의(*structuralism*)적 관점으로 크게 나눌 수 있다.

① 도구주의적 독점자본 이론

복지정책을 자본축적의 위지(경기불황이나 대공황)나 사회적 혼란 및 정치적 도전(노사분규나 민란)에 대한 대응으로 본다. 다시 말하면 자본주의 사회에서는 자본가들이 경제적 조직을 독점할 뿐 아니라 정치적 조직에까지 영향력을 행사할 수 있기 때문에 국가는 자본가들의 이익을 반영할 뿐이라고 주장한다.

② 구조주의적 독점자본 이론

자본가들은 계급의식은 없고 단기적 이익에만 몰두하기 때문에 자본주의 사회는 자본가들의 장기적 이익에 이바지할 수 없게 되는데, 이를 해결하기 위해 국가가 복지정책의 실시를 통해 노동자 계급을 통제하거나 분열시킴으로써 자본가의 장기적 이익을 보장한다는 것이다.

(3) 사회민주주의 이론

사회민주주의 이론은 복지국가의 발전을 노동자계급의 정치적 세력이 확대된 결과로 본다. 앞에서 설명한 산업화 이론과 독점자본 이론 사이의 가장 큰 차이는 전자가 복지국가 발전의 설명에 있어 계급 갈등의 문제를 경시한 반면 후자는 중시했다는 것이다. 그럼에도 불구하고 양자의 공통점은 복지국가를 자본주의 사회의 기능적 필요성에 기인하는 필연적 대응으로 해석했다는 것이다. 즉, 양자 모두 경제적 변수(경제성장과 경제구조 변화)에 의존했다. 그러나 사회민주주의 이론은 복지국가의 변화요인을 노동자 투표권, 좌익정당, 강한 노동조합 등 의회민주주의 제도하에서 노동자 계급이 행사할 수 있는 정치적 변수에서 찾고 있는 점이 특이하다. 자본주의 사회에서 계급 갈등에 초점을 맞추어 복지국가의 발전을 설명한 점에서는 독점자본 이론과 입장을 같이하지만, 노동자 계급을 대변하는 정치집단의 세력이 커질수록 복지국가의 발전도 수반된다고 보는 것이 사회민주주의 이론과 독점자본 이론 사이의 기본 차이이다.

(4) 이익집단 이론

이익집단 이론은 복지국가의 특성인 사회복지의 발전 원인을 희소자원의 배분을 둘러싼 경쟁과정에서 관련 이해집단들의 정치적 힘을 국가가 중재한 결과물로 간주한다. 다시 말해 힘센 집단일수록 자신들에게 그만큼 유리해진다. 복지국가 변천요인을 정치적 변수에서 찾고 있는 점에서는 사회민주주의 이론과 유사하다. 그러나 양자의 차이점은 이익집단 이론이 다양한 이익집단에 주목한다면, 사회민주주의 이론은 자본과 노동이라는 전통적인 계급간의 권력투쟁에 집중하는 것이다.

지금까지 고찰한 네 가지 이론을 복지국가의 재분배적 성격에 대한 분석에 적용해 보면 흥미롭게도 2 : 2로 양분된다. 즉, 산업화 이론과 사회민주주의 이론은 복지국가가 사회의 약자계층에게 유리하게 이바지했다고 보는 반면, 독점자본 이론과 이익집단 이론은 복지국가를 본질적으로 강자에게 유리한 것으로 본다.

(5) 국가중심 이론

국가중심 이론은 복지국가의 발전을 설명함에 있어 국가조직 형태(중앙집권적/지방분권적 또는 조합주의적/다원주의적)나 정치적 및 전문관료들의 개혁성과 국가발전의 장기적 안목성 그리고 사회복지정책의 형성과정, 사회복지정책을 담당하는 정부부처와 같은 국가구조적 변수들을 중시한다. 앞에서 소개한 네 가지 이론은 사회복지에 대한 수요(*demand*)의 증대를 복지국가 발전의 출발점으로 삼았는 데 반해 국가중심 이론은 사회복지를 제공하는 공급(*supply*)의 측면에서 시작하는 차이점이 있다.

2) 복지국가 찬반론

복지국가를 바람직한 형태의 국가로 보는 사람이나 집단이 있는가 하면, 반대 입장을 취하는 사람이나 집단도 있다. 이와 같은 입장 차이를 일목요연하게 정리한 학자가 이 책의 제5장에서 소개되었던 조지와 윌딩이다(George & Wilding, 1976, 1994). 그들의 분류를 반대론과 찬성론으로 대별하여 소개하면 다음과 같다.

(1) 반대론

조지와 윌딩에 의하면 복지국가 반대론은 이데올로기적으로 보아 반집합주의자(*the anti-collectivists*) 또는 신우파(*The New Right*)와 마르크스주의자(*the Marxists*)에서 나타나는데, 반대 입장은 동일하지만 반대 이유는 상반된다는 것이다. 신우파의 반대론을 먼저 고찰한 뒤 마르크시스트의 반대론을 설명하는 순서를 밟도록 한다.

① 신우파의 복지국가 반대론

신우파 내에서도 복지국가에 대한 입장이 다양하게 나타나는데, 대체적으로 전면 거부는 아니지만, 복지국가를 의심과 불안의 눈초리로 본다는 것이다. 그들이 복지국가를 반대하는 이유에는 다음과 같이 8가지가 있다.

㉮ 포괄적 복지국가의 건설은 불가능하다.

인간 사회에는 자발적 질서(*spontaneous order*)가 있는데 인위적으로 복지국가를 만들면 그러한 질서가 파괴되어 더 큰 재앙에 빠진다는 것이 신우파의 주장이다. 뿐만 아니라 복지국가 건설에는 합리적 기획을 필요로 하는데 완벽한 기획이 불가능하다는 것이다. 그리고 인간은 복합적 존재이기 때문에 공통적 사회목표를 합의하는 것도 불가능하다고 주장한다.

㉯ 복지국가 찬성론자는 인간 본성과 사회질서에 대해 오해하고 있다.

인간은 선행에 대한 동기부여와 실패에 대한 징계를 받아야만 하는 인과응보적 존재임에도 불구하고 복지국가는 미래의 불확실성을 순치시킴(*domesticate*)으로써 자본주의 정신과 인간의 본성을 침해한다는 것이 신우파의 비판이다. 즉, 복지국가 찬성론자는 인간을 보상과 징벌이 없어도 혁신적이고 생산적이라고 간주하는 오류를 범한다는 것이다.

㉰ 복지국가 찬성론자는 복지의 본질을 오해하고 있다.

신우파의 견해에 따르면, 평등사회를 만드는 데 있어 더 중요한 변수는 평등정책이 아니라 성장정책이다. 이유는 평등정책이 개인의 책임과 정부의 도덕성을 파괴하기 때문이다. 복지국가가 상정하는 복지의 개념은 국가가 주관하는 국가복지에만 국한시키는 오류를 범하고 있다는 것이 또 다른 비판이다. 신우파는 국가복지를 최소화하는데 대신 시장기제를 이용하는 것이 더 낫다고 생각한다. 다음으로 신우파는 복지국가가 의무보다 권리를 강조한 나머지 정부는 자기능력 이상으로 주는 것만 생각하고 수급자는 필요 이상으로 받는 것만 생각하는 근로의욕 상실증에 빠진다는 것이다. 그리고 신우파는 복지국가 찬성론자들이 복지국가를 통해 평등사회 건설, 빈곤퇴치, 욕구해소, 인정어린 사회 건설의 이상을 실현하려 하지만, 그것은 너무 낙관적인 견해라고 생각한다. 왜냐하면 이상의 구현에는 정책의 오용이나 남용과 같은 부정적 측면이 수반되기 때문이라고 주장한다.

㉱ 복지국가는 자유를 위협한다.

타인에 의한 강제가 없는 상태를 자유라고 규정하는 신우파는 복지국가가 자유에 대해 다섯 가지 위협을 가한다고 비난한다. 첫째, 정부의 확장 그 자체는 개인의 자유와 책임을 침식시킨다는 것이다. 둘째는 구체화된 목적이 명시되지 않은 사회가 자유사회라고 생각하는 신우파에게 복지국가가 꿈꾸는 이상은 자유의 제한으로 인식된다. 셋째,

평등주의자들이 자유를 위협한다는 비판이다. 왜냐하면 재분배는 필연적으로 강제적 성격을 띠기 때문이란 것이 그들의 주장이다. 넷째, 복지국가의 운용방식이 간접적(*paternalistic*)이고 권위주의적이기 때문에 개인의 선택권을 박탈함으로써 자유제한이 발생한다는 것이다. 끝으로 복지국가의 조직형태가 강력한 관료들과 전문가들에 의한 독점체계이기 때문에 개인의 자유가 침해받는다는 주장이다.

㉮ 복지국가는 비효율적이고 비효과적이다.

독점체계로 인한 무경쟁 상태는 혁신과 효율이 동기부여를 방해한다는 비판이다. 신우파는 복지국가의 관료와 전문가가 공익이나 서비스 이용자의 이해관계보다 자신들의 이익에 더 신경 쓸 수밖에 없기 때문에 복지국가 내에서는 효율개선의 여지가 없다는 견해를 갖고 있다. 더욱이 과잉공급은 관료들에게 유익하기 때문에 효율성을 높이는 것이 불가능하다는 판단을 그들은 하고 있다. 심지어 정부는 재원확보도 없이 사회복지서비스 제공의 책임을 공언하고 있는 경우도 있다는 것이다.

㉯ 복지국가는 경제적으로 유해하다.

중앙집중식 기획과 명령체계는 자유시장의 핵심인 사회활력과 경제성장을 저해한다는 것이 신우파의 주장이다. 시장활력은 경쟁에서 생겨나는데 이유는 그것을 통해 정력적이고 성공적인 사람은 포상을 받지만 나태하고 실패한 사람은 징벌을 받기 때문이다. 그러나 복지국가가 필요로 하는 고율의 세금은 오히려 성공한 사람을 징계하는 것이나 다름없기 때문에 국부창출에 역행한다고 그들은 비판한다. 그들은 심지어 사회안전망은 모험심을 감소시키고 역경에 대한 돌파력을 줄임으로써 활기찬 경제에 유해하다고 비판한다.

㉰ 복지국가는 사회적으로 유해하다.

신우파는 복지국가의 정부가 비대해지는 것과 반대로 개인 책임은 감소한다고 비판한다. 그리고 선택권을 제한받는 것도 개인 책임감을 감소시키는 원인으로 지적된다. 전체적으로 보아 복지국가는 의존문화(*dependency culture*)를 조성하여 하층계급을 양산한다는 것이 신우파의 기본 입장이다. 나아가 복지국가하에서는 복지급여의 수급조건들이 사회적 사고(*social contingencies*)를 줄이기는커녕 오히려 증가시킬 만큼(장기실업이나 편모가정) 수급자의 도덕적 해이를 조장한다고 공격한다. 수급자의 책임감 파괴는 물론이지만 일반시민들의 사회적 책임감도 줄어든다는 것이 신우파의 비판이다. 즉, 빈곤퇴치의 책임을 정부의 몫으로 전가시킨 뒤 자신들은 세금만 내면 된다고 생각한다는 것이다. 그리고 증가일로에 있는 여성근로, 편모가정, 동거부부, 이혼, 기혼남성가출 등의 사회문제와 사회복지 급여 사이에 상관관계가 높다는 것이 신우파의 주장이다.

㉶ 복지국가는 정치적으로 유해이다.

복지국가하의 정부는 빈곤퇴치, 교육, 보건 등에 관한 책임의 끊임없는 확대압력 때문에 실패할 수밖에 없으며, 따라서 정부 권위의 실추는 불가피하다는 것이 신우파의 분석이다. 나아가서 정부의 역할이 증대됨에 따라 이해집단의 활동 역시 강화됨으로써 정부는 각종 이해집단 활동의 표적이 됨과 동시에 복지행정의 상당부분을 핵심 집단들에게 의존하게 됨으로써 역시 정부의 힘과 권위를 잃게 된다고 주장한다. 그 결과 공익을 위한 정부역할은 사리사욕과 반목질투의 집단정치 속으로 함몰되고 만다는 것이 신우파의 비판이다.

② 마르크시스트의 복지국가 반대론

앞서 소개된 복지구가 반대론은 이념상으로 극우에 위치한 사람들의 견해였다. 이제 극좌에 위치한 마르크시스트들의 복지국가 반대논리를 고찰해 본다. 마르크시스트들은 복지국가에서 나타난 일련의 사회개혁운동이 자본주의 사회의 붕괴를 지연시키는 효과를 발휘했음에도 불구하고 그것의 내재적 문제는 결코 해결할 수 없다고 주장한다. 그들은 복지국가를 반대하는 입장에서 전술한 신우파와 공동보조를 취하지만, 신우파와 달리 복지국가가 제공하는 복지시책의 개별사항에 관해서는 별로 언급하지 않는 것이 차이점이다. 오히려 마르크시스트들은 복지가 자본가에 주는 순기능뿐 아니라 역기능에 주목함으로써 복지국가가 모순적 사회구조라는 사실을 밝히는 데 주력한다. 많지도 않고 상세하지도 않지만, 그들의 반복지국가론을 정리하면 다음과 같다.

㉮ 복지국가를 통해 자본주의가 인간미를 가질 수 있다는 주장은 신화에 불과하다.

복지국가는 자본주의의 한 형태인 복지자본주의(*welfare capitalism*)이며 복지국가를 통해 자본주의 사회의 구조적 변화가 일어나는 것은 아니다. 즉, 자본주의 사회의 2대 특징인 착취적 생산양식과 계급갈등적 생산양식이 철폐되지 않고 온존되고 있다는 것이다.

㉯ 복지국가는 모순적 사회구조이다.

복지국가는 자본가의 이윤을 보장함과 동시에 경제성장을 지속시키는 경제적 기능을 수행한다. 아울러 노동자계급의 재분배 요구에 대한 강압적 대응을 회피함과 동시에 사회질서에 대한 순응을 유지시키는 정치적 기능을 수행한다. 그러나 그 두 기능은 상호 모순적일 수밖에 없다. 왜냐하면 정부지출이 재정수입보다 더 빠른 속도로 증가할 수밖에 없는 구조를 지니고 있기 때문이다. 국가재정의 위기는 그러한 구조적 결함의 산물이다.

㉰ 복지국가는 지배계급이 그들의 생존을 위해 지불한 몸값으로 유지된다.

복지국가는 노동자계급의 압력에 의해 지배계급이 밀려난 결과이다. 지배계급이 얼마만큼 양보하느냐 하는 문제는 계급갈등의 구체적 상황 속에서 일어나는 역동적 관계에 따라 좌우된다. 역동적 관계에 영향을 미치는 변수에는 노동자계급의 단결정도, 개혁을 향한 노동자계급의 압력행사 시기, 경제상황 그리고 노동자계급의 요구내용이 있다.

㉱ 복지국가는 속성상 빈곤과 불평등을 해소시킬 수 없다.

마르크시스트들은 복지국가하에서의 사회개혁이 노동자계급의 생활수준을 향상시켰지만, 계급 간 소득불평등은 오히려 심화되었다는 사실을 주목한다. 그 이유를 그들은 복지국가하에서도 계속 유지되는 사유재산제도와 이윤추구의 자유에서 찾는다. 따라서 빈곤과 불평등을 완전히 해소시키기 위해서는 자본주의식 사회개혁이 아닌 사회주의식 사회개혁을 택해야 한다고 주장한다. 결국 그들이 보는 자본주의는 복지국가와 공존할 수 없지만, 그렇다고 복지국가 없이 자본주의의 홀로서기가 가능한 것도 아니다.

㉲ 복지국가는 자본주의 붕괴의 시기를 지연시켰을 뿐이다.

마르크시스트들의 견해에 따르면, 복지국가는 대규모의 사회정책을 실시함으로써 사회적 긴장을 완화시키고 사회적 응집력을 강화시킨 결과 자본주의 사회체계의 안정을 가능하게 해주었다. 그럼에도 불구하고 자본주의 사회의 내재적 문제는 해결되지 않은 채 여전히 남아 있다. 그들에게 있어 이는 복지국가하의 사회개혁이 항상 그리고 불가피하게 약속보다 미진할 수밖에 없음을 증명하는 것이다.

㉳ 복지국가는 오래 지속될 수 없다.

복지국가는 국민의 기대치를 상승시켰고 일시적으로는 일반대중의 태도를 활성화시킴으로써 자본주의를 보다 용이하게 수용하도록 도와주었다. 그러나 지속적 개선에 필요한 자본가들의 지속적 양보는 불가능하기 때문에 더 이상 국민의 기대에 부응하지 못하는 위기가 발생한다는 것이 마르크시스트들의 판단이다. 그들에게 있어 복지국가의 위기는 숙명적인데, 그러할 경우 국가는 무력 또는 법적 탄압을 통해 대응하지만 어느 쪽도 성공에 대한 보장이 없기 때문에 종국에 가서는 자본주의가 붕괴한다는 것이다.

이상에서 살펴본 복지국가 반대논리를 자세히 들여다보면 논리의 정교함에서는 마르크시스트들보다 신우파가 비교우위를 갖고 있다고 평가된다. 반대논리의 이념적 배경측면에서는 신우파가 자본주의를 옹호하거나 복원시키려는 의도를 여실히 표명한 데 반해 마르크시스트들은 복지국가의 철폐를 자본주의 철폐의 전단계로 간주하고 있음을 알 수 있다.

(2) 찬성론

앞에서 소개된 설명들은 복지국가 반대론이었다. 이를 통해 알 수 있었던 한 가지 흥미로운 사실은 이념적으로 양극단에 위치한 사람들이 복지국가를 반대함에 있어서는 공동전선을 형성하고 있다는 것이다. 이제 복지국가 찬성론에 대한 고찰에 들어가게 되는데 여기에 속하는 사람들은 이념적으로 온건한 중도파들이라는 사실을 유념할 필요가 있다. 조지와 윌딩(George & Wilding)에 의하면, 그들은 두 부류로 나누어지는데, 첫째 부류는 주저하는 집합주의자(*the reluctant collectivists*) 또는 중도노선(*the Middle Way*)이라 불리는 사람들이며, 두 번째 부류는 페이비언 사회주의자(*the Fabian Socialists*) 또는 민주적 사회주의(*democratic socialism*)이다.

① 중도노선자의 복지국가 찬성론

이들의 복지국가에 대한 입장은 비판적 수용(*critical acceptance*)이라고 말할 수 있다. 다시 말해 국가에 의한 복지시책을 자본주의에 잘 접목시키면 자본주의를 개선시킬 수 있다고 믿는 지적 실용주의(*intellectual pragmatism*)를 견지한다. 원래부터 극단적 이념에 동조하지 않는 이들은 복지국가에 대한 입장 역시 앞서 설명된 신우파의 총체적 비판과 다음에 설명될 민주적 사회주의의 총체적 지지의 중간입장이라 말할 수 있다. 그래서 복지국가를 조건부로 승인하게 된다.

㉮ 자유시장체계의 불완전성을 보완하는 복지국가 정책은 수용한다.

대량실업, 기업도산, 불평등, 빈곤 등의 예를 들면서 중도노선자들은 자본주의시장체계를 완전무결한 것이 아니라 어느 정도의 결함을 지니고 있다고 생각한다. 따라서 적절한 정부규제와 계획 그리고 복지서비스의 제공을 통해 취약점을 보완하는 것은 바람직하다는 것이다.

㉯ 방치할 수 없는 사회병리들 중 일부는 오로지 정부개입을 통해서만 치유할 수 있다.

중도노선자들은 사회정의나 경제정의를 촉진시키기 위한 목적과 개인의 자유를 신장하는 목적 사이에 반드시 충돌이 발생하는 것은 아니라고 말한다. 따라서 기능적 효율성(*functional efficiency*)을 증대시킬 수 있는 실용적 정책들 중 오로지 국가만이 할 수 있는 것은 국가의 의무로 규정되어야 한다는 것이다.

㉰ 복지국가는 경제정책과 사회정책의 균형적 발전을 도모할 수 있다.

이들은 경제정책만으로 사회발전이 가능하다고 믿지 않는다. 즉 시장체계의 결과들 중 불만스러운 것들에 대한 보상의 기능을 맡는 사회정책이 반드시 필요하다는 것이다. 그러나 사회정책은 유상(有償)으로 운영되어야 하고 경제에 악영향을 미쳐서는 안 된다는 것이 그들의 기본입장이다.

㉱ 기회의 평등을 고양시킬 수 있는 복지국가는 수용가능하다.

중도노선자들은 결과의 평등을 거부하는 대신 기회의 평등에 대해서는 강력한 지지를 표명한다. 그리하여 각종 학교 및 사회교육을 촉진시키는 정책, 국민건강 및 보건을 증진시키는 정책, 저임금을 해소시키는 정책, 최저소득을 보장하는 정책, 가족을 지원하는 정책, 취약계층을 보존하는 정책에 대해 각별한 관심을 나타낸다.

㉲ 복지국가는 계급전쟁을 예방하고 사회통합을 촉진시킬 수 있다.

중도노선자들에 의하면 커뮤니티(*community*) 또는 사회(*society*)라는 것이 존재한다. 사유재산제도 및 경쟁체제에 기초하는 시장경제는 사회적, 경제적 그리고 정치적 불평등을 야기할 수 있는 구조적 결함을 안고 있다. 베버리지(Beveridge)가 명명한 5대 거인(*five giants*: 빈곤, 질병, 무지, 불결, 무위도식)은 그러한 결함의 증거물들이다. 결국 5대 거인은 사회와 국가의 공통적(共通敵)이 되는 셈인데 복지국가가 그러한 공통적에 대항할 수 있는 것이다.

㉳ 복지국가는 시장실패에 대한 단순보상 이상의 사회개량을 가능하게 해준다.

중도노선자들은 이데올로기에 사로잡인 유토피아니즘(*utopianism*)을 거부하지만, 매우 느린 속도의 점진적 사회개량의 가능성마저 부인하지는 않는다. 즉 국가는 보다 나은 사회를 건설해야 할 의무를 지니고 있다고 믿는 것이다.

② 민주적 사회주의자들의 찬성론

방금 소개한 중도노선자들의 복지국가 찬성론은 찬성의 강도가 생각만큼 세지 않았다. 복지국가를 조건부로 수용한 결과이기 때문이다. 이에 비해 민주적 사회주의자들의 찬성론은 매우 열렬한 것이 큰 특징이다. 그들의 찬성근거는 다음과 같은 다섯 가지의 논리로 정리될 수 있다.

㉮ 복지국가는 빈곤의 고통을 완화시킨다.

민주적 사회주의자들은 사회적 서비스(*social services*)의 목적이 사회적 평등이기 이전에 사회적 고통(*social distress*)의 완화라고 주장한다. 물론 복지국가가 그러한 고통완화를 약속한 만큼 충분히 수행하진 못했지만, 어느 정도 성취했다고 생각한다. 다시 말해 복지국가 정책이 없었다면 빈곤은 훨씬 더 악화되었다는 말이다.

㉯ 복지국가는 경제활성화를 통해 경제성장에 기여한다.

민주적 사회주의자들에 의하면, 사회적 서비스에 따라서는 경제성장에 필요한 투자기능을 수행한다는 것이다. 대표적 예가 교육과 의료인데 인적 자본(*human capital*)에 대한 지출은 노동의 질적 향상과 생산성의 향상으로 이어져 경제성장으로 결과된다. 경우에 따라서는 소비지출의 능력이 상대적으로 부족한 사람들에게 소비능력을 증대시킴으로써 수요를 진작시키고 생산을 늘릴 수도 있다고 주장한다.

㉰ 복지국가는 이타주의를 배양하고 사회통합을 촉진시킨다.

일례로 보편적 의료서비스를 제도화할 수 있는 복지국가의 의료보장제도는 그렇지 않은 경우에 흔히 발생하는 차별과 서비스의 사각지대를 철폐시킬 수 있다는 것이 민주적 사회주의자들의 강한 신념이다. 차별이 없는 사회 그리고 기본적 생활에 대한 영위가 보편적으로 가능한 사회는 계층간에 이타주의 정신이 융성하게 되며 나아가 사회적 분리가 감소하게 된다는 것인데, 사회적 서비스 제공의 정당성을 이타주의와 사회통합에서 찾는 사람들이 그들이다.

㉣ 복지국가는 경제성장이나 사회변동에서 파생된 각종 부작용을 보상한다.

민주적 사회주의자들이 보기에 경제성장을 위해 기술적 변화는 필요함과 동시에 불가피한데 그 과정에서 부작용이 반드시 동반된다는 것이다. 예컨대 구조조정으로 인한 대량실업사태에서 희생자들을 사회가 공동의 노력으로 보상하는 것은 너무나 당연하다. 만약 사회적 보상이 미흡하거나 불공평하다면, 기술변화와 나아가 지속적 경제성장에 지장을 초래할 것이기 때문이다. 그런데 복지국가는 그러한 사회적 안전망(*social safety net*)을 비교적 잘 구비했다는 것이 그들의 주장이다.

㉤ 복지국가는 보다 평등한 사회를 창출한다.

민주적 사회주의자들은 복지국가가 수평적, 수직적 불평등의 양자 모두를 감소시킬 수 있다고 믿는다. 방법은 임금의 평등화보다 사회적 서비스의 제공을 선호한다. 특히 교육수준과 소득수준 간의 높은 상관관계에 주목하는 그들은 불평등한 교육제도의 시정을 통해 사회적 불평등이 야기하는 부정의와 낭비를 줄이려고 한다. 그러나 복지국가의 실제 경험을 통해 수직적 불평등의 정도가 축소되지 않은 사실에 대해서는 강한 불만감을 표시한다.

3) 복지국가 유형화론

유형화(*typology*)란 일반적인 사실(*facts*)이나 개념(*concepts*)을 분석대상으로 포착하여, 이를 질적으로 분석하는 일종의 자료분석기법이다(Mayer & Greenwood, 이성기: 5 재인용). 유형화의 구체적 방법으로서는 주로 둘 또는 그 이상의 차원에서 변수를 선정하여 이론적인 분석틀을 구성하고(Babbie, 1973, 이성기, 1995: 5 재인용) 이러한 분석틀에 따라 분석대상을 유사한 것과 상이한 것으로 분류한 후 체계적으로 설명하는 방법을 사용한다(김경동 · 이온죽, 1988, 이성기, 1955: 5 재인용).

에스핑-안데르센에 의하면, 유형화는 세 가지의 유용성을 지니고 있다(Esping-Andersen, 1999: 73). 첫째, 절약적 분석을 가능하게 하고 나무 대신 숲을 조망할 수 있게 해준다. 둘째, 운동의 관련 논리 또는 인과관계를 용이하게 발견할 수 있게 해준다. 셋째, 가설을 만들어내고 검증할 수 있게 해준다.

이와 같이 유형화는 학문적 유용성을 지니고 있지만 반면에 취약점도 지니고 있다. 예를 들면 간결성을 중시하다 보니 미묘한 차이가 무시될 수 있으며, 특히 분석시점이 정태적

(*static*)이어서 변이(*mutations*)나 신종(新種)의 출현을 적절히 포착할 수 없다는 것이다 (Esping-Andersen, 1999: 73). 따라서 우리는 유형화의 장단점을 적절히 활용할 줄 아는 지혜를 발휘해야 한다.

사회복지학에서 유형화 연구의 선구자 중 한 사람은 미국의 윌렌스키와 르보(Wilensky & Lebeaux)이다. 이들은 1958년에 출판된 《산업사회와 사회복지》(*Industrial Society and Social Welfare*)를 통해 2분법적 사회복지모형(*social welfare models*)을 고안해 냈다. 그들의 선도적 역할에 힘입어 사회복지모형 또는 복지이념 모형에 관한 후속연구들이 오늘날까지 이어지고 있다(김상균, 1987: 113~120).

복지국가들 내에서도 여러 가지 유형이 구분될 수 있음을 최초로 제시한 사람 역시 윌렌스키였다. 그는 그의 1975년 저서인 《복지국가와 평등》(*The Welfare State and Equality*)에서 당시 22개국을 복지국가로 규정한 후 복지국가들을 다시 세 부류로 나눈 바 있다. 이후 복지국가 유형화 연구도 양과 질 양 측면에서 많은 발전을 거듭하고 있다. 김태성은 이러한 유형화 연구의 결과를 유형화 기준에 따라 다섯 가지로 정이하였다(김태성·성경륭, 1993: 164~187). 그가 분류한 다섯 가지 범주는 ① GDP에서 차지하는 사회복지 지출비, ② 사회복지 프로그램의 도입시기. ③ 복지국가 성격, ④ 복지국가정책 결정요인, ⑤ 복지국가 프로그램 내용분석과 같다. 이제 김태성의 분류를 좇아 한 범주씩 차례대로 살펴보도록 한다.

(1) GDP 대비 사회복지지출의 비율에 근거한 유형화

앞서 소개된 윌렌스키(Wilensky)의 1975년 연구가 대표적 사례이다. 그는 1966년의 국제자료를 이용하여 당시의 22개국을 복지국가로 규정하고 이어서 각국의 국민총생산에 대한 사회보장비의 비율을 비교하는 방법을 사용하였다. 그 비율이 15% 이상이면 선진복지국가(*the welfare-state leaders*)로 판정하고, 10~15%이면 중위 지출국(*middle-rank spenders*), 그리고 10%가 안 되면 후진복지국가(*the welfare-state laggards*)라고 불렀다. 선진복지국가에는 서독, 스웨덴 등 9개국이 포진되었고, 중위 지출국에는 영국, 소련 등 8개국이 소속되었다. 미국 및 일본 등 5개국은 후진복지국가로 분류되었다.

사회복지지출 비율에 기초한 유형화의 장점은 자료확보가 쉽고 비교방법이 단순하다는 것이다. 그러나 많은 약점을 안고 있다는 것이 이 방법의 특징이기도 하다. 약점으로 지적되는 것으로는 첫째, 국가마다 사회복지비 산출방식이 다르다는 사실을 반영시킬 수 없다. 둘째, 국가마다 사회복지비 지출의 성격이 다르다는 사실을 포착할 수 없다. 셋째, 국가마다 사회복지지출의 분야별 편차가 존재한다는 사실을 무시한다. 넷째, 정치적 자유가 심하게 제한되어 있지만 사회복지지출 비율만 높으면 복지국가로 판정받는 것은 문제가 된다(김태성 · 성경륭, 1993: 166~168: 김상균, 1987: 121~122).

여기에서 우리가 주목해야 할 부분은 세 가지 복지국가의 명칭이다. '선진', '중위' 그리고 '후진'이란 명칭은 각각 그 뒤에 이어지는 복지국가의 어떤 성질을 나타내는 것이 아니라 단순한 순위를 의미하는 것에 지나지 않는다. 다시 말해 '상중하' 또는 '123'과 같은 서열 개념 이상의 의미는 없다. 이는 이 유형화 방식에 의존하는 한 복지국가의 질적 비교는 불가능함을 뜻한다.

(2) 사회복지 프로그램의 도입시기에 근거한 유형화

이 방법은 복지국가들에서 발견되는 가장 보편적인 다섯 가지 사회복지 프로그램의 도입시기를 연대별로 분류한 것이다. 다섯 가지 프로그램은 ① 산재보험, ② 의료보험, ③ 국민연금, ④ 실업보험, ⑤ 아동수당이다. 이 방법을 채택한 배경에는 어떤 제도를 일찍 시작하면 그만큼 성숙도가 높을 것이라는 논리가 함축되어 있다. 커들(Kudrle)과 말모르(Marmor)의 1981년 연구와 피어슨(Pierson)의 1991년 연구가 사회복지 프로그램의 도입시기를 근거로 행한 대표적 작품들이다.

조금 다른 맥락에서 피어슨은 국가의 총 재정지출에서 차지하는 복지비가 3%와 5%를 넘으면 국가기능의 재구조화가 일어난다고 해석한 후, 각국별로 각각 3%와 5%를 상회한 시점을 비교한 바 있다(Pierson, 1991: 111, 김태성 · 성경륭, 1993: 109~110 재인용). 이와 같은 연구방법은 앞서 나온 GDP 대비 사회복지지출 비율방식과 복지실시 연도방식을 조합시킨 것이라 할 수 있다,

바로 앞에서 소개된 GDP 대비 사회복지지출 비율을 산출하는 방법의 장점이었던 연구의 간편성은 프로그램 도입시기를 비교하는 방법에서도 동일하게 적용될 수 있다. 그러나 단점으로 지적될 수 있는 것은 첫째, 프로그램 도입시기를 통일시킬 수 없다는 점이다. 즉 동종의 프로그램에는 공적인 것도 있고 사적인 것도 있으며, 도입시기를 최초 실시시점으로 잡을 수 있는가 하면 전 국민에게 적용이 확대된 시점으로 잡을 수도 있다. 둘째, 도입시기가 빨라도 발전속도가 느릴 수 있으며 반대로 도입은 늦어도 빠른 기간 내에 크게 성숙할 수 있기 때문에 도입시기로만 복지국가의 우수성을 판단하기 어렵다는 것이다(김태성 · 성경륭, 1993: 169~170).

주요 복지프로그램의 도입시기에 따른 국가간 비교연구 방법이 안고 있는 또 다른 문제점은 복지국가의 질적 비교가 어렵다는 것이다. 이 점은 앞서 소개한 사회복지비 비교방법의 경우와 대동소이하다. 커들과 말모르는 그들의 연구에서 복지프로그램의 도입시기가 이른 국가들과 늦은 국가들에 대한 특별한 명칭을 사용하지 않고 단순히 제1군(*Group I*)과 제2군(*Group II*)이라고만 명명했다(Kudrle & Marmor, 1981: 70). 특별한 명칭을 고안하기 어려웠던 점은 피어슨의 경우에도 차이가 없었다. 즉 그는 먼저 시작한 나라들에 대해서는 '한 세대 앞선'(*a generation early*)이란 표현을 사용하고 그에 대한 대칭 개념으로 '제2세대'(*second generation*)라고 불렀다(Pierson, 1991: 108~109).

두 연구의 결과를 보면, 프랑스나 독일은 제1군이나 제1세대에 속하는 반면 스웨덴이나 미국은 제2군이나 제2세대로 분류되었다.

(3) 복지국가 성격의 개념적 분석에 근거한 유형화

앞에서 소개된 두 가지 유형화에 대한 고찰을 통해 양자 모두 질적 분석을 결여하고 있다는 공통점을 발견할 수 있었다. 그러한 약점을 보완하기 위한 연구가 1976년 퍼니스(Furniss)와 틸톤(Tilton)에 의해 촉발되었다. 사회복지학에서 일반적으로 다루는 모형연구의 선구자적 역할은 영국의 티트머스(Titmuss)와 앞서 소개한 미국의 윌렌스키에 의해 이루어졌다. 그러나 티트머스의 모형연구는 엄격한 의미에서 복지국가 유형론이라기보다 복지이념 유형론에 가깝다고 말할 수 있다. 왜냐하면 모형연구에서 복지국가에 대한 구체적 비교분석이 있었던 것은 아니기 때문이다.

퍼니스와 틸톤은 서구 선진국가들에서 행해지는 정치적 선택을 설명해 줄 수 있는 규범적 기준을 설정하고자 했다. 그들이 중요한 변수라고 결론내린 것은 국가정책의 목적, 국가정책의 방향 그리고 사회정책의 방향과 같이 세 가지였다. 이어서 세 가지 형태의 국가유형이 제시되었는데, ① 조합지향의 적극국가(*the corporate-oriented positive state*), ② 최소수준 보장의 사회보장국가(*the social security state*), ③ 철저한 민주주의와 평등주의를 지향하는 사호복지국가(*the social welfare state*) 등이다(Furniss & Tilton, 1977: 15~20).

적극국가에서는 국가와 기업간의 협동이 중시되며 복지체계는 시장체계의 기능을 강화하기 위한 사회통제적 성격이 강한데, 대표적인 나라가 미국이란 것이다. 두 번째 유형의 사회보장국가에는 영국이 속하며, 여기에서는 국민들의 최저생활보장이 중요한 목표이고 기회의 평등이 강조된다. 끝으로 사회복지국가의 대표적 사례가 스웨덴인데, 정부와 노동조합 사이의 협력이 강조되며 최저수준을 넘어 삶의 질의 평등을 추구하는 복지체계를 운영한다는 것이다. 퍼니스와 틸톤은 이상과 같이 서구 선진국들을 3분했지만, 제일 먼저 언급된 적극국가는 복지국가가 아니라고 못박았다. 따라서 그들의 모형은 국가유형에서는 3분법이지만, 복지국가 유형에서는 2분법이 되는 셈이다.

앞서 소개된 윌렌스키, 퍼니스와 틸톤에 이어 세 번째로 복지국가 유형론을 제시한 사람이 미쉬라(Mishra)이다. 미쉬라가 복지국가 유형론을 개발하게 된 동기는 복지국가의 위기를 타개할 수 있는 진정한 대안을 모색하는 것이었다. 그의 주장에 의하면, 복지국가는 분화(*pluralist or differentiated*) 복지국가와 통합(*corporatist or integrated*) 복지국가로 구분될 수 있는데, 통합복지국가만이 혼합경제와 복지국가의 근본정신에 위배되지 않으면서 복지국가의 위기를 동시에 막아낼 수 있다는 것이다(Mishra, 1984: 101~102).

분화복지국가와 통합복지국가 간의 차이는 경제, 사회복지 및 정치의 세 가지 영역에서 뚜렷이 구별된다는 것이 미쉬라의 주장이다. 즉, 통합복지국가의 경제는 수요 및 공급 측면이 조화를 이루게 되고 사회복지는 제도화되면서 경제정책과의 상호보완적 기능을 할 수 있으며, 정치는 사회적 합의에 기초하여 주요 사회세력들간에 균형을 유지한다. 그러나 분화복지국가는 그 반대의 특성을 나타낸다. 이어서 그는 미국과 영국을 위시한 영어 사용권 나라들은 분화복지국가에 속하는 반면 오스트리아, 스웨덴, 서독, 네덜란드는 통합복지국가에 속한다고 예시했다(Mishra, 1984: 107~109).

복지국가들을 대상으로 실질적 비교연구를 행했던 또 다른 학자로서 테르본(Therborn)이 있다. 그는 1987년에 발표한 한 논문에서 사회복지정책과 노동시장정책에 대한 국가의 개입정도라는 두 가지 변수를 조합시켜 네 가지의 복지국가 유형을 제시하였다(Therborn, 1987, 김태성 · 성경륭, 1993: 177 재인용).

첫 번째 유형은 사회복지와 완전고용정책에 대한 국가개입이 양 측면 모두 강력한 국가로서 강성개입주의적(*strong interventionist*) 복지국가인데, 스웨덴, 노르웨이, 오스트리아가 여기에 속한다.

두 번째는 사회복지정책은 크게 확대되었지만 노동시장정책은 약한 형태로서 벨기에, 덴마크, 네덜란드, 프랑스, 독일, 이탈리아 등이 있으며 이름은 연성보상적(*soft compensatory*) 복지국가라고 명명되었다.

세 번째 유형은 완전고용정책을 강조하지만 사회복지의 확대는 주저하는 스위스와 일본이 속한 완전고용지향 소형(*full employment-orientated small*) 복지국가이다.

마지막 네 번째 유형은 시장지향적(*market-orientated*) 복지국가라고 불리는 미국, 영국, 캐나다, 호주, 뉴질랜드가 소속된 형태인데, 이들 나라에서는 노동시장정책도 약하고 사회복지의 확대도 주저하는 특징이 나타난다.

복지국가의 성격을 분석하는 일종의 질적 복지국가 유형화론에서 가장 최근의 그리고 가장 과학적 연구를 수행한 사람이 에스핑-안데르센(Esping-Andersen)이다. 그는 개인의 복지가 시장에 의존하지 않고도 충족될 수 있는 이른바 탈상품화(*decommodification*)의 정도와 복지국가 정책에 의한 사회계층체계의 형태를 기준으로 세 가지 유형의 복지국가를 제시하였다(Esping-Andersen, 1990: 26~29, 김태성·성경륭, 1993: 177~179 재인용).

첫째 유형은 자유주의적(*liberal*) 복지국가라고 명명되었다. 미국, 캐나다, 호주 등이 이에 해당되는데, 노동윤리가 강조되며 소득조사에 기초한 공공부조가 중시된다. 그리고 국가복지는 시장 또는 민간자원단체들의 복지활동에 대한 보조 역할의 수준 이상으로 확대되기 어렵다. 그 결과 사회권(*social rights*)이 제한받고 사회계층은 다원화되면서 계층간에 대립적 관계가 형성되기 쉽다.

두 번째 유형은 보수주의적 조합주의(*conservative corporatist*) 복지국가이다. 국가복지의 제공과 사회적 지위의 격차 유지는 밀접하게 연관되어 있어 국가의 역할이 확대되지만 국가복지의 재분배 효과는 크지 않다. 앞에서 나온 자유주의형에 비해 민간보험이나 기업복지의 역할에 대한 강조가 상대적으로 약하다. 그럼에도 불구하고 탈상품화 효과에는 한계가 있다. 이 유형에 속하는 나라들로는 오스트리아, 프랑스, 독일, 이탈리아가 손꼽힌다.

세 번째 유형의 명칭은 사회민주적(*social democratic*) 복지국가라고 정해졌다. 보편주의(*universalism*) 원칙과 사회권을 통한 탈상품화 효과가 가장 크다. 국가 대 시장, 노동계급 대 중간계급 사이의 갈등을 최소화하면서 동시에 평등의 확대를 추구한다. 국가복지는 가능한 한 하나의 보편적이고 포괄적인 체계로 통합된다. 복지와 노동을 적절히 배합시키기 위해 완전고용정책을 강력하게 유지하려 한다. 스웨덴을 비롯한 스칸디나비아 국가들이 이러한 유형에 속하는 나라들이다.

(4) 복지국가 정책의 결정요인에 근거한 유형화

사회보험은 복지국가를 상징하는 대표적 프로그램이다. 그런데 나라마다 사회보험의 실시시기가 다를 뿐 아니라 어떤 경우에는 그 차이가 수십 년이 되기도 한다. 이러한 사실에 주목한 연구결과가 앞에서 소개한 사회복지 프로그램의 도입시기에 근거한 유형화론이었다. 지금 설명하려고 하는 결정요인에 근거한 유형화는 도입시기에 근거한 유형화에서 한 걸음 더 나아가려는 시도이다. 즉 단순한 연대구분에 따른 분류가 아니라 연대차이를 일으킨 요인들을 찾아서 유사한 요인들을 보여준 나라들을 한데 묶어보려는 것이다.

플로라(Flora)와 앨버(Alber)에 의하면, ① 노동자 계급의 정치적 압력이 강했기 때문에 비교적 일찍 사회보험을 도입했던 국가군, ② 산업화의 정도가 높았기 때문에 사회보험을 도입했던 국가군, ③ 입헌군주제의 정치체계와 발달된 관료체계가 있었기 때문에 사회보험의 도입이 용이했던 국가군, ④ 정권불안정(잦은 정권교체) 때문에 사회보험의 도입이 늦었던 국가군, ⑤ 사회구성원들 사이의 큰 문화적 차이 때문에 사회보험이 늦게 시작된 국가군 등으로 구분될 수 있다는 것이다.

이어서 그들이 예시한 복지국가는 ① 군에는 스웨덴, 핀란드, 이탈리아, ② 군에는 영국, 네덜란드, 벨기에, ③ 군에는 오스트리아, 덴마크, 독일, ④ 군에는 프랑스 그리고 ⑤ 군에는 벨기에가 속한다(Flora & Alber, 1981, 김태성 · 성경륭, 1993: 180~181 재인용).

비슷한 맥락에서 윌렌스키는 1981년과 1987년 두 차례에 걸쳐 결정요인에 관한 연구결과를 발표한바 있다. 그의 1981년 연구에서는 사회복지지출에 영향을 주는 주요 요인을 ① 조합주의(*corporatism*) 정도, ② 가톨릭 정당의 세력 정도, ③ 좌익정당의 세력 정도와 같이 세 가지로 추출했다.

그 결과 ①과 ②가 동시에 강한 나라들의 사회복지 지출이 높은데 여기에는 벨기에, 네덜란드, 이탈리아, 오스트리아가 속하는 것으로 나타났다. 한편 ①과 ②가 동시에 약한 나라들은 사회복지 지출이 낮았는데 미국, 스위스, 프랑스, 노르웨이와 ①은 약하지만 ②가 강한 독일과 같은 나라들은 중간 정도의 지출을 했다(Wilensky. 1981. 김태성 · 성경륭, 1993: 181 재인용).

윌렌스키의 1987년 연구는 1981년과 달리 유형화의 기준을 사회경제적 구조상의 차이로 잡고 ① 민주적 조합주의(*democratic corporatist*), ② 노동자계급을 배제한 조합주의(*corporatist without labour*), ③ 최소조합주의(*least corporatist*)와 같이 세 가지 유형을 제시했다(Wilensky & Turner, 1987, 김태성 · 성경륭, 1993: 181~182 재인용). 민주적 조합주의를 대표하는 국가는 오스트리아, 스웨덴, 노르웨이, 프랑스, 벨기에, 네덜란드였으며 노동자 없는 조합주의의 예로서는 일본, 프랑스, 스위스가 손꼽혔고 최소조합주의에는 미국, 영국과 캐나다가 소속했다.

(5) 복지국가 정책의 내용분석에 근거한 유형화

복지국가 유형화의 방법들 중 가장 이상적이라고 말할 수 있는 방법이 바로 내용분석에 근거하는 것이다. 왜냐하면 내용분석을 통해 복지프로그램의 효과를 분석할 수 있기 때문이다. 그러나 이러한 방법을 사용한 비교연구는 많지 않다(김태성 · 성경륭 1993: 182). 대표적 연구결과로서는 레인워터(Rainwater)와 앞에서 언급된 에스핑-안데르센 그리고 국내 학자로서 김태성을 들 수 있다.

레인워터는 ① 사회복지 프로그램의 가입률, ② 급여액, ③ 사회복지 프로그램의 소득재분배 효과, ④ 빈곤제거율 등의 네 가지 기준으로 스웨덴, 영국 그리고 미국과 같이 3개국의 특이성을 유형화했다(Rainwater et al., 1986, 김태성 · 성경륭, 1993: 182~183 재인용). 그 결과 스웨덴은 빈곤제거 효과가 상대적으로 가장 큰 반면, 미국은 그렇지 않으며 영국은 스웨덴과 미국의 중간정도라는 것이다.

에스핑-안데르센은 앞에서 설명한 바 있는 탈상품화 지수를 고안하기 위해 다섯 가지 변수들을 측정했다. ① 최저급여액의 평균근로자임금에 대한 비율, ② 평균급여액의 평균근로자임금에 대한 비율, ③ 급여를 받을 수 있는 자격조건(기여연수), ④ 전체 프로그램 재원에서 수급자가 지불한 비율, ⑤ 실제 수급자의 비율 등이 그것이다. 이렇게 고안된 탈상품화지수를 복지국가들에 적용해 본 결과, 앞에서 설명된 세 가지 복지국가 유형 중 사회민주적 복지국가→보수주의적 조합주의 복지국가→자유주의적 복지국가의 순으로 탈상품화의 효과가 감소하는 것으로 나타났다는 것이다 (Esping-Andersen, 1990, 김태성 · 성경륭, 1993: 184~185 재인용).

복지국가 유형화론과 같은 사회복지학의 거시이론을 연구하는 국내 학자는 많지 않다. 김태성은 많지 않은 국내 학자 중의 하나이다. 그는 복지국가들이 실시하고 있는 4대 보험과 아동수당 등 다섯 가지의 프로그램을 분석대상으로 삼고 분석기준으로서는 대상규모, 재원조달방법, 자격조건 그리고 급여수준 등 네 가지를 측정한 바 있다. 그 결과 스칸디나비아 국가들은 높은 발전정도를 나타냈고, 미국, 일본, 호주 등의 나라들은 낮은 점수를 기록했다(김태성, 1990).

4) 복지국가 위기론

서구 복지국가들은 제2차 세계대전의 종결 이후 확대일로의 역사를 거듭한 끝에 1960년대 말에 이르러서는 황금기를 구가할 수 있었다. 그러나 1970년대의 원유파동을 계기로 가세가 기울기 시작하더니 드디어 1970년대 말이 되면서부터는 현상유지에도 힘겨운 모습을 보이기 시작하였다. 그러한 분위기는 지금도 변함이 없어서 복지국가 찬성론자들의 가슴을 애태우게 하고 있다. 복지국가를 20세기 최고의 개혁성공으로 자부하는 에스핑-안데르센은 "우리는 지금 황금기 자본주의(*Golden Age Capitalism*)를 무거운 향수(*nostalgia*)를 가지고 회고하고 있다. … 복지국가는 하나씩 새롭게 펼쳐지는 경제질서 속에서 어쩌면 더 이상 지속하지 못할지도 모른다"라고 불안감을 표시했다(Esping-Andersen. 1990: 1).

복지국가 위기에 관한 이런저런 논의들을 소개하는 이 절은 크게 두 부분으로 나누어진다. 복지국가위기 여부론(與否論)과 복지국가위기 원인론이 그것이다. 전자는 복지국가가 과연 위기에 빠졌는가 혹은 무엇을 보고 위기라고 판단내릴 수 있는가 라는 질문과 관련된 토론들이다. 이는 앞에서 고찰했던 복지국가 찬성론자들 중 일부가 복지국가 위기론을 인정하지 않고 있다는 의미를 시사하는 것이기도 하다. 후자의 복지국가 위기 원인론은 일단 위기를 인정한 후 위기의 원인을 여러 측면에서 찾아내려는 노력들의 산물이다.

(1) 복지국가위기 여부론

미쉬라(Mishra)는 복지국가위기의 징후를 다섯 가지로 정리한 바 있다(Mishra, 1984: xii). ① 스태그플레이션의 시작과 경제성장의 종말, ② 완전고용의 붕괴와 대량실업, ③ 국가재정의 적자 확대, ④ 사회적 서비스의 의도적 삭감, ⑤ 복지국가 시스템에 대한 국민신뢰의 상실 등이 위기에 처한 복지국가들의 공통적 징후라는 것이다. 문제는 방금 제시한 다섯 가지의 징후가 과연 현실에서 나타났는가? 만약 나타났다면 증상의 심각성이 과연 위기라고 할 만큼 심각한가? 라는 질문과 관련된다. 어떤 증거들이 과학적으로 위기판정을 충분히 뒷받침할 수 있다면 복지국가위기 여부론은 아예 처음부터 존재할 수 없었을 것이다. 그러나 사정이 그렇지 못했기 때문에 복지국가위기에 대한 상반된 주장이 경쟁을 벌이고 있다.

복지국가가 위기에 빠졌다고 인식하는 사람들의 주장은 다음 항에서 고찰하게 될 복지국가위기 원인론에서 다루기로 하고 여기에서는 먼저 복지국가 위기설을 수용하지 않는 견해들을 설명한다.

복지국가위기설을 반박하는 입장은 불가역성설(*the irreversibility thesis*), 숙성설(*the maturity thesis*), 복지다원론(*welfare pluralism*)과 같이 크게 세 가지 부류로 구분할 수 있다. 지금부터 세 부류를 차례로 살펴보도록 한다.

① 복지국가 불가역성설(*the irreversibility thesis*)

이 주장에 의하면 경제위기 이후 사회적 지출이 감소된 것은 사실이지만, 삭감 액은 미미하다는 것이다. 특히 사회적 지출의 성장률이 둔화된 폭이 경제성장률의 둔화폭보다 더 크지 않다는 사실을 강조한다(Alber, 1988, 김영순, 1996: 32 재인용; Mishra, 1990: 32~34). 복지국가 시스템의 정당성이 위기에 처해 있다는 주장도 과대포장되었다는 반론을 편다. 좌파정당에 대한 지지율의 하락현상은 서구사회에서 확산되고 있는 전반적 정치무관심을 생각하면 특별히 위험한 것이 아니라는 주장이다. 여론조사에서 나타난 복지국가 지지도의 하락도 복지국가 전성기와 비교하면 사실이지만, 다른 대안의 지지도와 비교하면 상대적으로 오히려 유리하다는 것이 이들의 분석이다(George & Wilding, 1984: 222~230; Taylor-Gooby, 1989, 김태성 · 성경륭, 1993: 262 재인용).

이상과 같은 주장의 논리적 근거는 복지프로그램이 자본가들에게도 이익을 보장해 주고 또 자본주의체제의 정당성을 확보해 줄 뿐 아니라 각종 이익집단들의 국가복지에 대한 요구가 있기 때문에 민주주의체제 하에서는 단기간 내에 복지국가의 기본틀을 뒤집을 수 없다는 것이다.

② 복지국가 숙성론(*the maturity thesis*)

숙성설은 1980년대의 복지국가가 축소된 것이 아니라 안정기에 접어들면서 숨고르기 또는 현상유지를 하고 있다고 주장한다(Heclo, 1981: 403; Klein & O'Higgins, 1988: 204; Mishra, 1990: 106~108 재인용). 이렇게 복지국가가 더 이상 확대되지 않는 것은 성장의 종언(*an end to growth*)에 도달했기 때문이며, 성장의 종언은 극히 자연스런 현상이지 위기현상은 아니라는 것이다. 복지국가가 숙성기에 접어들면 기술적 조정을 통해 효율성과 유연성을 높이게 될 것으로 기대한다.

③ 복지다원주의(*welfare pluralism*) 혹은 복지의 혼합경제(*mixed economy*)

"복지국가의 위기가 곧 그 사회에서의 복지위기는 아니다"(Rose, 1986: 36, Mishra, 1990: 110 재인용)라는 말이 복지다원주의의 실체를 잘 말해 주고 있다. 복지다원주의에 의하면 복지총량은 국가, 시장, 가족 그리고 비영리민간복지기관 등 여러 부문에서 제공하는 복지의 혼합(*welfare mix*)으로 구성된다. 이들에 의하면 1980년대의 복지국가는 위기에 따른 축소가 아니라 복지혼합비의 재조정, 즉 국가부문의 비중을 줄이고 민간부문의 역할을 증대시키는 과정이다(Rein & Rainwater, 1987, 김영순, 1996: 3

8~39 재인용). 그와 같은 복지혼합비의 재조정이 발생했던 시대적 배경은 바로 앞에서 설명했던 복지국가 숙성설에서 나온 효율성과 유연성을 제고시키기 위한 구조조정의 압력이라고 해석된다.

(2) 복지국가위기 원인론

복지국가위기설을 인정하지 않는 논리와 달리 복지국가위기 원인론은 복지국가의 위기를 일단 인정하는 점에서는 공동보조를 취한다. 그러나 원인의 내용은 앞서 설명된 바 있는 복지국가 찬반론의 상반된 입장에 따라 세 가지 가설로 대별된다(김영순, 1996: 18~32). 복지이념의 스펙트럼에서 우파에 속하는 복지국가 반대론자들이 분석하는 국가실패론(*state's failure*), 좌파에 속하는 복지국가 반대론자들의 복지국가 모순론(*contradictions of the welfare state*) 그리고 중도파에 속하면서 복지국가를 찬성하는 사람들이 주장하는 복지국가 기반약화론(*degenerating fundamental*)이다.

① 국가실패론(*state's failure*)

미쉬라에 의하면, 자유시장 원리와 국가권위의 회복을 강조하는 신우파는 정부의 과부하(*overload*)로 인한 민간경제의 약화를 국가실패의 주원인으로 보고 있다(Mishra, 1984: 36~42). 브리탄(Brittan)과 같이 공공선택이론(*public choice theory*)을 신봉하는 사람들은 정부의 과부하가 발생하는 원인을 민주주의와 자본주의를 동시에 실시하고 있는 사회의 정치시장(*political market*)의 성격에서 찾는다. 즉, 정치시장에서는 경제시장과 달리 비용절감의 원칙이나 가격경쟁이 존재하지 않기 때문에 정부재정의 팽창이 야기된다는 것이다(Brittan, 1975, 김영순, 1996: 19 재인용).

프리드먼(Friedman) 부부는 정부의 과부하 경향의 원인을 관료제에서 찾고 있다. 즉, 관료기구의 팽창을 통해 권력 확대와 임금 및 지위를 상승시키고자 하는 관료들의 이기적 욕구가 공공부문의 팽창을 가져온다는 것이다(Friedman & Friedman, 1980. 김영순. 1996: 19~20 재인용).

그런가 하면 크로지어(Crozier)는 기대상승의 혁명(*revolution of the rising expectation*) -즉, 일상생활에서 개인과 가족의 책임을 국가에 전가하는 풍토-을 과부하의 주범이라고 보았는데, 이와 같은 통치불능상태(*ungovernability*)는 전통적 권위의 붕괴와 개인욕망에 대한 제재의 단절 때문에 발생한다고 주장했다(Crozier et al., 1975,

김영순, 1996: 20 재인용).

② 복지국가 모순론(*contradictions of the welfare state*)

미쉬라는 복지국가 위기의 원인을 복지국가의 모순적 성격으로부터 도출하는 사람들이 신마르크스주의자라고 정리한 바 있다(Mishra, 1984: 69~80). 그들이 말하는 모순이란 독점자본주의 단계의 국가가 수행해야 하는 두 기능인 축적(*accumulation*)과 정당화(*legitimation*)가 상호간에 상충될 수밖에 없다는 뜻을 지닌다(O'Connor, 1973, 김영순, 1996: 24 재인용). 고프(Gough)에 의하면 복지국가는 본질적으로 모순이다. 왜냐하면 한편으로는 노동자계급을 순치시키기 때문에 자본 측에 도움이 되지만, 다른 한편으로는 노동자계급이 자본가계급으로부터 쟁취한 전리품의 성격을 지니기 때문이다(Gough. Mishra, 1984: 70~71 재인용).

복지국가 모순론을 따르면, 모순된 두 가지 기능은 불가피하게 세출이 세입을 능가하는 재정위기(*fiscal crisis*)를 초래하게 된다. 그 과정을 보면 다음과 같다.

독점자본의 축적을 보장하기 위한 각종 사회적 투자가 계속 증가해야 하는 것과 마찬가지로 독점의 심화에 다른 폐해를 완화시키기 위한 사회적 지출도 계속 증대되어야 한다. 그런데 여기에서 문제는 잉여가치가 사유화되는 것이다. 즉, 사회적 투자와 사회적 지출에 필요한 재원은 조세의 형태로 대중에 전가되지만, 조세저항 때문에 재원마련이 난관에 부딪치게 된다는 것이다. 덧붙여서 복지국가의 유지에 필요한 방대한 관료제와 그것의 비효율성 역시 재정위기를 가중시키고 있다는 것이다(O'Connor, 1973; Offe, 1984, 김영순, 1996: 26 재인용).

③ 복지국가 기반약화론(*degenerating fundamental*)

기반약화론은 1970년대를 분기점으로 복지국가의 자본축적구조와 계급구조상에 중대한 변화가 일어났다고 주장한다. 즉 1950~60년대의 복지국가 황금기에는 포드(Ford)주의적 자본주의 혹은 조직적(*organized*) 자본주의에 기반을 두어 대량생산과 대량소비가 호순환적(*virtuous circle*) 관계를 이루면서 경제는 고도성장을 유지했다. 그 과정에서 사회적 임금(*social wage*)의 성격으로 제공되었던 국가복지는 호순환의 한 축으로서 기능할 수 있었다. 그러나 포드주의적 생산방식의 비효율성이 증대되었고, 내수가 포화상태에 도달했는가 하면, 생활수준향상에 따른 소비자들의 욕구변화 그리고 국제시장에서의 경쟁심화 등의 이유로 1960년대 말부터 복지국가는 흔들리기 시작했다는 것이다(Boyer, ed., 1988: 199~203. 김영순, 1996: 29 재인용).

제솝(Jessop)에 의하면, 복지자본주의의 위기를 모면하기 위해 자본가들은 자본의 국제화(또는 세계화)와 유연적 생산방식을 도입하여 확산시켰는데, 바로 그러한 확산이 케인즈주의적 복지국가(*Keynesian welfare state*)의 기반을 잠식하기 시작했다는 것이다. 즉, 세계화로 인해 한 나라의 수요관리정책이 무력화되었으며, 성장과 분배의 동시 성취가 곤란해졌다는 것이다. 그 결과 개방경제하에서 국제경쟁력의 강화를 최우선 목표로 하는 슘페터주의적 근로강요국가(*Schumpeterian workfare state*)가 궁여지책으로 등장했다고 주장한다(Jessop, 1993, 김영순, 1996: 29~30 재인용).

방금 설명한 기반약화론의 이론적 근거는 조절이론(*regulation theory*) 또는 분열자본주의론(*disorganized capitalism theory*)이다. 이 이론은 신고전파(*neo-classic*) 경제학이 금과옥조로 신봉하는 일반적 균형(*general equilibrium*) 개념에 대한 정면도전으로부터 시작한다(Aglietta, 1979: 10~13). 즉, 시장경제는 본래 자기조절적이지 않으며 불안정하다고 주장할 뿐 아니라 정부정책에 의해 안정시킬 수 있다고 믿는 케인즈주의도 배격한다.

브와예(Boyer)는 그들이 연구하려는 핵심문제를 ① 주어진 '경제구성체'에서 성장으로부터 정체로 이행하려는 이유가 무엇인가? ② 동시대에 속하면서도 성장과 위기가 나타나는 방식이 나라마다 다른 이유가 무엇인가? ③ 위기가 시대에 따라 나타나는 방식을 달리하는 이유가 무엇인가? 와 같이 세 가지로 집약한 바 있다(Boyer, 1986, 정신동 역: 48~50).

5) 복지국가 재편론

앞에서 고찰한 복지국가 위기론, 그 중에서도 특히 복지국가 위기원인론은 복지국가가 왜 어려운 지경으로 빠져들었는가라는 질문에 대한 해답의 모색을 일차적 목적으로 했다. 그러나 김영순도 지적하듯이 "실제로 위기에 대한 대부분의 연구들이 재편의 전망을 덧붙이고 있는 것은 위기 논의와 재편 논의가 서로 밀접히 연관될 수밖에 없음을 보여준다(김영순, 1996: 17)".

복지국가 위기론의 핵심적 단어가 재정위기라고 한다면 복지국가 재편론의 핵심화두는 지속가능성(*sustainability*)이다. 즉, 어떻게 하면 복지국가를 안정적 기초에서 장기간 지속시킬 수 있겠는가라는 질문에 대한 묘책을 찾는 것이라 할 수 있다. 다시 말해 복지국가 재편론은 또 다른 형태의 이상국가론이기 때문에 많건 적건 간에 연구자의 주관적 규범과 복지이념의 영향을 받을 수밖에 없다. 따라서 복지국가 재편론, 원인론 그리고 유형론 모두가 일맥상통하는 논리들에 기초하는 것이다.

복지국가 재편론은 복지국가 재편유형론과 복지국가 재편유형의 결정요인론으로 대별될 수 있다. 전자는 위기의 원인이 유사하더라도 위기에 대응하는 방식은 나라마다 다르게 나타난다는 사실을 전제하면서 그러한 차이를 몇 가지의 유형으로 구분하는 것이다. 위에서 잠깐 언급한 바와 같이 복지국가 재편양상의 차이는 복지국가를 형성시킨 요인의 차이인 복지국가 유형론과 궤를 같이하고 있다. 복지국가 재편유형의 결정요인론은 특정 유형의 복지국가 재편양상을 결정하는 요인이 무엇인가를 발견하려는 연구인데 이 절에서는 이미 소개된 각종 복지국가 유형론과 위기론 외에 계급관계에 따른 재편론을 추가로 제시하고자 한다.

(1) 복지국가 재편유형론

복지국가 위기에 대한 전 세계적 대응의 하나로 국제연합(UN)은 1995년 3월 코펜하겐(Copenhagen)에서 사회개발을 위한 세계정상회담(*World summit*)을 개최했다. 이 회담을 준비하는 과정의 하나로서 국가간 비교연구가 진행되어, 그 결과가 《전환기의 복지국가: 지구적 경제 속의 국가별 적응》(*Welfare states in Transition: National Adaptations in Global Economics*)이라는 이름으로 1996년에 발간되었다. 그 책의 편집을 맡았던 에스핑-안데르센이 정리한 복지국가 재편양상을 요약하면 다음과 같다(Esping-Andersen, ed,. 1996: 1~27).

첫째, 복지국가 황금기에 쌍방이익(*positive-sum*)의 비법으로 인식되었던 케인즈방식의 약효는 다 떨어지고 말았다. 그리하여 인플레이션 없는 수요창출전략은 더 이상 실현 불가능이며 완전고용정책의 실시는 제조업의 쇠락을 각오할 때만이 가능할 뿐이다. 더불어 남성 돈벌이 자(*breadwinner*)의 전통은 약화되었고, 출산율은 저하되었으며, 인생경로(*life course*)의 비표준화(*non-standardization*)현상이 심화되는 경향도 복지국가 어디에서나 나타나, 그 결과 세 가지의 상쇄(*trade-off*) 현상이 복지국가들에서 보편화되었다고 한다. 평등과 고용, 사회보장과 경제성장 그리고 평등과 효율 사이에는 과거의 쌍방이익이 아니라 영합(零合, *zero-sum*) 또는 심한 경우 쌍방손실(*negative-sum*)이 발생하게 되었다는 것이 보편화의 내용이다.

둘째, 사면초가에 처한 유럽, 북미, 남미, 동아시아 국가들에 대한 광범위한 분석을 바탕으로 복지국가의 미래를 진단한 결과 네 가지의 결론을 얻어낼 수 있었다.

① 복지국가 재편의 주요 원인이 새로운 세계질서(*global order*)로부터 제공되었지만,

그것에 대처하는 반응은 나라에 따라 각양각색이다.

② 대부분의 나라에서 복지국가의 모습(*landscape*)은 규제완화와 시장지향 전략으로 무장한 신자유주의(*neo-liberal*)로의 급격한 변화가 아니라 신자유주의에 대한 저항으로부터 파생된 동결(*frozen*) 상태이다.

③ 복지국가 황금기의 케인즈(*Keynes*) 비법에 버금가는 새로운 비법이 나올 수 있다는 낙관론은 열세이며, 따라서 대부분의 국가는 상쇄효과를 완화시키는 데 주력하고 있는 실정이다.

④ 급여감축과 유연화(*flexibilization*) 전략은 모든 나라에서 발견되는데 유연화전략에는 민영화(*privatization*)와 확정기여(*defined contribution*) 방식의 연금제도가 포함된다.

셋째, 복지국가의 동결정도는 국가정책의 제도화 역사 및 기득권의 강도 그리고 주요 이익집단의 태도 여하에 따라 결정된다. 그리하여 오스트리아나 스웨덴이 대표하는 유럽대륙은 협상(*negotiation*)을 통한 변화의 형태를 띠고 있다. 특이 놀딕(Nordic) 복지국가로 일컬어지는 스칸디나비아 국가들은 직업훈련 및 알선과 임금보조로 상징되는 적극적 노동시장(*active labour market*) 프로그램을 주축으로 하는 사회적 투자(*social investment*) 전략을 실시하면서 복지국가 전통을 이어가려고 노력하고 있다. 반면에 현존 복지구조를 파괴시킨 칠레나 과거 공산주의 국가들에서는 전면적 변화가 일어났다. 이에 비해 미국과 영국은 유니오니즘(*unionism*)의 약화와 더불어 복지국가의 점진적 침식이 진행되고 있다.

바로 앞에서 정리된 내용들이 복지국가 재편의 양상들이라면 그러한 양상들 중 유사점과 상이점을 따로 묶어서 나라별로 정리한 것이 복지국가 재편양상 유형론이다. 앞에서 설명한 복지국가의 세 가지 유형을 제시한 에스핑-안데르센은 그의 3분법 유형론을 복지국가 재편양상의 유형에도 그대로 적용하여 국가간 비교분석을 시도했나. 결과는 그가 예상했던 대로 복지국가 유형론과 복지국가 재편유형론사이에 높은 상관관계가 존재하고 있음이 입증됨으로써 그가 고안한 3분법의 적합성을 주장하였다(Esping-Andersen. 1995: 5장).

자유주의 복지레짐(*regime*)에서는 수급자격을 극도로 제한하고, 사회적(*social*)이란 의미를 최대한 협의로 해석하며 시장의 역할을 극대화한다는 의미의 잔여주의(*residualism*)가 강화된 것으로 나타났다. 여기에 속하는 나라는 주로 앵글로-색슨(Anglo-Saxon) 계열의 국가들로서 미국, 캐나다, 호주, 아일랜드, 뉴질랜드, 영국 등이다.

사회민주주의 복지레짐이란 원래 수급자격을 극도로 넓히려는 보편주의(*univer-*

salism)가 실천되며 사회적 위험의 범위도 광범한 반면 급여수준은 가능하면 높일 뿐 아니라 평등주의(*egalitarianism*) 정책을 추구하는 것이었다. 특히 복지를 가능한 한 시장에서 조달하지 않는 이른바 탈상품화하는 노력이 노골적으로 나타나는 특징을 갖고 있었다. 그러나 스웨덴에서 볼 수 있듯이 예산부족을 이유로 정부는 각종 사회적 급여(*social benefits*)의 수준을 낮추고, 특히 연금개혁에서 보편주의의 상징이었던 기본 연금에 소득조사(*means test*)를 도입함으로써 보편주의와 연대(*solidarity*) 의식에 오점을 남기게 되었다. 그럼에도 불구하고 사회민주주의 레짐의 핵심은 별로 타격을 받지 않았다는 것이다. 여기에 소속한 나라는 주로 놀딕 국가들로서 덴마크, 노르웨이, 스웨덴, 핀란드가 손꼽혔다.

보수주의 레짐은 제국주의, 권위주의 그리고 가톨릭 교리의 영향을 받아 복지운영은 조합주의(*corporatism*), 군주제 국가주의(*monar-chical etatism*) 그리고 가족주의(*familialism*)와 같은 세 가지 특징을 갖고 있다. 사회보험제도가 직종이나 계통에 따라 수백, 수천 개의 기금으로 분리되어 각기 독립재정으로 관리되는 것이 신분분할적(*status segmentation*) 조합주의를 잘 말해 주고 있다. 국가주의 특징은 공무원을 특권계층으로 분리시켜 각종 사회보장제도를 따로 운영할 뿐 아니라 그들의 수급자격이나 급여수준이 파격적으로 유리하게 되어 있는 사실에서 잘 반영되고 있다. 가족주의 특징의 실제 사례로서는 각종 복지제도가 남성 돈벌이 자 중심으로 되어 있으며, 가족을 서비스제공자로 간주할 뿐 아니라 가족구성원의 복지에 대한 궁극적 책임소재지로 삼는다. 이상과 같은 세 가지의 보수주의의 특징은 복지국가 재편과정에서도 다른 두 유형에 비해 여전히 뚜렷하게 차별되어 나타났다는 것이다.

복지국가 재편유형론과 관련하여 최근 연구를 발표한 미쉬라(Mishra)는 1999년에 출간한 《세계화와 복지국가》(*Globalization and the Welfare State*)에서 세계화의 영향이 사회정책에는 어떤 변화로 나타났는가에 관한 국가간 비교를 시도한 바 있다. 그가 비교대상으로 삼은 국가는 스웨덴, 독일 그리고 일본이었는데, 스웨덴과 독일은 에스핑-안데르센을 좇아 각각 사회민주주의형과 비스마르크식(Bismarckian)사회보험을 대표하는 국가로 선발 되었다(Mishra, 1999: 74).

우리가 이미 고찰한 바 있는 복지국가 유형론에서 미쉬라는 자신의 2분법 모형을 제시한 바 있었음에도 불구하고 이번 연구에서 에스핑-안데르센의 유형론을 이용한 것은 에스핑-안데르센 유형론의 우수성을 인정한 것으로 해석할 수 있겠다. 미쉬라가 일본을 제3의 비교대상국으로 선택한 이유는 일본이 산업국가의 선두주자이지만 복지관행이 서구의 것과 판이하게 다르다는 것이었다. 그의 비교연구의 결과를 요약하면 다음과 같다

(Mishra, 1999: ch. 5).

스웨덴의 경우 노동시장과 소득분배상의 변동이 앵글로색슨 국가들에 비해 상대적으로 덜한 것은 사실이지만, 완전 고용시대의 종언, 누진조세제도의 완화, 세율인하 등의 현상은 세계화의 압력을 받은 흔적들이다. 사회정책분야에서는 보편주의 구조의 부분붕괴나 급여수준의 저하가 역시 세계화의 후유증이다. 한마디로 말해 세계화는 스웨덴의 사회민주주의적 합의도출의 전제조건들을 심각하게 약화시켰다고 보아야 한다. 지난 10년간의 변화를 볼 때 스웨덴식 복지국가의 미래를 낙관적으로 전망할 수 없다.

독일에 대한 세계화의 악영향은 스웨덴보다 상대적으로 훨씬 약하다. 사회보험제도에 기반을 둔 재정방식은 아직까지 노동자와 사용자 양측으로부터 지지를 받을 뿐 아니라 경제 엘리트와 우파 정당들도 여전히 수용하고 있다. 그래서 당분간 제도적 개혁은 일어나지 않을 것이며 약간의 부분적 수정은 예측 가능하다.

일본 경제는 1990년대 내내 저성장 또는 경기불황에 시달리고 있다. 특히 은행과 금융부문에 심각한 문제가 도사리고 있다. 어떤 형태의 개혁조치가 단행된다 하더라도 일본 복지제조의 요체라고 말할 수 있는 사부문 중심의 완전고용과 종신고용, 그리고 기업복지에 큰 타격이 가해질 수밖에 없다. 다시 말해 완전고용과 직장안정은 사라지고 기업복지는 심각하게 감축될 것이다.

(2) 복지국가 재편유형의 결정요인론

복지국가위기 이후 복지국가들에서 나타나는 상이한 재편양상의 결정요인이 무엇인가를 찾아내려는 연구는 아직까지 체계적으로 발전되지 못하고 있다. 혹자에 따라서는 이 장의 앞부분에서 다루어졌던 복지국가 위기 여부론 중 복지국가 불가역성론과 복지다원주의를 계급관계에 따른 재편론과 함께 복지국가 재편유형의 결정요인론으로 분류한 바 있다(김영순, 1996: 32~41).

그러나 불가역성론과 복지다원주의는 공히 복지국가의 위기를 체제위기로서 심각하게 받아들이지 않고 있기 때문에 이 책에서는 두 가설을 복지국가 재편유형의 결정요인론보다 오히려 복지국가 위기 여부론으로 분류하였다. 따라서 진정한 의미의 복지국가 재편유형의 결정요인론은 현재로서는 계급관계에 따른 재편론이 가장 체계적이라고 판단되어 그것을 소개하도록 한다.

김영순에 의하면 계급관계에 따른 재편론은 "계급관계가 복지국가의 재편에서 결정적 역할을 하며 복지국가의 재편은 다시 각 계급들에게 중요한 영향을 미친다는 전제에서 출발한다"(김영순. 1996: 41). 이 주장의 대표적 주자로는 코르피(Korpi), 스티픈스(Stephens), 에스핑-안데르센(Esping-Andersen), 올손(Olsson) 등이며, 그들의 주장은 권력자원론(*the power resources theory*), 민주적 계급투쟁론(*the democratic class struggle perspective*), 노동자주의적 접근법(*the laborist approach*) 등으로 불리고 있는데 그들의 초기 연구는 주로 복지국가의 발전요인을 분석하는 데 집중되었던 반면 복지국가 재편요인에 대한 최근 연구는 별로 없다. 민주적 계급투쟁론을 복지국가 재편과 연관시키는 연구에는 오히려 미쉬라(Mishra)가 더 열심이다.

미쉬라는 복지국가 재편의 유형을 영국과 미국의 신보수주의(*neo- conservative*) 레짐과, 스웨덴과 오스트리아로 대표되는 사회조합주의적(*social-corporatist*) 레짐으로 양분한 후 사회조합주의를 사회제도로 정착시킬 수 있는 노동자계급의 역량에 따라 사뭇 다른 결과가 도출된다고 주장하였다. 즉, 노동자계급의 정치적 힘이 강할수록 신자유주의적 공세를 견딜 수 있는 가능성이 높아진다는 주장을 편다(Mishra, 1990: 116~119). 최근에 발간된 후속 연구에서 그는 서구의 경우 조직적 노동운동이 1980년대 이후 현저하게 쇠퇴했을 뿐 아니라 설사 사회민주주의 정부가 집권하더라도 복지국가를 방어할 만한 묘수를 갖고 있지 못하다고 하는 비관적 분석결과를 제시하였다(Mishra, 1999: 59~61).

이상의 고찰을 통해 우리는 계급관계에 따른 재편론은 복지국가의 재편이 정치적으로 결정된다는 명제를 충실히 따르고 있음을 알 수 있었다. 그러한 명제를 좀 더 확대한 연구결과가 우리나라 연구자에 의해 제시된 바 있다. 김영순은 먼저 복지국가에 대한 노동자계급과 중간계급의 연대적 지지를 복지동맹(*welfare coalition*)이란 용어로 개념화했다. 이어서 그는 복지국가 위기 이후에도 복지동맹의 유지여부가 복지국가 재편에 결정적 영향을 미친다는 주장을 내놓고 있다(김영순, 1996: 65~69).

3. 복지사회론

복지국가란 용어가 만들어진 지 10년이 지난 1950년대에 이르게 되자 많은 서구 사람들은 그들의 이상이었던 복지국가가 실현되었다고 믿었다. 그러한 여론은 각종 통계와 실증적 연구에 의해서 뒷받침되고 있었다. 전후 1970년까지 영국의 실업률은 3% 이하의 완전고용을 유지했으며, 실질임금의 인상으로 국민의 생활수준은 꾸준히 향상되고 있었다. 공공부조 대상자의 2/3는 노인들이 점유하게 되었으며, 오히려 인플레이션이 새로운 문제로 등장하였다.

로운트리(Rowntree)의 1951년 조사를 보면(Rowntree & Lavers, 1951: 30~32, 35). 1.66%의 국민만이 빈곤하며, 빈곤의 원인으로서 저임금은 전쟁 전의 42.3%에서 1.0%로 그리고 실업은 28.6%에서 0%로 급격히 떨어진 반면, 노령은 오히려 15%에서 68%로 증가되었다. 결국 복지국가의 실현에 의해 저임금과 실업에 의한 빈곤은 사라진 반면 노령이나 인플레이션에 의한 새로운 형태의 빈곤이 대두되었던 것이다.

복지국가에 대한 서구인들의 신뢰는 1960년대 초반까지 지속되었다. 그러나 "말 타면 경마 잡히고 싶다"는 우리의 속담이 있듯이, 1940년대의 이상이 1960년대에도 여전히 통할 수는 없었다. 복지국가가 실현되었다고 느끼기가 무섭게 그들은 그것보다 한 단계 더 높은 이상국가 또는 이상적 사회를 모색하려고 했던 것이다. 앞에서도 설명했듯이 복지국가는 이상국가의 한 형태에 지나지 않을 뿐 아니라 인간의 이상은 끊임없는 미래지향적 속성을 지니고 있기 때문이다.

그런가 하면, 다른 한편으로는 상황의 변화에 따른 새로운 불만이 발생하는 인간의 속성 때문에 복지국가의 실천과정에서 노출된 많은 문제에 대한 개선의 소리가 높아졌던 것이다. 복지국가의 준비단계에서부터 이미 회의적인 태도를 표명하던 보수주의자들이나 개인주의자들이 북지국가에 대한 비판의 소리를 드높이기 시작했다. 1951년 맥테오드(MacLeod)와 파우엘(Powell)은 복지국가가 그것이 가진 능력 이상의 것을 얻어내려 하기 때문에 국가 자원의 낭비를 초래하고 있다고 비난했다(MacLeod & Powell, 1954: 9). 일간지 《더 타임즈》(*The Times*)는 이듬해인 1952년에 인플레이션과 정부예산의 과대팽창을 복지국가의 위기라고 규정하면서 복지국가가 기반으로 삼고 있는 제반원칙들을 재고해야 한다는 주장을 폈다(*The Times, February* 25 and 26, 1952). 결국 복지사회라는 단어는 복지국가에 대한 미래지향적 불만과 과거지향적 비판의 복합적 산물인 것이다.

복지국가와 복지사회의 학술적 구별을 시도한 학자들은 많지 않다. 대표적 인물로서는 티트머스(Titmuss)와 롭슨(Robson)을 손꼽을 수 있다. 두 사람은 이미 실현되었다고 보는 복지국가를 탈피하여 그것과는 다른 복지사회로 지향하는 것이 현개국가의 사명이라고 주장한 점에서 의견의 일치를 보이고 있지만, 구체적으로 어떠한 것이 복지사회인가에 대해서는 견해 차이를 드러냈다. 한마디로 티트머스는 국제적 시각과 평등주의 사상에 입각하여 복지국가의 단점을 국제간의 불평등과 국내적 빈부격차의 심화에서 찾는 반면, 롭슨은 국민들의 의무감 약화, 소수과격파들의 독단적 의사결정, 개인의 자유침해 그리고 거대 조직체들의 횡포에서 찾고 있다.

1) 티트머스의 복지사회론

1967년에 발표된 티트머스의 "복지국가와 복지사회"라는 논문(Titmuss, 1976: 124~137)에 의하면, 복지국가는 공공복지예산, 특히 재분배적 성격을 많이 띠는 지출을 무거운 짐으로 인식하는 이른바 공공부담의 복지모형(*the public burden model of welfare*)을 따른다는 것이다. 그는 노령연금제도의 유지를 위한 국고지출의 증가현상을 경제성장의 방해요인 또는 국가자원의 낭비로 생각하는 한편 노후의 빈부격차를 심화시키는 주요 요인인 기업연금(*occupational pensions*)의 확대에 대해서는 거부반응을 보이지 않는 사경제 인간(*private economic man*)의 개념을 통박하였다.

티트머스는 복지국가에 대한 분석의 척도로서 두 가지를 제시했다. 첫째는 공공복지서비스 수혜자의 지위나 존엄성 또는 자존심의 손상을 받지 않고도 모든 국민이 자유롭게 이용할 수 있도록 하는 이른바 보편주의(*universalism*) 원칙의 실시여부이며, 두 번째 척도는 서비스가 얼마나 예방적(*preventive*)이고 재활적(*rehabilitative*)인 특성을 지니고 있는가이다. 그 결과 그는 영국의 복지국가는 공공부담의 복지모형에 지나지 않는다고 결론지었다. 따라서 그가 생각하는 복지사회는 보편주의와 예방적 성격을 띤 공공복지서비스가 확대되는 국가를 말하는 것이다.

티트머스의 복지국가론에서 한 가지 특이한 점은 재분배의 문제를 한 나라의 내부문제로만 보지 않고 국가간의 균형적 발전이란 주제에까지 발전시켰다는 사실이다. 그는 제3세계의 의사들이 미국이나 영국으로 유출되는 현상을 중시하면서, 그러한 전문인력 내지 두뇌유출을 돈으로 환산하면 강대국이 약소국에 제공하는 각종 원조액을 훨씬 능가한다는 것이다. 그 결과 국가간의 불평등은 더욱 더 심화될 수밖에 없다는 주장이다.

이에 대한 해결책으로서 그는 부유국들이 국가간의 불평등을 완화시킬 수 있는 조치들을 취해야 할 것이라고 제시하면서 지구상의 모든 국가들이 일종의 복지세계(*welfare world*)의 개념을 받아들이도록 촉구했다. 즉, 그가 말한 복지세계는 복지국가와는 다른 복지사회의 개념과 합치된다고 보인다.

2) 롭슨의 복지사회론

위에서 소개한 티트머스의 복지사회 개념은 국가개입의 확대 방향으로 대안을 제시한 것이었다. 이제 롭슨(Robson)의 견해를 중심으로 국가개입의 확대보다는 국민 개개인들의 인식이나 태도의 변화를 요구하는 다른 시각의 복지사회론을 살펴보도록 한다. 롭슨에 의하면 복지국가는 근본적으로 기본철학의 결핍에 직면했다는 것이다. 즉, 너무나 많은 사상들의 좋은 면만을 채택하려고 과욕적 시도를 한 결과 국민대중들로부터 도덕적 지지를 얻어내거나 정책입안자들의 지침이 될 수 있는 뚜렷한 중심적 철학을 구축하는데 실패했다는 주장이다(Robson, 1976: 7).

그의 견해로는 복지국가가 국가자원을 집합적 통로를 통해 분배하거나 배분하는 단순한 도구로서의 기능만으로서는 만족할 수 없다는 것이다. 그래서 그는 제일 먼저 복지국가하에서의 국민 개개인의 권리에 상응하는 의무감에 대한 의문을 제기하게 된다. 즉, 많은 사람들이 집단적으로 이기적 권리만을 주장하다 보니 복지국가는 오히려 자유방임적 성격으로 점점 변질되고, 이타주의적 색채는 퇴색한다는 것이다.

그러한 롭슨의 주장은 일찍이 베버리지(Beveridge)의 우려에서도 나온 바 있다. 베버리지가 복지국가라는 용어보다 사회봉사국가(*social service state*)라는 용어를 선호한 이유가 바로 그것이었다(Hansard, 1954: Col. 540). 즉, 그에게는 복지국가의 어감이 마치 국가가 무엇인가 주기만 하는 산타클로스와 같다는 것이다. 그래서 모든 국민이 권리뿐만 아니라 의무도 갖고 있다는 점을 강조하기 위해 사회봉사국가라는 단어를 선택했던 것이다. 결국 롭슨의 복지사회는 국가가 창출해 내는 복지만이 아니라 개인, 집단 그리고 제도들에 의해서도 생산되는 복지가 공존하는 사회라고 규정한다(Robson, 1976: 41).

롭슨의 복지국가에 대한 두 번째 지적은 소수의 과격한 사람들이 집단의 조직력을 이용하여 과도한 요구를 하게 된 결과 침묵을 지키고 있는 다수의 사람들은 소외되거나 개인적 자유를 침해당하고 만다는 것이다. 그가 비난했던 대표적 집단은 대규모 영리집단, 노동조합 및 전문가집단 그리고 자선단체도 포함된다. 따라서 복지사회는 모든 사람들의 참여와 의사표현이 보장되어야 하며, 반대의사를 자유롭게 표명할 수 있는 환경을 요구하게 된다는 것이다(Robson, 1976: 178). 결국 롭슨의 복지사회론은 복지국가의 대안을 제시하지는 못했다고 볼 수 있다. 다만 그의 공헌이라면 앞에서 소개된 다른 학자들과는 달리 복지국가의 도덕성에 관한 의문을 제기했다는 점이다.

처음부터 롭슨은 그의 저서 《복지국가와 복지사회》에서 복지사회의 실천방안을 제시할 목적이 없었던 것이 분명하다. 그 결과 롭슨이 티트머스와 구별되는 또 하나의 관점이 있다. 티트머스는 복지사회가 복지국가에 후속되는 개념으로 보는 데 반해, 롭슨은 복지사회를 복지국가의 전제조건으로 파악한다는 사실이다. 즉, 그는 복지국가의 도덕성 결핍 현상이 초래된 원인을 복지사회의 기반 없이 맹목적으로 복지국가를 추구한 성급함에서 찾고 있는 것이다(Robson, 1976: 15). 이렇게 볼 때 롭슨은 우리가 앞에서 고찰한 바대로 국가(*state*)와 사회(*society*)를 구별하는 그 자체에 대해 더 많은 관심을 가졌던 것으로 생각된다.

다시 롭슨으로 돌아가서 생각할 때, 특정 시점에서의 복지국가의 성취도는 그 사회의 이타주의와 같은 도덕성의 정도에 따라 결정된다는 결론이 나오게 된다. 그렇다면 고도의 복지국가를 만들기 위해 필수적으로 요구되는 고도의 복지사회는 누가 어떻게 이룩할 수 있겠는가라는 의문이 제기된다. 여기에 대한 해답은 롭슨은 물론 어느 누구도 아직 명쾌하게 던져주지 못하고 있는 것 같다.

복지국가가 순항을 거듭하였을 때는 국가개입의 확대를 전제로 하는 티트머스류의 복지사회론이 실현되기 쉬웠다. 그러나 정부기능이 약화되는 상황에서는 오히려 롭슨류의 복지사회론이 설득력을 얻게 된다. 재정위기를 포함한 복지국가 위기를 경험한 1980년대 이후의 서구 복지국가에서 티트머스류의 복지사회론에 대한 지지도는 하락할 수밖에 없었다. 영국 수상 블레어(Blair)의 이론 선생인 기든스(Giddens)의 "복지국가를 복지사회로 대체해야 한다는 논제가 최근의 복지관련 문헌에서 관례화되었다"(Giddens, 1998: 117)라는 관찰이 그와 같은 역사적 상황 변화를 잘 말해 준다.

복지국가 위기 이후 서구 학자들 사이에서 롭슨류의 복지사회론이 본격적으로 등장한 것은 1980년대 말이다. 미쉬라는 1980년대 후반의 복지사회론을 주도한 사람들이 앞에서 소개된 복지다원주의론자들이라고 보고 있다(Mishra, 1990: 108~114). 복지다원주의에 의하면 복지는 국가, 시장, 자선단체, 자원단체, 비공식자원단체 등 다양한 제공자들로 구성되는 것인데, 복지국가는 국가의 역할을 과도하게 강조했다는 것이다.

라인과 레인워터는 1980년대의 서구사회에는 공공부문도 아니고 민간부문도 아닌 복지의 회색제도(*gray institutions*)가 증가일로에 있다고 주장하면서 그러한 현상을 복지사회로의 진화과정으로 간주했다(Rein & Rainwater, 1987: 143. 144).

이상에서 우리는 복지국가와 복지사회의 개념을 살펴보았다. 그 결과 복지사회라는 용어는 복지국가의 실천과정에서 발견된 또 다른 이상국가의 상징적 용어로 사용되고 있음을 알 수 있었다. 그렇다면 우리나라에서는 언제부터 어떤 배경에서 복지사회라는 말이 사용되기 시작했는가? 손준규 교수의 연구에 의하면(손준규, 1983: 72), 당시 국가재건최고회의의 1963년도 기본정책방향에 “사회보장제도를 수립함으로써 빈곤과 질병, 실업 및 인구과잉 등 사회불안의 요인을 제거하고 사회정의를 실현하여 복지사회 건설에 매진한다”라는 문장이 수록되어 있다고 한다. 물론 그 이전으로 더 거슬러 올라간다면 보다 더 이른 시기에 사용되었을 가능성도 없지 않다. 여하간 1963년이라고 하더라도 서구와 비교해서 굉장히 이른 시기이다. 문제는 그 단어의 사용시기가 이르다는 것이 아니라 어떤 의미로 그것이 사용되었는가이다.

한 가지 분명한 사실은 최소한 우리나라에서는 복지사회가 복지국가의 발전적 개념으로 사용되지 않았다는 점이다. 왜냐하면 1963년은 5·16군사쿠데타가 발생한 직후였으며, 그 당시의 우리나라는 경제적인 면에서도 복지국가와는 상당한 거리에 있었기 때문이다. 따라서 복지사회라는 당시의 의미는 막연하나마 발전된 사회를 지칭하고 있거나 아니면 앞서 고찰한 바대로 국가와 사회를 구별 없이 사용하는 우리나라의 관행에 따라 복지국가의 동의어로 사용했을 가능성이 높다.

요 약

복지국가는 20세기 선진 자본주의국가의 발전된 형태로서 나름대로의 특징을 지니고 있다. 따라서 현재 지구촌에 존재하는 200여 개의 국가들 중에서 복지국가라고 지명될 수 있는 나라의 수는 불과 30개 전후에 불과하다. 그만큼 선택된 나라들이다. 그러나 복지국가국민들이 그렇지 않은 국가의 국민들보다 더 행복한 삶을 영위하는 것으로 속단할 수는 없다. 그러한 판단은 궁극적으로 주관성이 많이 개입되기 때문이다. 결국 학문적 연구대상으로서의 복지국가는 최소한의 조건들을 갖추고 있는 나라들로 한정되기 때문에 객관적 논의를 우선시해야 한다.

복지국가론은 사회복지학도에게 있어서는 매우 중요한 연구주제이다. 물론 사회복지학도만이 복지국가를 논하는 것은 결코 아니다. 그러나 복지국가는 복지자본주의와 동일시되는 경우가 많기 때문에 복지부분을 배제하면서 복지국가를 논할 수는 없다. 따라서 복지, 즉 인간의 돕는 행위(*helping behaviors*)를 연구주제로 삼고 있는 사회복지학에 있어 복지국가론은 핵심을 형성되게 된다.

복지국가론은 사회복지학이 개발한 이론들 중 거시이론, 그리고 그 중에서도 거대이론(*grand theory*)에 속하는 경우가 많다. 복지국가를 형성시키고 발전시키는 요인은 무엇인가? 복지국가는 바람직한가 아니면 그렇지 못한가? 복지국가에는 어떤 종류가 있는가? 복지국가가 한때는 순탄하게 발전하다가 왜 위기에 처하게 되었는가? 복지국가 위기 이후 과거의 복지국가들은 어떻게 변했는가? 등과 같은 질문에 대한 해답을 찾기 위해 동원되는 분석변수들은 인간의 개별행동에 관련된 변수들에 비해 규모 면에서 엄청나게 클 수밖에 없다. 그래서 사회복지학도들 중에서도 주로 거시이론 전공자 또는 사회정책학도나 사회복지역사학도들의 주관심사가 된다.

우리의 사회문화적 전통과 달리 서구에서는 국가 개념과 사회 개념의 불일치 현상이 존재한다. 그러다 보니 복지국가와 복지사회가 개념상 구별되어 사용되는 경우가 발생한다. 특히 1970년대 이후 복지사회가 복지국가의 한 대안으로서 등장하게 되었는데, 복지사회에 대한 연구는 일부 학파의 학자들에게만 해당된다. 그나마 우리나라에서는 장구한 세월동안 국가와 사회가 뚜렷한 구별 없이 사용되었기 때문에 연구의 관심이 거기까지 미치지 못하고 있다.

개론교육의 과정에서 이 장을 공부한 신입생들은 이후 각론 교육의 과정에서 복지국가론, 사회복지정책론, 사회복지발달사 등의 과목을 통해 한층 심도 깊은 학습을 진행할 수 있게 된다.

참고문헌

권중돈 외,「인간행동과 사회환경」, 서울, 학지사, 2006.
김규수 외,「인간행동과 사회환경」, 서울, 나눔의 집, 2002.
김기태 외,「사회복지의 이해」, 서울, 박영사, 1999.
김만두 외,「현대사회복지개론」, 서울, 홍익제, 2001.
김민정 외,「청소년복지론」, 서울 나남출판, 2005
김범수 외,「지역사회복지론」, 경기도, 공동체, 2006
김상균 외,「사회복지개론」, 서울, 나남출판, 2004
김성경 외,「아동복지론」, 경기도, 양서원, 2006
김융일 외,「사회복지실천론」, 서울, 나남출판, 2000
남세진 외,「한국사회복지론」, 서울, 나남출판, 1995.
남일재 외,「사회복지개론」, 경기도, 공동체, 2006.
박용순,「지역사회복지론」, 서울, 학지사, 2006.
「사회복지개론」, 서울 학지사. 2002.
박종삼 외,「사회복지학개론」, 서울, 학지사, 2002.
박차상 외,「한국사회복지법강의」, 서울, 학지사, 2005.
상철,「사회복지개론」, 서울, 홍익체, 2004.
「노인복지론」, 서울, 홍익체, 2004
성영혜「사회복지개론」, 서울, 형설출판, 2001.
성정현 외,「가족복지론」, 경기도, 양서원, 2005.
송근원 외,「사회복지정책론」, 서울, 나남출판, 2001.
송성자,「가족과 가족치료」, 서울, 법문사, 1998.

양옥경 외, 「사회복지실천론」, 서울, 나남출판, 2002.
오영재 외, 「청소년복지론」, 서울, 대왕사, 2004.
원석조, 「사회복지정책학원론」, 경기도, 양서원, 2002.
정종우, 「신사회복지학개론」, 서울, 학지사, 2000.
조원탁 외, 「사회복지법제론」, 경기도, 양서원, 2005.
조홍식 외, 「가족복지학」, 서울, 학지사, 2002.
최성재 외, 「사회복지행정론」, 서울, 나남출판, 2001.
「노인복지학」, 서울, 서울대학교출판부, 2002.
최일섭 외, 「지역사회복지론」, 서울, 서울대학교출판부, 2003.
홍봉선 외, 「청소년복지론」, 경기도, 양서원, 2006.
국민기초생활보장제도 http://blss.mohw.go.kr
한국사회복지협의회 http://www.kncsw,or.kr
국민연금관리공단 http://www.npe.or.kr
4대사회보험, http://www.4insure.or.kr
헌법, 청소년기본법, 사회복지사업법 등
2004 9급공무원 기본교재 「사회복지학개론」 박문각

Bradshaw, J.(1972). The Concept of Social Need. New Society 30. March,
Dunham, A.(1970). The New Community Organization. New York: Crowell.
Friedlander W.A., and Apte, R.Z.(1980). Introduction to Social Welfare. Englewood Cliffs. N.J: Prentice-Hall.
Friedlander, W.A.(1961). Introduction to Social Welfare. Englewood Cliffs. N.J: Prentice-Hall.
Gilbert. N. & Specht, H.(1974). Dementions of Social Welfare Policy. Massachusetts: Allyn and Bacon.
Hasenfeld, Y.(1983). Human Service Organization, Eastwood Cliffs, NI: Prentice-Hall.
Pincus, A. & A. Minahan(1973). Social Work Practice: Model and Method. Itasca: F. E. Peacock.
Romanyshin, J. M.(1971). Social Welfare: Charity to Justice. New York: Random House.

Titmus, R. M.(1974). Social Policy: An Introduction, London: George Allen & Uwin Ltd.

Titmuss, R. M.(1974). Social Policy. London: George Allen and Unwin.

Townsend, P(1975). Sociology and Social Policy, Hamonds-Worth: Penquin.

Whittaker, J. & Tracy, E.(1982). Supporting Famillies: Linking Formal and Informal Helping in Family Preservation Service. Permanency Report 5, No. 1.

Willensky, H.L., and Lebeaux, C. N.(1965). Industrial Society and Social Welfare. New York: Free Press.

Zastrow, C. (2000). Introduction to Social Work and Social Welfare. Belmont, CA: Wadsworth Publishing Company.

전장근(全長根)

• 저자약력 •

◈ 성결대학교 사회복지학과 졸업
◈ 고려대학교 교육대학원 평생교육학과 졸업
◈ 도농복합지역 청소년의 가치관과 가치관의 변화 연구
◈ 노인교육
◈ 퇴직예정자교육
◈ "Strees와 Strees" 대처방안
◈ 강남대학교 사회복지학과 강사
◈ 성결대학교 사회복지학과 강사
◈ 대림대학 사회교육원 사회복지 2급자격과정 강사
◈ 대림대학 아동·가족학과 교수(현재)
◈ E-mail : cjg-47@hanmail.net

사회복지개론

• 초판 인쇄	2007년 4월 30일
• 초판 발행	2007년 4월 30일
• 지 은 이	전장근
• 펴 낸 이	채종준
• 펴 낸 곳	한국학술정보㈜ 경기도 파주시 교하읍 문발리 526-2 파주출판문화정보산업단지 전화 031) 908-3181(대표) · 팩스 031) 908-3189 홈페이지 http://www.kstudy.com e-mail(출판사업부) publish@kstudy.com
• 등 록	제일산-115호(2000. 6. 19)
• 가 격	18,000원

ISBN 978-89-534-6673-9 93330 (Paper Book)
978-89-534-6674-6 98330 (e-Book)